阿马蒂亚·森文丛

AMARTYA SEN

Inequality Reexamined

再论不平等

阿马蒂亚·森 —— 著

王利文　于占杰 —— 译

中国人民大学出版社

·北京·

序　言

正如书名所示，本书是对不平等进行重新审视。另外， ix
本书也对社会制度设计进行总体评价。就二者的关系而言，后者是前者的基础。

什么要平等？

我认为，要分析和评价“平等”，其核心问题是“什么要平等”。同时，我认为，几乎所有经过时间检验的社会制度设计，就伦理层面而言，其方法论的一个共同特征是：都要求对**某种事物**的平等——这种事物在其理论中居于极其重要的地位。收入平等主义者（如果我可以这样称呼的话）要求平等的收入，福利平等主义者要求平等的福利水平，古典功利主义者坚决主张对所有人的效用赋予平等的权重，纯粹的自由至上主义者要求所有的权利和自由（liberty）都平等分配。从某种意义上说，他们都是“平等主义者”，都坚持认为每个人都应平等地拥有某物，并且认为该物在他们的分析思路里极为重要。如果只看到那些平等的“拥护者”与“反对派”之间的论争（这种论争经常出现在一些专著之中），就会忽视中心问题。

我也认为，凡从某些重要方面看可称之为“平等主义”的主张的共同特征是，在某个层面上对所涉及的所有人都予以平等的关注——如果政策建议里没有这种对所涉及的所有人的平等关注，则这项政策建议就缺少了合理性。

“中心的”平等与“外围的”不平等

由于“什么要平等”这个问题的重要角色，我们可以从各个思想流派里那个要求平等的核心理念这个角度，来看一下这些思想流派之间的争论所在。这些（对平等的要求）使社会实务中的其他决策具备了合理性。变量甲提出的平等要求到了变量乙那里可能就不是平等主义的了，因为这两种视角极有可能相互冲突。

x 例如，一个主张人人平等地拥有某些权益的激进自由主义者就不太坚持要求收入平等。或者说，一个主张对每个人的单位效用都赋予平等的权重的功利主义者就不太可能还要求自由或权利的平等（甚至不可能主张不同的人所享有的效用总值相等）。社会生活中，要求“中心的”平等也就意味着同时接受了“外围的”不平等。因此争论最终聚焦于核心的社会制度设计上。

同样的平等诉求下的不同特征

的确，对“什么要平等”这一问题的不同回答就可能成为划分社会制度设计的不同伦理理论的基础。在每一种情况下，确定分类原则时都会遇到这样的问题：什么是不变的属性？什么只是有条件的或偶然的联系？比如，在某些特殊情形下，那些认为社会制度设计的中心任务应是使所有人都平等地享有一系列个人自由权项（liberties）的自由至上主义者未必会反对收入平等。但如果条件发生了变化，这些自由至上主义者仍会主张自由权（liberty）的平等而不是某些条件下的收入平等。

关于这一点，最近威拉德·奎因（Willard Quine）建议我不妨对照一下下面两个分类原则：

（1）当实际关系发生变化时，基于所坚决主张的平等诉求项的社会制度设计的伦理进行分类的原则。

（2）数学家菲利克斯·克莱因（Felix Klein）在尝试对几何学进行统一定义时提出的几何学分类原则，即著名的“埃尔朗根纲领”（Erlanger Programm）。他是从研究各种不同变换群下的不变性和不变量入手的，把每一种几何学都看成某种特定变换群之下的不变性。

我也认为二者在逻辑上有重要的相通之处，这使我深受启发，尽管以前的著作中尚未探索这种联系。

人际相异性与多元化的平等

在实践的层面，“什么要平等”这一问题的重要性源于人际相异性（human diversity）的经验事实；这样，依据不同的评估变量而来的对平等的诉求往往相互冲突——*理论上*
如此，*实践中*也如此。人与人之间的差异不仅表现在内在特 xi
征上（如性别、年龄、一般能力、特殊才能、患病概率等），而且也反映在外部特征上（如财产数量、社会背景、外部境遇等）。正是这种人际相异性使得在某一领域坚持平等主义就必然拒斥另一领域的平等主义。

因此，“什么要平等”这一问题的*实质*重要性与普遍的人际相异性的事实相关。不论在理论上还是实践中，如果对平等问题的探讨仍基于一致性这个前提的假设（包括“人生而平等”的假设），就会对问题的主要方面视而不见。人际相异性并不是次要因素（也不是可忽略不计的或仅仅是“注释性”的介绍），而是探讨平等问题的一个基本兴趣点。

关注自由与能力

本书先介绍这些不同主张及其支持理由和一般含义（见第 1 章），然后对此进行分析。我将从讨论平等的一般特征开始，然后逐渐转到如何回答“什么要平等”这个问题。

本书所采用的分析思路是：集中关注可获得有价值的“生活内容”（functioning，这些“生活内容”构成了我们的生活）的能力（capability），或者再泛化一些，就是集中关注那些可帮助实现我们有理由为之奋斗的目标的自由（本书甚至曾一度被命名为《平等与自由》）。就对此中心问题的回答而言，此种分析方法有别于其他理论分析方法。运用这种方法，我还讨论了从功利主义到自由主义再到罗尔斯的“作为公平的正义”（justice as fairness）的理论。的确，罗尔斯的思想给我的影响最大，我在很多方面都受罗尔斯的论证方法的引导和启迪，即使我的研究路数与他相异（例如，我更多地关注于自由的程度而不是手段，即罗尔斯所说的“基本善”）。

xii

方法论的问题与实质的问题

本书既探讨研究不平等问题的一般方法论意义上的分析思路，同时也探求在实务层面上如何评估社会制度设计的分析方法。在本书的“绪论”里，我将集中介绍本书的逻辑主线。

本书与库兹涅茨讲座及其他讲座的关系

1988 年 4 月，我受邀在耶鲁大学做纪念西蒙・库兹涅茨（Simon Kuznets）的讲座。那次讲座的内容构成了本书内容的一部分。我非常感谢耶鲁大学经济增长中心及中心主任保罗・舒尔茨（Paul Schultz），感谢他们的盛情邀请和友好接待以及思想上的襄助。我们对经济世界的本质的很多认识都受惠于西蒙・库兹涅茨的著作，能够通过这些讲座向西蒙・库兹涅茨表达追思之情实在是荣幸之至。

当然本书还和其他讲座内容有联系。本书各章都用到了我在其他场合的讲座内容，这些讲座内容主题不同但又互有联系。这些讲座场合包括：德里经济学院（1986 年）、得克萨斯大学（1986 年）、剑桥大学（马歇尔讲座，1988 年）、匹兹堡大学（玛利昂・奥凯利・麦凯讲座，1988 年）、比利时鲁汶大学运筹学与计量经济学研究中心（1989 年）。我也到下列地方做过几个相关主题的讲座和演讲，包括皇家经济协会（年度讲座，1988 年）、国际经济学会（会长演讲，1989 年）、印度经济学会（会长演讲，1989 年）等。在这些研讨会的讨论中，我从他们的评论与批评中受益匪浅。

致谢

我也非常感激拉塞尔・塞奇（Russell Sage）基金会在1988 年夏天那段时间对这项研究的支持，感谢基金会主席埃里克·万纳（Eric Wanner）博士对此项研究的浓厚兴趣和热情鼓励。同时，我也得到了牛津大学出版部印刷所的安德鲁·舒勒（Andrew Schuller）和哈佛大学出版社的艾达·唐纳德（Aida Donald）很有见地的建议，在此向他们
xiii 表示衷心的感谢。本书的部分工作是我在伦敦经济学院访问时完成的，我特别感谢伦敦经济学院三得利-丰田经济学及相关学科国际研究中心（STICERD），在中心主任尼古拉斯·斯特恩（Nicholas Stern）和卢巴·芒福德（Luba Mumford）的管理下，中心为我提供了极好的工作环境。

以下诸君阅读了本书的初稿，并提出了不少极有助益的意见，他们是：阿特金森（Atkinson）、苏珊·布里森（Susan Brison）、让·德雷兹（Jean Drèze）、詹姆斯·福斯特（James Foster）、西迪克·奥斯马尼（Siddiq Osmani）、德里克·帕菲特（Derek Parfit）、道格拉斯·雷（Douglas Rae）、古斯塔夫·雷恩斯（Gustav Ranis）、约翰·罗尔斯（John Rawls）、艾玛·罗斯柴尔德（Emma Rothschild）、保罗·舒尔茨及伯纳德·威廉斯（Bernard Williams）。

本书的部分章节得到了以下诸君的非常有益的评论：威尔弗雷德·贝克曼（Wilfred Beckerman）、乔斯·博伊斯（Josde Beus）、莫西·哈尔伯特尔（Moshe Halbertal）、史蒂文·霍斯（Steven Hawes）、阿哈·侯赛因（Athar Hussain）、罗伯特·基奥恩（Robert Keohane）、彼得·兰吉奥（Peter Lanjouw）、斯蒂芬·马格林（Stephen Marglin）、詹姆斯·米利斯（James Mirrlees）、玛莎·努斯鲍姆

(Martha Nussbaum)、桑杰·雷迪 (Sanjay Reddy) 及托马斯·谢林 (Thomas Schelling)。这些年来我也从相关问题的论述中受益匪浅，在此我还要向以下诸君表达我的谢意，他们是：苏德尔·阿南德 (Sudhir Anand)、肯尼思·阿罗 (Kenneth Arrow)、普兰纳布·巴德翰 (Pranab Bardhan)、考希克·巴苏 (Kaushik Basu)、彼得·鲍尔 (Peter Bauer)、安德烈·贝泰耶 (André Béteille)、查尔斯·布莱科比 (Charles Blackorby)、克里斯托弗·布利斯 (Christopher Bliss)、约翰·布鲁姆 (John Broome)、詹姆斯·布坎南 (James Buchanan)、G. A. 科恩 (G. A. Cohen)、道格拉斯·达西 (Dougles Dacy)、拉尔夫·达伦多夫 (Ralf Dahrendorf)、帕塔·达斯格普塔 (Partha Dasgupta)、克劳德·达斯布里蒙特 (Claude d'Aspremont)、安格斯·迪顿 (Angus Deaton)、梅格纳德·德塞 (Meghnad Desai)、巴斯卡·达特 (Bhaskar Dutta)、罗纳德·德沃金 (Ronald Dworkin)、伍尔夫·盖特纳 (Wulf Gaertner)、路易斯·格弗斯 (Louis Gevers)、乔纳森·格洛弗 (Jonathan Glover)、詹姆斯·格里芬 (James Griffin)、基思·格里芬 (Keith Griffin)、彼得·哈蒙德 (Peter Hammond)、马巴布尔·哈克 (Mahbul Haq)、理查德·黑尔 (Richard Hare)、艾伯特·赫希曼 (Albert Hirschman)、埃里克·霍布斯鲍姆 (Eric Hobsbawm)、拉尔·贾亚瓦德纳 (Lal Jayawardena)、库马利·贾亚瓦德纳 (Kumari Jayawardena)、拉维·坎伯 (Ravi Kanbur)、那纳克·卡克瓦尼 (Nanak Kakwani)、约翰·奈特 (John Knight)、理

查德·莱亚德（Richard Layard）、伊萨克·利瓦伊（Isaac Levi）、约翰·麦凯（John Mackie）、穆古·马宗达（Mukul Majumdar）、约翰·米尔鲍尔（John Muellbauer）、阿穆利亚·莱特内·南达（Amulya Ratna Nanda）、罗伯特·诺齐克（Robert Nozick）、普拉桑塔·帕塔奈克（Prasanta Pattanaik）、希拉里·帕特南（Hilary Putnam）、露丝·安娜·帕特南（Ruth Anna Putnam）、威拉德·奎因、V. K. 拉玛钱德兰（V. K. Ramachandran）、马丁·拉瓦利昂（Martin Ravallion）、阿舒克·鲁德拉（Ashok Rudra）、托马斯·斯坎伦（Thomas Scanlon）、A. F. 肖罗克斯（A. F. Shorrocks）、T. N. 斯里尼法桑（T. N. Srinivasan）、戴维·斯塔雷特（David Starrett）、希勒尔·斯坦纳（Hillel Steiner）、弗朗西丝·斯图尔特（Frances Stewart）、保罗·斯特里滕（Paul Streeten）、铃村兴太郎（Kotaro Suzumura）、拉里·特姆金（Larry Temkin）、菲利普·范巴里斯（Philippe Van Parijs）、帕特里夏·威廉斯（Patricia Williams）、本格特·克里斯特·伊桑德（Bengt Christer Ysander）、斯蒂芬诺·扎马格尼（Stefano Zamagni）及薇拉·扎马格尼（Vera Zamagni）。

同时我还得到了研究助手齐特里塔·班纳吉（Chitrita Banerji）、斯蒂芬·克拉森（Stephen Klasen）以及桑杰·雷迪（Sanjay Reddy）的有益帮助。最后我还要感谢杰奇·詹宁斯（Jacky Jennings）和安娜·玛丽·斯维德洛夫斯基（Anna Marie Svedrofsky）在手稿的组织上给予的支持。

xiv

几点说明

最后，有必要对一些词语表述问题做出几点说明。第一，关于性别和语言的小问题。这里所说的性别和语言问题，并不是指本书关注的包括性别不平等在内的各种实质问题，而是指涉及性别时的特定人称代词的运用。本书所用的人称代词前后不尽一致——有时候使用“他”，有时用“她”，还有的时候用“他或她”。这是因为，单纯用“他”来指代所有的男性和女性就难免有男权至上主义的嫌疑；单用“她”听起来难免有些矫揉造作，极不自然（当然也难免会遭到来自男士们的“性别歧视”的指摘）；而每次用“他或她”又显得啰唆冗长。如果不太在意表示性别的人称代词的符号意义的话，通常会交替使用不同的人称代词，这正是我尽力所做的。①

第二，由于本书的目标群体是那些普通读者而不是受过专业训练的经济学家，因此，我尽可能不用专业术语和数学表达式。这样，有些问题就有待详叙，但我也列出了其他著作（包括我本人的），在这些著作里，这些问题都有详尽阐述。

第三，我知道，一本书所列的参考书目太长的话会使读者皱眉头。但本书所涉及的著作实在庞博，而且这些著作对本书提供了莫大的帮助。不承认这些为数众多的参考文献的

---

① 出于中文表达习惯，在翻译过程中均统一使用“他”。——译者注

存在是不对的。本书不是一部综合性著作，我只是想从一个稍微不同的角度——异于流行的看法——探讨不平等问题。但是要那样做的话，我就得建立一个坐标，将过去的研究和当前的研究进行适当定位——如果一定要找出我所用的思维角度与流行的论断之间的不同之处到底是什么的话。尽管我所引用的许多文献尚存争议，但即便如此，我仍然从这些互有冲突的文献中汲取了思想营养。我也希望，这些参考文献对读者有所裨益——不同的读者可以参阅不同章节的参考文献，因为这些参考文献都涉及不平等分析的不同方面的内容。果真如此，我会对我的作品更有信心，面对读者挑剔的目光时会更加自信。

阿马蒂亚·森

目　录

1

绪　论　问题与主题

关于平等的观念往往遭遇到两种不同类型的多样性的挑战： 1
（1）人与人之间最基本的相异性；（2）据以评价平等的评估变量的多样性。本书不仅关注这两方面的多样性，还特别关注二者的联系。人际相异性会导致根据不同的评估变量进行的平等评估的结果的不同。这就使得“什么要平等”这个核心问题更为重要。

人际相异性

世上没有两片完全相同的树叶，人类亦如此。人与人之间的差异不仅表现在外部特征上（如继承的不同数量的财产财富、所处的自然环境和社会环境等），而且也反映在个体内部特征上（生理特征，如性别、年龄、染病概率、体能和智能等）。这样，在评价平等主张时就不能忽视普遍的人际相异性这个事实。

遗憾的是，极能打动人心的“人人平等”的修辞往往对这种差异视而不见。但即使这样的修辞（如“所有人生而平等”）是极有代表性的、重要的平等主义，对人际相异性的漠视也往往导致事实上的非平等主义，因为主张对所有人都予以平等考虑实际上也暗含着赞成对处于不利地位的人予以不平等的对待。对实质平等的诉求尤为严格、复杂，因为有许多前定的不平等。

我们或许会想当然地认为，是诸如“人人平等”这样动听的修辞导致了对人际相异性的忽视。但有时不是这个原因，而是实务层面上化简的需要。但不管怎样，对人际相异性的忽视也往往意味着对平等诉求的最主要特征的忽视。

核心变量的多样性

2 所谓“平等”往往是通过对比两个人在某个方面是否具备相同特征［如收入、财富、幸福、自由（liberty）*、机会、权利或需求的实现程度等］来判定的。这样，对不平等的判定和评估就完全取决于对据以进行对比的评估变量（如收入、财富、幸福等）的选择。我将这些评估变量称为“核心变量”，即在比较不同的人时，据以比较的“标准”所在。

当然，所选用的“核心变量”也会有内在多重性的问题。比如，不同类型的自由可能都会作为关注焦点，或者，所选用的评价变量既包括自由也包括成就。所选中的核心变量内部的多重特征与所选的不同的核心变量之间的多样性是不一样的。即使是有些基本的、含义统一的评价变量（如实际收入、幸福等），事实上

---

* 读者或许已注意到，“freedom”和“liberty”都含“自由”的意思。在本书中，有时二者可互换，但有时作者似有意区分二者，将“freedom”更多地与“能力”（capability）相联系，指“有能力按自己的意志行事”，暗含的是“更多的可供选择的机会”。当然，在森的深刻思想里，“freedom”的“自由”含义要丰富得多，相信读者能够体会到这一点。而“liberty”通常用于政治哲学里，本书中的“liberty”一般是按“作为权利或价值理念的自由”的意义来使用的，因而有时译为“自由权”。本书中，如果中文“自由”后未注“liberty”，则一律对应的是英文“freedom”，以免误传作者的原意而引起读者的混乱。——译者注

也有内在的多重性。①

如果用我们经济学家所不屑于使用的术语，这个问题就是对不同人在其中进行对比的“域”（space）的选择的问题。尽管有效颦笛卡尔之嫌，但这种借鉴了空间的方法倒不失为一种有用的分类工具，所以我决定采用这种思路，在评估不平等时，把对焦点变量的选择（即“对评估域的选择”）问题单拎出来。

联系与冲突

由不同评估域（如收入域、财富域、个体福利域等）而来的不平等特征往往彼此不一致，其原因就在于人际相异性。这样，依某一评估变量而来的平等未必与依其他变量而来的判定结果一致。比如，机会平等往往导致极不平等的收入，收入平等也往往与财富的巨大差距相伴，而财富的平等又与不平等的幸福结伴而生；即使是所拥有的幸福感平等，对需求的实现程度也往往差距甚大；即使需求的实现程度平等，可做出选择的自由程度也往往不同。诸如此类，不一而足。

如果每个人都与其他人的特征相同，则这些不一致的原因就不复存在。如果依不同的评估域而来的平等排序恰好一致，那么，
“什么要平等”这个问题就不那么重要了。无处不在的人际相异性 3
使得探讨评价不平等的“评估域”的多样性这个问题变得更为重要。

① 我已在其他著作里讨论过这个问题，同时还涉及对具内在多重性的变量进行全面排序及总体评价的问题［参见森（1980—1981，1982a)］。

多种多样的平等主义

我们不妨从经验事实入手。我们可以看到，社会制度设计的伦理理论都有共同的特征，即都依某个核心变量而要求平等，即使不同的理论所依据的评估变量互不相同。我们还可以看到，即使那些长期被贴上“反平等”标签（其中很多是立论者本人标榜的）的理论，实际上同样也要求（依某一核心变量的）平等主义。在这些反平等的理论中，对依某一核心变量而来的平等诉求的拒斥往往伴随着对依其他核心变量而来的平等诉求的认可。

比如，依照自由至上主义的分析理路［如罗伯特·诺齐克在《无政府、国家与乌托邦》(*Anarchy*, *State and Utopia*) 一书中提出的“权益理论”[①]］，他们会主张应优先保障每个人都平等地享有广泛的自由权（liberty），而这种平等诉求也就拒斥了最终状态的平等（如收入分配平等或个体福利平等）。按照被认为是更为重要的评估变量（往往是暗示的）而来的平等诉求往往占据主导，而依据那些被认为是外围的变量而来的不平等也同时被接受，为的是在更为中心的层次上不妨碍被认为是正当的社会制度设计（包括平等诉求）。

多重性与平等

这些无所不在的“平等主义”的存在是有其合理理由的。除

① 参见诺齐克（1973，1974）。如果要看诺齐克本人对这一理论的重新评价和修正，可参见诺齐克（1989）。

非在某个评估域（在某个理论中被认为是重要的评价变量）里对每个人都予以平等的考虑，否则就很难达致伦理上的合理性（见第 1 章）。虽然如此，在逻辑上很难证明这种平等诉求是必需的，或者说，这只是道德教导的一部分。① 如果某项伦理理论在某个层 4
面上没有对所有人都予以平等考虑，则该理论的社会合理性就要受到质疑。

但这并不是说“为什么要平等”这个问题就可以不予考虑，只不过这不是核心问题而已。因为依照某个核心变量，它们都是平等主义的主张，于是问题仍归结到“什么要平等”上来。

不同的理论对“什么要平等”这个问题有不同的回答。大致说来，不同的答案是可以区分的，而且涉及不同的概念分析理路。但这种差异的真正重要之处在于相关的人际相异性的直观重要性，这种人际相异性使得依照某一评估域而要求的平等往往与依照另一评估域而要求的平等不一致。

成就与自由

当然，不同的分析理路之间的分歧绝不仅在于所选择的评估域的不同，而且还可能涉及评估域的运用方式问题。在有关不平等测量的“正统的”理论中，往往关注的是“恰当的指标”的问题，即在那个评估域里（或直接或间接）设计一个通用的不平等评估公式。当然，这方面的研究成果颇丰，但本书的关注焦点是

① 尤可参见黑尔（1952，1963）。

建立在评估域的选择及其含义的基础上的。当然，我并不是说在给定评估域里如何设计指标的问题在实际应用中不重要（实际上，这恰是我以前的有关不平等的著作的分析主题①）。

对不平等的评估涉及成就与可获得成就的自由之间的区别（这个问题本应受到关注，但却极少受到关注）。成就与自由之间区别的实质、范围和适用性的问题将在本书第 2 章予以详细探讨，届时将运用方法论上的辨析和现代经济学所用的分析步骤进行讨论。

"生活内容"与能力

本书接下来将从（可获得成就的）自由的角度来探讨如何选择和改进及辩护特定评估域的问题（见第 3 章）。我们可用个体可获得他所看重的"生活内容"（functioning）的能力（capability）来评价社会制度设计。这实际上是评估平等（或不平等）的新思路。

5 这里所涉及的"生活内容"既包括最基本的生活内容，如获得良好的营养供应、避免那些本可避免的死亡和早夭等；也包括更为复杂的成就，如获得自尊、能够参加社交活动等。对不同的"生活内容"的选择和权衡会影响到可获得各种组合的"生活内容束"的能力的评估。

---

① 参见我的《论经济不平等》(*On Economic Inequality*，1973a)。由于本书后面的章节里将多次引用该书，为避免繁复，我以后就用一个好记的简写即 *OEI* 来表示。

这种分析理路可追溯到亚里士多德，但此思想的“分支”却形式各异。较之于其他的“分支”，这里我所用的分析理路较少独断性，也不强求完备。而且，也并不特别要求每个人在这个问题上都有一致的看法，也可以与那些未有定论的争论“共处”。

有效自由的评估方式

如果我们聚焦于可获得成就的自由（而不仅仅是已获得的成就水平），就不能不触及更深层次的问题：对各种成就组合的评价与可获得这些成就的自由的价值之间到底有何联系（见第 4 章）？甚至基于自由的分析理路也必须对实际成就的实质和价值予以特别关注，并从所享有的自由的角度来描述成就不平等。对该分析视角的认可，要求我们抛弃那种流行的、通过计算“一定范围内可供选择的数量”来评估自由的准则。从建设性的意义上讲，它包含了更为实用的方法，即运用（有关成就的）经验数据来观察不同人所享有的自由的程度（虽然不完全，但很重要）。

在此背景下，我也讨论了个体的福利目标与其他目标之间的差别。这种差异不仅使得“自由”概念本身有多重含义，同时也表明，成就视角和自由视角之间亦有重大差异。

这里所涉及的一个问题是，有可能出现这样一种情况：甲所享有的自由比乙多，但与乙相较却居于劣势。如果这种情况普遍存在，那就要“颠覆”从自由视角来评估不平等的基本原理。我认为，真正的冲突是不同类型的自由之间的冲突，而不是简单笼 6
统的自由与个体优势之间的冲突。

能力视角与效用视角的区别

从“生活内容”域——以及可实现生活内容的能力——的视角来评估平等程度的分析方法与从诸如收入、财富或快乐等视角的传统的分析方法有很大不同（见第 3 章和第 4 章）。人际相异性的事实与评估平等、效率及正义时所关注的不同信息基础之间的冲突有密切的关系。

特别是，从可获得生活内容的能力视角评估平等和效率的分析方法，明显异于传统的功利主义分析方法及福利主义分析方法。福利主义及其最有代表性的具体形式——功利主义——的分析方法都是从个体效用的角度看待价值，而这种效用是根据诸如快乐、幸福或欲望等主观感受来定义的。① 用这种方法来表示个体优势，有两方面的局限性：(1) 它只关注成就而忽视了自由；(2) 除主观感受外，其他的成就都被忽略了。虽然效用被用于表示个体的福利，但实际上仅用效用并不足以代表个体的福利，而且对个体追求自己福利（或任何其他目标）的自由也未予以直接的关注（见第 3 章）。

① 在描述“偏好”视角的效用特征时，会有某种程度的含糊性，因为可以从多个不同角度来定义“偏好”视角下的效用。如果完全从个体选择的角度来定义效用［正如萨缪尔森（Samuelson，1938）那样］，那么“偏好”视角不会直接涉及人际比较，因而无从对不平等做出直接而明确的判断。像这种人为建构出来的方法［海萨尼（Harsanyi，1955）曾提出，可以从我们愿意成为谁这个角度定义偏好］，既有概念上的问题，也有实际应用上的困难［关于这个问题的讨论，参见森（1982a）］。另外，如果从某个个体的欲望或满足感的角度来定义“偏好”［如埃奇沃斯（Edgeworth，1881）或希克斯（Hicks，1939）提出的］，则这种定义“偏好”的思路就和那种主观感觉量度的视角一致。

在审视那些根深蒂固的不平等时，这种看待个体优势的方法的局限性表现得尤为明显。在接连不断的不幸和被社会剥夺的环境下，承受苦难的人未必会一直悲伤和嗟怨，甚至也不乏对现有环境进行根本改变的动力。的确，如果从生存策略讲，我们会强 7
烈感觉到他们所承受的不易根除的恶劣生存环境，感受到他们对哪怕是小小的环境改变的渴望，感受到他们不安于忍受在他人看来是不可能改变的环境。如果从欲望和满足感的视角以及从“幸福—痛苦”的差值计算结果看，这样的人，即使被剥夺得一无所有、被迫过十分落魄的生活，结果也未必很差。对于那些没有机会得到充足的营养、体面的衣着、最起码的教育和居所的人来说，从效用的量度看，他的被剥夺程度可能被大大低估了。

在诸如阶级、性别、种姓、社群等稳固的差异的背景下，效用量度具有的误导性特征就尤为明显。与此相对照的是能力量度，这种视角直接关注被剥夺者获得那些基本的生活内容的自由（见第 3 章）。

能力视角与机会视角：平等与效率的问题

能力视角也与思想界长期流行的“机会平等”视角（对“机会平等”这个概念本身即有各种各样的理解）不同。从基本的意义上说，个体可获得某物的能力确实也代表了追求他的目标的机会。但“机会平等”的概念更多的是以更为严格的含义运用到政策文献里的，通常是从平等享有某**特定手段**或平等地适用（或平等地**不**适用）**某项限制或界限**的角度出发来定义的。

如此界定后的“机会平等”并不能实现**全面**自由的平等享有。这是因为：（1）基本的人际相异性的存在；（2）各种经济谋生手段（如收入或财富）的存在及其所具有的重要意义（这些经济谋生手段已超出了“机会平等”的标准定义所规定的范围）。依本书所提出和捍卫的原则，如果要全面理解“真正的”机会平等，就要从能力平等的角度来审视（或者说，排除明确的能力不平等，因为对能力的比较往往是不完备的）。

但平等并不是我们关注的唯一的社会价值诉求，我们还要关注效率问题。如果没有总和考量，而只是试图实现能力平等，结
8 果往往会导致人们所拥有的能力总和值变小。对能力平等的诉求要放置在对效率的诉求（该主张很有市场）的背景下考虑，而且通常这种效率是一种总和的结果。的确，如果不同时关注总和结果考量（即广义的“效率观点”），就不能很好地理解平等概念的含义（见第9章）。①

与罗尔斯的理论关注点的差异

基于能力的评估方法与罗尔斯（1971）的聚焦于个体所拥有的“基本善”（包括诸如收入、财富、机会、自尊的社会基础等资源）的分析思路也形成鲜明对比。罗尔斯对“基本善”的关注是

---

① 在许多伦理框架中，凡对效率考量未予充分重视的伦理框架，也往往选用的是对评估不平等反应不那么敏感的指标。于是，即使该理论框架忽视效率，也不至于立即失去吸引力。但这种“双重局限”既不能公平对待平等，也不能公平对待效率。我认为这个问题也同样存在于罗尔斯的“差别原则”的内容中（见第9章）。

他的“差别原则”的部分内容，而“差别原则”又是罗尔斯著名的“作为公平的正义”理论的重要组成部分。我本人的分析理路也深受罗尔斯的影响。[①] 但我认为，罗尔斯本人所关注的信息焦点里对极为重要的平等及效率的评估问题并没有予以充分考虑。[②]

这种对比之所以重要，其原因仍是根植于人际相异性的基础之上的。两个人即使持有相同的“基本善”束，但他们追求各自善的自由却有可能差别较大（无论这些善的内容是否相同）。实际
上，在“基本善”域内来评估平等或效率时，总是会优先考虑实 9
现自由的手段而不是评估自由的程度，在很多情况下这都是一个缺陷。当涉及有关性别、居住地、阶级及遗传特征的一般差异的不平等时，这种分歧在实践意义上的重要性则更为突出。

经济不平等与贫困问题

“生活内容”和能力视角为分析经济不平等提供了一个新的思路。这种分析思路与福利经济学中所使用的“标准的”信息焦点（这些信息焦点多为收入、财富或效用等）不同（详见第 6 章）。这也引起了与经济学理论普遍使用的不平等评估方法有关的分析步骤的一些问题。

① 事实上，我之所以关注罗尔斯与我的分析思路上的差别，正因为罗尔斯对我的启发。只有明确找出与罗尔斯的分析理路的不同之处（见第 5 章和第 9 章），才能清晰地阐明我的主张及该主张的缘由。

② 罗纳德·德沃金（1981）的“资源平等”论如此，虽然原因不同［见第 5 章和森（1984）第 13 章］。

不平等评估理论同贫困的测度问题有紧密的联系。在确认贫困者和对被确认为贫困者的状况进行汇总时，对评估域的选择问题就成了中心问题。如果从无法实现最基本的能力这个角度来定义“贫困”，那就很容易理解为什么贫困有绝对贫困和相对贫困两方面内容。在审视一国（无论贫国还是富国）的贫困问题时，这种分析思路都很重要，尤其是在理解富国（如美国和西欧国家）里的贫困现象的本质时（见第 7 章）。是的，如果仅从目前的数据看，在如此富裕的国家里还存在贫困的确匪夷所思。对不同评估域里的剥夺之间关系的考察，有助于对富国里的贫困问题的理解以及找出相应的解决办法，尤其是考虑到收入剥夺与过有安全感的、有价值的生活的能力剥夺之间的关系。

阶级、性别和其他分类群体与不平等

在第 8 章，我们将在阶级差异、性别差异和其他社会特征差异的背景下讨论能力视角的适用性。当从收入、机会、幸福、基本善等评估域转向直接关注已实现的生活内容和可实现生活内容的能力时，我们就能看到哪些结果信息发生了变化及在此过程中人际相异性的事实发挥了哪些重要作用（见第 8 章）。

就那些涉及“根深蒂固的剥夺”的问题而言，能力视角比基
10 于效用的分析方法更为敏感。这种“根深蒂固的剥夺”使得个体被动地调整自己的欲望和期望，这样实际上是扭曲了的效用量度。甚至在看待自由的问题上，能力视角也比实现自由的手段的角度更为公正合理。在评估横亘于阶级、性别及其他类型的社会分类

群体之间的不平等和不公正问题时，这些差异显得十分重要。

平等、效率与动机

最后一章并不是要对全书进行总结（或列出主要结论），而是对这本书所涉及的主要议题进行广泛讨论，同时也尝试把有关平等的方法论的论点同能力视角的实质分析联系起来，以作为评估平等的基础。

就此而言，如果不将其放置在对其他方面的诉求——尤其是对总和目标（aggregative objective）和总效率的诉求——的背景下考虑，那就不能恰当地评估平等诉求。如果将平等从其他关注对象中孤立出来，则对平等的评估也会发生扭曲，因为它承担了不必要的负担（即平等目标“代理”了效率目标，而效率目标本可以在其他地方与之兼容）。这种考量与包括罗尔斯的理论在内的正义理论有些关系。

考虑到总和目标和分配目标（distributive objective）之间的冲突，如果这些不平等是源于前面提到的根深蒂固的、前定的差异（比较典型的例子是阶级、性别和其他不可改变而又可显著区分的人群划分方法），则拿激励问题来反对平等主义就有些底气不足了。由于普遍的人际相异性的存在，不平等的问题就显得尤为严重，因而这个问题就与经济、社会政策有极大的关联。

方法与实质

本书既关注评价不平等的方法论问题，同时也关注不平等的实质问题，前几章主要是澄清一些概念，强调了“什么要平等”这一问题的重要性并把它同普遍的人际相异性相联系。对不平等的实质的分析结论就是以一个特殊的方式**回答**了“什么要平等”
11 的问题，同时也亮出了此种答案的内涵。我认为，这个内涵不仅具有理论意义，也有重要的实践意义。

第 1 章
什么要平等?

1.1　为什么要平等? 什么要平等?

对“平等”问题进行伦理意义上的分析必然涉及两个核心问 12
题:(1) 为什么要平等?(2) 什么要平等? 这两个问题既明显不同又有密切的联系,在没弄清我们想要讨论的问题究竟是什么[哪些方面的特征——如收入、财富、机会、成就、自由权(liberty)和权利等——应该平等]之前,我们不能草率地捍卫或批判平等。抛开问题(2)去回答问题(1)是不可能的,这一点显而易见。

但如果已经回答了问题(2),我们还需要回答问题(1)吗? 如果我们已经成功论证了 x 应该平等[这里的 x 可以是收入、自由(liberty)、尊重等],那么以 x 作为比较标准,我们就以这种方式论证了平等的必要性。同样,如果我们不赞成 x 应该平等,那么以 x 作为比较标准,我们就以这种方式反驳了平等的必要性。这样看来,从深度和广度上都不需要回答“为什么要平等”或“为什么不要平等”。如此,对穷人而言,问题(1)与问题(2)就没什么两样了。

从这个角度看,这种说法似乎有一些道理,但这里还有一个更有趣的实质问题。这个问题与这样一个事实有关,即所有经过时间检验的关于社会制度设计的规范理论都要求在某些方面的平等——这些方面在那些理论中都是极其重要的。这些理论异彩纷呈，而且经常相互交锋，但都有这个共同特点。在当代相互交锋的政治哲学理论中，“平等”的思想特点尤为明显，这些思想家及其思想包括罗尔斯的对自由（liberty）和“基本善”的平等分配主张，德沃金的“平等待遇”“资源平等”主张，托马斯·内格尔（Thomas Nagel）的“经济平等”主张，托马斯·斯坎伦的“平等权”要求，当然还有其他一些赞成平等观点的学者及其思想。[①] 但
13 即使那些被认为是反对平等或“分配正义”的观点中，也仍有对平等的诉求。比如，诺齐克不主张效用或基本善的平等拥有，但他却坚决主张自由（liberty）的平等，即认为任何人都不应拥有比其他人更多的自由（liberty）。布坎南在他关于“什么是良性运行的社会”的论述中主张所有人都应受到平等的法律待遇和政治待遇。[②] 在每一种理论里，在某个评估域内（该评估域在其理论中居中心地位）都能找到平等思想的影子。[③]

但是功利主义的观点呢？诚然，一般说来，功利主义者不要求每个人各自享有的总效用平等。功利主义者的原则要求所有人

---

① 参见罗尔斯（1971，1988a）、德沃金（1978，1981）、内格尔（1979，1986）、斯坎伦（1982，1988b）。现代功利主义者提出了一个更为复杂的问题，但其起点是：“赋予各方的相同利益以相同的权重”［黑尔（1982：26）］，或“赋予所有人的利益以相同的权重”［海萨尼（1982：47）］。

② 参见诺齐克（1973，1974）、布坎南（1975，1986）。亦可参见 J. M. 布坎南和塔洛克（J. M. Buchanan and Tullock，1962）。

③ 显然，这一点并不适用于那些对（某评估域内的）平等进行批判而又没有提出某种相应的建设性建议的理论。只有提出或捍卫此类建设性的建议，才可以说在某个其他评估域内间接地主张平等。同样，也别指望在这样的评估域里找到对平等的诉求：该评估域极有可能只用于那些根本不涉及人类的理论，例如，那种鼓吹“使财富的总市场价值最大化”的建议。即只有在那些涉及人的建设性的建议中才有可能发现暗含的某类平等诉求。

的效用**加总**后的总和最大化，很明显，这并不是一种平等主义。①但实际上，功利主义所寻求的平等是以在**效用的得失**这个评估域里所有人要平等的形式出现的。在功利主义的目标函数中，他们主张对每个人所获得的效用赋予相同的权重。

由于功利主义的分析思路是总效用最大化，因而要找出功利主义哲学所“隐含”的平等主义就不那么容易了，功利主义中的任何平等主义特征都只不过是次要的属性而已。但这个说法难以成立。功利主义无疑采用的是**最大化**的分析方法，但真正的问题在于进行最大化计算的目标函数的实质到底是什么。目标函数本身可以不遵循平等主义，比如它允许一些人的效用权重大大高于其 14
他人。但实际上在功利主义的目标函数中，所有人的效用所得都被赋予相同的权重，这个特征——连同最大化的计算方法——保证了在最大化的步骤中每个人所得的效用都被赋予相等的权重。因而，这种平等主义的基础在整个功利主义分析理路中就显得极为重要。的确，正是这个平等主义的特征与功利主义的基本原则，即“赋予各方的相等利益以相同的权重”（黑尔，1981：26）或“赋予所有个体的利益以相同的权重”（海萨尼，1982：47）密切相关。②

---

① 在关于不平等的早期著作中［《论经济不平等》，森（1973a）］，我已详细讨论了为什么功利主义者从某些重要的方面看也是平等主义者（参见 *OEI* 第 1 章）。

② 约翰·罗尔斯（1971）曾说：“我认为古典功利主义者没有认真对待人与人之间的差异性。”（第 187 页）功利主义理论家们只是简单地主张快乐、幸福等的总量最大化，而没有考虑这些效用特征只是具体个体的特征这个事实。就这一点而言，罗尔斯的批评相当有力。但是功利主义者也可以把效用看作需要关注的、不可或缺的个体特征，因为个体的福利也要求给予尊重和重视。有关这方面的内容可参阅边沁（Bentham，1789）、穆勒（Mill，1861）、埃奇沃斯（1881）、庇古（Pigou、1952）、黑尔（1981）、海萨尼（1982）、米利斯（1982）。这种对功利主义的有限“辩护”并不意味着要把它视为一个差强人意的伦理理论或政治理论去支持。诚然，功利主义确有严重的不足［我已经在其他地方讨论过该问题，参见森（1970a，1979b，1982b）］，但是，指责功利主义者漠视人与人之间的差异，则未必公平。

我们从这个事实中可以得出什么结论？一个明显的结论就是：作为一种主义，平等主义（即对**某**评估域或**其他**评估域的平等主义予以高度重视）并不具备“统一的特征”。[①] 正是由于不同学者所主张的要求平等的价值目标难以取得一致，它们之间的基本相同点（以在**某个**被视为极重要的评估域里要求平等的形式出现）就并不清晰判然。这尤其体现在：“平等”这一术语是指在某一具体评估域里的平等（通常是间接传达该意思的）。

例如，在威廉·利特文（William Letwin，1983）的一篇有趣的文章——《反对平等的例子》（The Case against Equality）中，他将有关该主题的各个作者的文章做了一个重要的收集整理［作品集被命名为《反对平等》（*Against Equality*）］。他是这样反驳收入（或商品）分配平等的：“既然人与人是不一样的，则他们受到的不平等的待遇就应是合理的——要么使贫穷者获得更多的份额，要么使富裕者得到更多”［《平等主义的理论上的弱点》（A Theoretical Weakness of Egalitarianism），第 8 页］。然而，即使是“需求”的平等满足程度这一诉求，也要求在某个评估域里的平等，并且在很长时间内也确实曾为这种说法而奋斗。虽然个体的“价值”特征更难描述——对此的通常表述是：“更有价值的事物应获得更大的份额”，但这一诉求也就包含了对相同价值的平等对待，即如果两个人创造的价值量相同，则要给予相等的报酬。如

① 关于这个问题及相关的问题，可参见威廉斯（1973a）、萨佩斯（Suppes，1977）、森（1980a）、德沃金（1981）、雷（1981）、贝泰耶（1983b）。

此，这些对平等主义的批判反而也采取了*其他*评估域里的平等主义的形式。[①] 这样，问题再次（间接地）回到了“什么要平等”这个中心问题上。

有时，对某个*具体*评估域中所定义的平等，在讨论“为什么要平等”这个问题时，实际上也*间接地*回答了“什么要平等”这个问题。比如，哈里·法兰克福特（Harry Frankfurt，1987）在一篇文章里以严密的推理抨击了“作为道德理念的平等”，该文章主要反驳的就是“*经济*平等主义”的主张，他认为这种经济平等主义往往信守这样的教条：“最好的状况应是每个人都获得相同的收入和财富（简言之，就是‘钱’）。”（第 21 页）[②] 虽然这样的表述使“平等主义”受到了指摘，但这主要是由于法兰克福特用“平等主义”这个一般的术语来指称“经济平等主义”：“这种经济平等主义（简称‘平等主义’）往往以这样的教条式的表述形式出现：对财富的*分配*不应有任何不平等”（第 21 页）。

这样，对评估平等的评估域的选择就是法兰克福特的主题了。[③]

---

① 无独有偶，彼得·鲍尔（1981）也主张任何人都应对他们所“生产”的产品享有同样的权利。显然，该主张在所选定的评估域里也有平等主义的诉求，即得到与其生产贡献相称的报酬。

② 参见卢卡斯（Lucas，1965，1980）。对于法兰克福特的论点的批判，可参见古丁（Goodin，1987）。

③ 的确，对所有的支持或反对平等的学说来说，评估域的类型很关键。例如，我在 *OEI* 中论述的“弱平等公理”就表明我对*全面的个体福利*域的偏好。有时这又是个强条件，因为该公理包含了下面的情形：像词典式排序那样将平等置于总和考量之前。但在*其他评估*域（例如，如何分配专家级医疗服务资源）里解释这个形式化的要求时，对该条件的批判往往是文不对题的［参见 J. 格里芬（1981，1986）；也可参见布兰特（Brandt，1979）以及我对他批判的回应，即森（1980，1981）］。

他的观点可以说是对通常理解的经济平等主义的某些具体的平等
16 要求进行了批判，其批判是这样陈述的：(1) 这种平等没有太大的内在吸引力；(2) 它往往偏离了一些有内在重要意义的价值——这些价值意味着它们必须对更为相关的其他事物都给予平等的关注。

不管要求平等的对象是什么，但对某项事物的平等诉求——这项事物往往被认为很重要——无疑是其共同之处。但这个共同点并没有把对抗的阵营拉到同一战壕，只是表明争论的主题——从某种重要的意义来讲——并不是“为什么要平等”，而是“什么要平等”。

由于某些评估域与政治哲学或社会制度设计和经济理念的平等主张有着传统的联系，所以，正是在那些评估域（比如，收入、财富或效用）中的某一个评估域内的平等诉求被贴上了“平等主义”标签而盛行开来。我并不反对在其中的某种意义下继续使用“平等主义”这一术语；只要人们把它理解为在某个评估域里的平等诉求的主张，倒也无妨（这也暗示着反对其他评估域的平等诉求）。但重要的是要认识到这种用法的有限范围，还要认识到这样一个事实：在某一评估域（不论该评估域按照传统的看法被看得多么神圣）的平等诉求，到了另一个评估域里就可能成了反平等主义的了；因而在全面的评估中，必须严格评估各评估域的相对重要性。

1.2 公正性与平等

上节的分析表明，对“为什么要平等”这个问题的回答往往只看到问题的一个方面。前面已提到，即使是那些被他们本人或被别人认为是“反平等主义者”的人在某种情况下也要回答这个问题，因为在其理论的某些重要方面他们也是平等主义者。当然，这并不是说“为什么要平等”这一问题在任何情况下都没有意义，我想说的是，争论的实质极有可能是“什么要平等”而不是“为什么要平等”。但我们仍有可能会遇到这样一个问题：在某个重要的评估域里难道就没有要求平等的必要了吗？即使每一个关于社会制度设计的重要理论在某个评估域（在那个理论里被视为核心的关键问题）里都成了平等主义，也仍有必要对每种理论的一般特征进行解释和捍卫，甚至那些共同的特征——即使是普遍的共同特征——也仍需要捍卫。

接下来的问题无非是：在社会制度设计所体现的伦理理论中， 17
往往都要求在某个层面上对所有人予以平等考虑，但这是否意味着一定要有一个极为正式的理由（如“道德语言”的规束）？[①] 这的确是一个既有趣又难以回答的问题，但本章不准备讨论这个问题，据我所知，此问题的答案并不清晰。我更关心的问题是：伦理理论是否具有要求平等这个基本特征，而这种平等诉求对我们所生活的世界有重要的合理性？

倒是这个问题值得一问：为什么那么多有关社会制度设计的完全不同的重要伦理理论都有对某一方面——很重要的方面——

① 有人在分析思路上即提出此主张，其经典论述和捍卫理由可参见黑尔（1952，1963）。

要求平等这一共同特征？我认为，要使社会制度设计具有合理性，就伦理要求而言，须在某个极为重要的层面上对所有人都给予起码的平等考量。缺少这种对平等的要求，就会使这一理论具有歧视性，并且难以自圆其说。的确，一个理论可以容纳许多变量视角下的不平等，而且也需要多种不平等，但要捍卫这些不平等，又不可避免地要把这种对不平等的捍卫最终同对所有人（以某种极为重要的途径）予以平等考量联系起来。

也许这个特征与如下的要求有关，即从某种意义上说，伦理上的理由（特别是关于社会制度设计的伦理理由）必须得到其他人（很可能是其他所有人）的认可。对“为什么是这样的秩序”这个问题必须由现有秩序下的所有成员来回答，这样的伦理要求有一些康德式的因素，即使所要求的平等并不是严格的康德式的结构。[①]

最近，托马斯·斯坎伦（1982）对“一个人在他人无法合理拒绝的情况下对他人的行为必须具有合理性”这一要求的意义和
18 效果进行了分析。[②] 作为罗尔斯（1971）正义理论的基石，罗尔斯的“公平”的要求为一个人决定什么可以合理拒绝、什么不能拒

① 至少在康德式追求形式划一者的表述里，诸如责任、义务等的差异性往往被忽视，其原分析参见威廉斯（1981）、汉普希尔（Hampshire，1982）、泰勒（Taylor，1982）。其相关的问题，可参见威廉斯（1973a），他提到，“平等观念的不同构成因素”把我们拉向“不同的方向”（第248页）。但承认个体所须承担的责任或义务的差异，并不是说不需要使我们的伦理被他人认可。

② 参见斯坎伦（1988a）。关于与此相关的问题，可参见罗尔斯（1971，1988c）、B. 威廉斯（1972，1985）、麦凯（1978a）、阿克曼（Ackerman，1980，1988）、帕菲特（1984）、奥尼尔（O'Neill，1989）等。

绝提供了一个具体的分析框架。[①] 同样，将对“公正”的诉求——甚至将其视为一个极精致的“普世性”的价值诉求目标——作为一般要求也具有吁求平等的特征。[②] 对这个一般意义上的价值标准的合理性的论证在很大程度上都要涉及道德基础，并以各种形式表现于主要的伦理建议的方法论基础之中。[③]

如果我们需要捍卫某个理论、判断、对他人提出的要求等，则须使对某个层面的平等考量成为一个难以回避的硬性要求。至于该条件的定位，这是个很有趣的方法论问题，特别是：这是逻辑上的要求还是实质性的要求?[④] 它与伦理学中的“客观性”要求相关吗?[⑤] 我不想在这里深入探讨这些问题，因为本书的主要研究内容不要求我们回答这些问题。[⑥]

真正令人感兴趣的是，在关于社会制度设计的政治理论或伦

① 也可参见罗尔斯后来对此更为清晰的分析，参见罗尔斯（1985，1988a，1990）。

② 参见麦凯（1978a）。基于公正的理路被海萨尼（1955）、黑尔（1963）用于为功利主义伦理学的选择做辩护。要求平等的思想（其表现形式是对公平的诉求）甚至也被用于创建“反平等”的理论中。比如，高蒂尔（Gauthier，1986）在提出他的“道德契约”论时，根据他对平等所做的特殊定义，主张“在我们的理论里，平等并不是一个基本的关注点”。但又马上解释道：“我们认为，交易者的合理行为应该是平等的，以表明他们达成的交易协议满足‘公正’这一道德标准。”（第 270 页，着重号系我所加。）

③ 参见森（1970a）第 9 章。

④ 这个问题可能与麦凯（1978a）对“对‘普遍化’的要求应是一个‘逻辑上的主题’抑或‘实质性的实践论题’”的探讨相似（第 96 页）。

⑤ 关于客观性的范围，参见内格尔（1980，1986）、麦克道尔（McDowell，1981，1985）、威金斯（Wiggins，1986，1987）、帕特南（1987，1991）、赫尔利（Hurley，1989）。关于其他方面的问题，可参见哈曼（Harman，1977）、麦凯（1978a，1978b）、B. 威廉斯（1981，1985）。

⑥ 关于此问题的某些特定方面的讨论，可参见森（1983b，1985a）。

理理论中，不可避免地要在某个层面上提出平等考量，这种主张看来是有其合理性的。同时，从实践关怀的角度上，本书也特别关注到：公正和平等的思想（虽然具体内容形式各异）是所有重
19 要伦理和政策建议的共同理论背景，尽管赞同者不乏争议，而捍卫者须自圆其说。① 结果之一是，有必要在所关涉的层面上对不同个体的不同优势的合理性做出说明。这种论证可采取这样的形式进行，即揭示出此不平等与其他某个重要的（据称是更为重要的）评估域的平等之间的内在联系。②

的确，正是在那些更为重要的评估域里的平等使得在另一评估域里可能出现对不平等的诉求。之所以在某些评估域里可以容

---

① 这句评论特别适用于社会制度设计，也更适用于政治哲学理论，而不是个人伦理学的理论。在个人行为的伦理方面，有影响的主张都明确赞成不同个体的不对称性。这种主张可能与允许（甚至认为必须）对自己的优势、目标和原则而不是其他东西的特别关注有关。当然这些主张也可能与承担对自己家人和其他与自己有联系的人的更大的责任有关。关于个人伦理学中所涉及的不同类型的不对称性，可参见以下作者的讨论：B．威廉森（1973a，1973b，1981）、麦凯（1978a）、内格尔（1980，1986）、谢弗（Scheffler，1982）、森（1982b，1983b）、里甘（Regan，1983）、帕菲特（1984）。但如果从更为特殊类型的平等诉求的角度看，这些要求往往不赞成通常理解的“匿名”平等的政治概念［其相关内容可参见森（1970a）］。

② 某评估域的重要程度未必指评估域本身所固有的。例如，罗尔斯（1971，1982，1985，1988a）在对“基本善”的平等的分析或德沃金（1981，1987）对“资源”的平等的分析中，都不是在“基本善”或“资源”的内在重要性的背景下论证其合理性的。之所以认为在某个评估域里的平等很重要，是因为它们在为人们提供（追求他们各自目标的）公平的机会方面发挥了工具性的作用。但这种自我疏离也会带来理论内的某种紧张，因为“基本善”和“资源”的“派生的”重要性取决于各自的机会，即将“基本善”或“资源”转化为各自目标的实现程度（或转化为个体所追求的自由）的机会。事实上，这种转化程度对不同的人来说极为不同，我认为，这也弱化了“基本善”或“资源”的持有平等的“派生的”重要性的理论基础。关于这个问题，参见本书第3章与第5章［亦可参见森（1980a，1990b）］。

忍不平等，是因为这种不平等的合理性建立在某个评估域（在该伦理理论体系中居更重要的地位）里的平等诉求的基础之上。在那些被看作某个理论立论“基础”的评估域里的平等诉求就成了在那些更为“外围的”评估域里的不平等诉求的合理辩护理由。

1.3　人际相异性与基本的平等

人与人之间在很多方面都有差异。我们拥有不同特征和不同的外部环境。随着生命的开始，由于继承了不同的财富和责任，
我们就有了天生的差异性。我们生活在不同的自然环境中——有 20
的环境更为恶劣。我们所处的社会和共同体也为我们做某事或不做某事提供了不同的机会。我们居住地区的流行病学因素也会在很大程度上影响我们的健康和福利。

但是，除了这些自然环境和社会环境以及其他外部特征的差异，我们还有不同的个体特征（如年龄、性别、体质和智商差异）。这些对于评估不平等都很重要。举例来说，即使有相同的收入，我们在做值得做的事情的能力上也仍有可能存在很大差异。一个残疾人并不能像一个正常人一样做某些事情，即使他们的收入相同。这样，从一个评估变量（如收入）而来的不平等排序方向与由另一个变量（如生活内容、能力或个体福利）而来的不平等的排序方向就未必一致。

人们之间的相对优势与劣势可以用很多不同变量来衡量，如他们各自的收入、财富、效用、资源、自由（liberty）、权利、生活质量等。我们据以进行人际不平等评估的判定变量（“核心变

量”）的多样性使得我们必须直面这样的问题：在基础的层面上，究竟选择哪种分析视角？这是一个很难做出的决定。而对“评估域”的选择（即选取相关的核心变量）对不平等评估来说又是至关重要的。

由于无所不在的人际相异性，核心变量的差异是非常重要的。假如所有人都完全相同，则一个评估域（如收入）里的平等就与其他评估域（如健康、个体福利、快乐）里的平等相一致了。可见，“人际相异性”的结果之一就是此域的平等到了彼域可能就变成不平等了。

例如，一旦我们要求在诺齐克（1974）所提出的自由至上主义权利方面的平等，就不可能要求福利水平或其他类似的“模式化”之物（不妨借用诺齐克的表述）也平等。如果接受了权利平
21 等的诉求，则其全部后果就包括像收入、效用、福利和做某事或不做某事的积极自由等方面的不平等。

在这里我并不是要验证这种辩护多么有说服力。[①] 当前讨论的重要议题是关于通过平等来论证不平等的合理性的分析策略的实质。诺齐克的分析方法就是这个一般策略的一个明晰而精致的例子。如果某项主张认为在某个重要的评估域里的不平等是正当的（好的、可以接受的或可以容忍的）并须有充足的理由支持（而不是以攻击那些持不同意见的人的方式）的话，则该主张的论证方式就是证明该不平等是另外某个（更为重要的）评估域里平等诉

① 对该分析方法的批判可参见森（1982b，1984）。

求的结果。如果在要求“基础评估域”中的平等这一点上有广泛的共识，且这种共识与个体间的公正相联系，那么关键的论据就只能是所选的“基础评估域”的合理性问题。在此情况下，“什么要平等”的问题就与另一种问法“什么是基本平等的适宜的评估域”没有实质的不同。我们对“什么要平等”的回答不只是赞同某一评估域里（与基本平等相联系的核心变量）的平等诉求，更有其他一些后果，即对其他评估域里的分配状况（包括必要的不平等）也予以了认同。“什么要平等”的确是一个重大的也是核心的问题。

1.4　平等与自由

平等的重要性常与自由（liberty）的重要性形成对照。的确，在所谓的平等与自由的冲突中，人们的立场经常被看作他们对政治哲学与政治经济学的一般观点的风向标。例如，激进自由主义思想家（如诺齐克）不仅被视为反平等主义者，而且他们之所以被视为反平等主义者，正因为这些思想家们将自由置于其他一切价值之上。① 同样，那些被认为是平等主义者的思想家［如多尔顿（Dalton，1920）、托尼（Tawney，1931）、米德（Meade，1976）］就不那么关注自由（liberty），恰因为他们致力于对平等的诉求。

根据前面的讨论，必须指出的是，以这样的方式看待平等和
自由（liberty）的关系是极不完善的。激进自由主义者一定会认为 22

① 诺齐克（1973，1974）即持这样的观点。诺齐克后来对他的观点进行了重新评价和概括，参见诺齐克（1989）。

人应该拥有自由（liberty）才是重要的。假如这一点成立的话，则诸如“谁应该拥有自由（liberty）”“应该拥有多少自由（liberty）”“怎样分配自由（liberty）”“平等程度有多大”等问题也会接踵而至。这样，至于平等的问题就以“自由（liberty）是最重要的”这一主张的补充问题的面目而出现。[①] 激进自由主义者通过描述权利在群体的分配特征来阐述自己的观点。[②] 事实上，激进自由主义者对自由（liberty）的诉求包括了“平等的自由（liberty）”的重要特征，比如，每个人都平等地享有不受他人侵犯的权利等。这样，坚持认为自由（liberty）很重要的信念未必与此观点相冲突：社会制度的设计应致力于促进人们所拥有的自由（liberty）的平等，这一点很重要。

当然，那些主张某个评估变量（如收入、财富、福利）的平等而不是主张自由（liberty）的人会与只主张应平等地享有自由（liberty）的人发生冲突。但那正是对“什么要平等”这个问题的争论。与之类似，如果不考虑分配状况而一味地主张促进自由（在任何场合、不管任何分配结构都要促进自由）的主张，当然会

---

① 对自由（liberty）的重要性的捍卫有多种不同的方式。其中之一就与“良善”（goodness）和“正当”（rightness）的概念区分有关。首先，自由（liberty）被看作人们应该拥有的良善的事物，对自由（liberty）的侵犯往往被看作不良善的行为。其次，自由（liberty）也可以不被看作“良善”观念的一部分，而是被看作正当的社会制度设计的一个特征。此外，还有一个与上述对比有联系的问题：当某个人的自由（liberty）遭到侵犯时，他人应负什么责任？我已经在其他地方讨论了这个问题，参见森（1970a，1982b，1983a，1992a），兹不赘述。

② 参见罗尔斯对“平等的”自由（liberty）的优先性的讨论（1971）。也可参见伯林（Berlin，1955—1956，1969）、沃尔海姆（Wollheim，1955—1956）、哈耶克（Hayek，1960，1967）、哈克萨尔（Haksar，1979）、J. M. 布坎南（1975，1986）、卢克斯（Lukes，1990）等。

与其他变量（如收入）下的平等诉求相冲突，但这只是以下两种冲突的一部分：(1) 自由（liberty）这个评估变量与收入变量的冲突的一部分；(2) 对分配状况（本例中指收入的分配状况）的关注和不涉及分配状况的总和考量［本例指自由（liberty)］之间的冲突的一部分。如果从自由与平等的关系的角度来看待二者的差异，则既不准确也无助益。

的确，严格说来，由上面第二种冲突而来的问题实际上属于“范畴谬误”。自由（liberty）与平等并非非此即彼的关系。当把平等理论**应用到诸领域**中时，自由（liberty）就是其中可能的领域之 23
一；而在自由（liberty）的诸多分布**图式**（pattern）中，平等就是可能的一种图式。①

如前所述，我们的确需要直面评估域的选择问题，这对平等诉求的明确阐述和逻辑自洽的评估是必不可少的。有些主张只是要求平等的自由主义权利，而有的却苛求各种平等诉求，包括内容广泛的各种**成就**及与之相对应的可获得成就的各种**自由**。本书更多关注这种多样性及由此而来的多方面的后果。

1.5　平等：内容的多样性与所谓的“空洞无物”

对评估平等的评估域的多样性的认可可能会引起对平等理念

① 当然，这里用“图式”这个表述可能还会有含糊之处。有时“图式”被用以强调某种构成要素特征（例如，英国国旗需要特定类型的蓝色和特定类型的红色）。如果以本例作为类比，那么，平等与自由（liberty）的关系，犹如本例中以下二者的区别：一是诸色彩强度的分布情况（比如，每一单元都用相同的强度，或者规定了总的色彩强度的最大值）；二是强度待定的某种颜色（如蓝色）的使用。

的内容产生疑问。这种认可难道不会使作为政治思想的平等理念的影响力和重要性降低吗？如果平等的含义无统一的表述，我们还会认真对待平等诉求吗？[①]

的确，对于一些分析者来说，关于平等内容的明显的“伸缩性”已造成平等理念的尴尬处境。正如道格拉斯·雷（1981）在他对当代各种平等观念的细密而有助益的探索中所指出的那样，“在抵制平等的诸思想中，比起诸如秩序、效率或自由，更有力量的”恰是“平等本身”（第 151 页）。

然而，当雷认为平等的思想似乎有些“饱和”时，其他人已有类似的说法，即认为平等是“一个空泛的概念”（“平等只徒具躯壳而没有它自己实质的内容”）。[②] 由于可用如此之多的方式来解
24 释“平等”，从这一点看，对平等的诉求似乎不可能有真正的、实质的内容。

毫无疑问，不阐明究竟“什么要平等”这个问题而一味地要求平等，实际上并不会有任何明确的内容。从这个角度来看，有关平等的内容是“空泛的”论点似乎不假。但我认为这种看法是不正确的。首先，即便没有选好评估平等的具体评估域，但只要认为在**某个特别重要的评估域**内应有平等的诉求，则该要求本身

① 这里还有一个与此相关但有所不同的问题，即平等能否充当任何社会结构的足够充分的合理性理由。古丁（1988）提出了这样一个有意思的问题：“福利国家实践”中的“外显的平等主义”最终是否仅是“副现象”（第 51～69 页）？答案正如古丁所指出的，这取决于平等是如何定义的。他对这个问题的颇为自信的回答利用了有关平等的不同视角间的冲突（包括他称之为“公平”的平等内容）。

② 参见韦斯滕（Westen，1982：596）。

就并不是一个空洞的诉求。这与公平及其他形式的平等关怀的道德准则有关。在最基本的层面上，这是检视所提出的评估体系基础的一个基本要求。在质疑那些没有基本结构的理论以及拒斥那些根本就没有任何基本平等内容的理论时，此要求仍是极为重要的评价标准。即使在这个一般层面上，平等仍是具有实质特征的、极为重要的诉求。

其次，一旦平等的内容得以确定，平等就成为一个极有力量又严格得近乎苛求的要求。比如，当确定好评估域，对平等的诉求就会特别要求其种种分配状况的某种排序，即使明确的评估平等的指标体系尚未达成一致。例如，在涉及有关收入不平等时，所谓的“多尔顿转移原则”要求将一部分收入从比较富有的人转移到比较贫穷的人（在收入总量保持不变的情况下），这种收入转移可视为分配状况的改进。[①] 在这种情况下，在对同样的总收入下的不同的分配状况进行排序时，平等这个一般要求就是一个有说服力的排序原则——哪怕还没有设计出具体的特定内容的平等指标或测量准则。

除了在具体的评估域里进行这样的排序外，对评估域本身的选择过程同样与隐藏在平等诉求下的动机有着明显的联系。例如，在评估正义、社会福利、生活标准或生活质量的时候，对评估域的选择就不再仅仅是形式上的差别，而更是实质上的差别。正如

---

① 参见多尔顿（1920）、阿特金森（1970b，1983）。关于这一点的规范的表述，请参见达斯格普塔、森和斯塔雷特（1973），罗斯柴尔德和斯蒂格利茨（Rothschild and Stiglitz，1973）。亦可参见 *OEI* 第 3 章。

我在接下来的章节里要讨论的一样，一旦锁定某个评估域，则由不同评估域而来的平等主张就会发生激烈的论争。尽管我们仍不能准确描述这种平等诉求的特征，但它的确使我们远离了（“空泛
25 的”平等）窘境。在每一个评估域里，对平等的诉求可能既清晰明显又十分强烈。

再次，有平等诉求的评估域的多样性实际上反映了一个深层次的多样性，即对价值目标的不同看法，也就是说，在某个价值目标的语境下，如何评价个体优势，人们有不同的看法。因此，多样性的问题就不单单是对平等进行评估这个问题所独有的。这反映了对如何评估不同个体的优势的不同思维。自由（liberty）、权利、效用、收入、资源、“基本善”、需求的满足等都可提供一个看待不同个体的生活状况的思考角度，每一种视角都有相应的平等诉求。

这种（评估不同个体间的相对优势的途径）多样性本身不仅仅反映在看待平等的不同方式上，而且反映在对其他社会理念（个体优势正是某个社会理念的信息基础）的不同看法上。例如，对“效率”观念的诉求同样存在评估域的多样性的问题。[①] 如果每个人的优势都增加了（或者至少有一个人的优势增加了而其他人的优势都未下降），则效率毫无疑问也增加了。但是这种特征描述依赖于对“优势”的定义。当“**核心变量**”得以确定后，我们就可以在那个一般框架中得到一个明确的有关效率的定义。

---

① 然而，虽然原则上多样性是极为相似的，但在实际应用中，在进行不平等比较时，与效率比较相比，其分歧可能更多地与评估域的选择有关。关于这个问题可参见森(1992b)。

我们可根据不同的评估变量来比较效率。例如，如果用个体的效用来定义个体优势，则“效率”的观念就立即变成了福利经济学中常用的“帕累托最优”的概念，即如果不降低其他人的效用水平就无法使另一个人的效用水平增加的状态。与之类似，在自由（liberty）、权利、收入等评估域内也可以定义“效率”。例如，仿照效用域内的“帕累托最优”的定义方法，自由（liberty）域里的效率就是这样一种状态：如果不降低其他人享有的自由（liberty）程度，就无法使另一个人的自由（liberty）程度增加。正如前面提到的与评估域的多样性有关的平等一样，效率的概念 26
也存在与此极为相似的多样性。

这种事实不足为奇，因为要求平等的评估域的多样性反映了一个更深层次的问题，即在比较个体优势时所采用的概念的多样性。对这些评估域的选择无疑是有关不平等评估的文献中必不可少的内容。但评估域的多样性确实反映了对个体优势的分析理路及人际比较信息基础的多样性。评估域的多样性并不是平等理念所独有的问题，也不构成所谓“空洞无物”的尴尬指责的理由。

1.6　手段与自由

前面提到，我们所关注的社会制度设计的规范的理论往往要求在某个评估域的平等，原因如前所述。这种平等诉求在该理论体系中属于“基本的平等”，并且与其他评估域里的分配状况有关系。的确，“基本的平等”可能直接决定其他评估域的不平等。

不妨举一两个例子来看一下评估域的选择及其重要性，这对读者或许有所助益。在现代政治哲学与伦理学中，近年来最有影响的当属罗尔斯（1971）的主张。他的著名的“作为公平的正义”理论为我们提供了一个关于评估域的选择及其后果的极为重要又非常有意思的例子。在他的“差别原则”里，对效率和平等的分析用的是个人所拥有的“基本善”。①

在此理论体系下，继承而来的财富和天赋的差异性并不一定
27 会产生不平等的收入（这点与诺齐克的理论体系相似），因为在“基本善”的构成因素里包括收入（罗尔斯的“差别原则”强调对分配的平等主义诉求）。因此，收入平等也就直接成为罗尔斯理论的基本要求。但“基本善”（包括收入）与个体福利之间的关系可能因人而异，因为个体将基本善转化为福利时存在多种可能性。举例来说，孕妇得克服一些生活不便，而同样年龄的男子则不必有同样的烦恼，即使男性和怀孕的女性都有相同的收入或其他的“基本善”。

与此相似的是，“基本善”与追求某个目标（如个体福利或其他目标）的自由之间的关系可能也会因人而异。② 人与人之间的差

---

① 在罗尔斯“作为公平的正义”理论的两个原则里，正是“差别原则”关注“基本善”的分配状况。值得一提的是——为了不使问题过分简单化——（1）罗尔斯理论的第一个原则优先于第二个原则，而第一个原则只是用以解决个体自由（liberty）问题（并且要求平等的自由）；（2）差别原则不仅关注分配的考虑，还关注效率（罗尔斯是这样阐述的：任何可改善所有人——包括处境最不利者——处境的变化都是一种改进）；（3）这里所说的原则并不是机械的公式，对这两个原则的使用的解释和分析构成了罗尔斯“作为公平的正义”理论的一部分［对这个理论的最新的精确阐述，请参见罗尔斯（1985，1988a，1988b，1988c，1990）］。尽管有这些限定，但很明显，在他的政治哲学的理论结构中，对“基本善”的平等拥有这一主张仍居于重要地位。

② 参见森（1990b）。

异不仅在于他们所继承的财产不同，也在于他们不同的个体特征。除了纯粹的个体特征的差别（如能力、染病概率、体质差异等）之外，还存在群体间的呈系统性的特征差异（例如，男性和女性在某些特定方面的差异，如女性存在的怀孕和照顾新生儿的可能性）。在拥有相同的“基本善”束的情况下，孕妇或一个要照看小孩的女士就可能比一个没有这些牵挂的男士有少得多的自由去追求她自己的人生目标。“**基本善**”与**自由**及**个体福利**之间的关系可能会因为**个人**之间或群体之间的某些特定特征的不同而不同。①

在不同的评估域［比如，收入、“基本善”、自由（liberty）、效用、其他的成就和其他的自由］内的不平等可能会各不相同，这是因为这些特征变量之间的**关系**，会因不同个体而存在差异。由于人际相异性这一基本事实的存在，选择据以评估不平等的评估域这个问题就显得尤为重要。甲可能比乙和丙拥有更多的效用， 28
乙可能比甲和丙拥有更多的收入，而丙可能拥有比甲和乙更多的（可做某事的）自由，等等。即使排序结果相同，但不同评估域里的排序的“相对距离”（即某个序号位置高出下一个序号位置的程度）也可能极为不同。

有关平等主义的一些最核心的问题的出现，恰是由于在不同的评估域里对平等的评估结果的不同。有关平等议题的伦理学必须对

① 罗尔斯本人曾强调个体之间的另一种类型的多样性，比如他们各自善的概念的差异，这会导致他们各自有理由追求的目标差异。这种异质性有别于将“资源”和“基本善”转化为目标的实现程度的能力（或者转化为实现目标的能力）差异。这种多样性之间从不会引致其他类型的多样性，因此考虑这两种人际差别很重要。这些问题将在第 5 章讨论。

影响到不同评估域之间的关系的、普遍的人际相异性予以充分考虑；正是由于人际相异性使得核心变量的多样性显得极为重要。

1.7 收入分配、个体福利与自由

由于人类在体质特征和社会特征上的差异，因此个体之间极不相同。人与人之间在年龄、性别、身体健康状况和精神健康状况、体力、智力、气候条件、流行病发生概率、社会环境以及其他方面都有差异。然而在通常的不平等评估的框架下，却很少考虑这些差异性，结果在规范的文献里这一基本的问题仍未得到实质的解决。

在分析不平等时，如果将收入作为基本的关注焦点从而只聚焦于收入不平等，就会出现一个重要而又常见的问题，即人们所面临的机会的真实不平等的程度未必源于收入不平等，因为我们所能做到的或所能取得的成就不仅仅取决于我们的收入，还取决于我们的体质差异及（影响我们生活和决定我们地位的）社会特征的差异。

举个简单的例子。如果只看收入，则对正常人与残疾人的相对剥夺程度就不能做出准确全面的判断，因为有的人在将收入转化为他所追求的成就的过程中可能处于极其不利的地位。[①] 此问题

---

① 这种情况的重要性在我的 *OEI* 一书中已有相当深入的讨论。在那本书里，这一点主要是作为对功利主义及只关注效用总和的分析方法的批判基础。我并没有放弃对那种理论的批判，但实际上所涉及的问题比我在这里提出的问题多得多。当我们对标准的分析方法进行审视时，有一点很清楚：几乎所有的分析方法都没有公平客观地对待本例中出现的问题。

的出现不只是由于收入仅是实现最终目标的手段这一事实，还由 29
于其他重要手段的存在及手段和目的之间的关系因人而异的事实。

在有关评估不平等的经济学文献里，这些问题往往被整个忽略。例如，我们可以看一下阿特金森（1970b）具有开创性的“不平等指标”的构建方法——该方法是建立在“等价收入”的社会损失的基础上的。[①] 阿特金森的这种分析理路的影响比较大，因为它将收入不平等与对社会福利的全面评估很好地结合起来了。[②] 此分析理路是这样评估不平等程度的：对所有个体都运用相同的响应函数 $u(y)$，而此函数是通过个体收入来定义的。[③] 这样，这种评估不平等的策略显然具有限制性特征，即对每个人的收入都比例对称地看待，而根本不考虑在将收入转化为个体福利和自由时，

① 有关福利经济学在进行不平等评估时的分析理路将在本书第 6 章进一步讨论。

② 这种方法在 *OEI* 中已广泛讨论过。对于有关评估不平等的最新文献的说明和评价——包括阿特金森方法对那些文献的影响——参见布莱科比和唐纳森（Blackorby and Donaldson，1978，1984）、福斯特（1985）。阿特金森本人对这些文献也有相应评价，并对已引起争论的问题做了相应的评论。其相关问题请参见科尔姆（Kolm，1969，1976）。

③ u 函数通常被解释为“效用函数”，但 u 并不一定指“效用”，关于这方面的问题可参见阿特金森（1983：5～6）。社会福利是用这样的函数表述的：它可表示为各个个体收入函数的总和。这样，各个单位社会福利的多少取决于个人各自收入的多少，对每个人来说，这个个人函数是相同的，因而可以进行加总得到社会福利总值。如果把 u 看作“效用”（当然可以这样解释，这可能是最简单、也是最常用的一种解释），然后假定所有人的 u 函数相同，实际上就是所有人的效用函数是相同的。但在更一般的意义上，无论赋予函数 $u(y)$ 什么含义，此函数即意味着对所有的人来说都有这种相同的特征。与之相似，我在 *OEI* 中提到，在遇到那些不能简单相加的情况时，阿特金森的测量方法亦有相应的扩展公式，即假定相称性的加总函数 W 函数，这个函数对所有人的收入都有大致相同的影响。尽管形式上具体情况不同，但中心问题仍是基于对不同人在收入与成就之间的相同的转化率的假设。关于不同变量间的转化的一般问题，可参见费希尔和谢尔（Fisher and Shell，1972）、森（1979c）、费希尔（1987）。

有的人会比其他人困难。①

30 当然，如果此分析理路的目标是专门用于评估收入分配而不是个体福利的不平等，则这种方法未尝不可。但这种评估是从个体收入所带来的成就效用的角度进行的，而这些成就效用组成了总的“社会福利”。阿特金森是根据作为总收入分配不平等结果的社会福利的损失值（所用的比较对象是等价的总收入）来评估收入不平等的。② 在此动机下，要评估收入不平等，就有必要引进对个体生活和个体福利有影响的其他影响因素。③ 一般说来，对不平等进行测算时，出于以下两个目的，需要引进其他评估域里的信息：(1) 要在那些评估域自身里评估不平等；(2) 在一个更为广阔的思维框架下（比如，还要考虑到对目标——如阿特金森例子里的社会福利——有影响的其他影响因子）评估收入不平等。对这些问题的详细讨论见本书第 6 章。

对人际相异性的忽视不仅来自实际应用中使分析简化明了的需要（正如在有关不平等测算的文献中的那样），而且如前面讨论过的，还有极能打动人的平等理念本身（如“人生而平等”）。这

---

① 在有关资源分配的其他分支问题（詹姆斯·米尔利斯最先提出的“最佳税收”）上，对所有人都使用相同的效用函数，将效用与收入（或收入与工作）相联系的策略已成为“范式”。托马拉（Tuomala，1971）也有对那篇文章的介绍。这一点同样被应用到有关“成本—收益”分析的文献中［对其评判可参见德雷兹和斯特恩（Drèze and Stern，1987）］。

② 这种分析方法［参见阿特金森（1970b，1975，1983）］发展了多尔顿最先提出的分析思路，科尔姆（1969）也对此做了改进。关于此分析方法及基本的分析思路，亦可参见 *OEI* 中的讨论。

③ 对此问题的见解深刻的评论及相关问题，可参见阿特金森（1983：第一部分）。

些极能打动人心的修辞备受人们关注，但这也很容易使我们忽视那些差异，或者对此根本不予考虑，或者假定这些差异不存在。这样一来，不同的评估域之间的转换就很容易，比如，从收入域转向效用域，从“基本善”域转向自由域，从“资源”域转向个体福利域，等等。但这只是表面上消解了有关平等分析的不同的理路之间的紧张对立。

然而，那种化简是要付出代价的。在那个假定下，我们就会忽视实质的不平等，比如，个体福利和自由的不平等，而这两种不平等很可能直接源于平等的收入分配（假定我们的需求不同，个人条件和社会环境全异）。实际运用中的化约需要和动人的修辞对有些目标可能会有所助益，但对其他的目标并无助益，也容易误导人。

第 2 章
自由、成就和资源

2.1 自由与选择

31 个体在社会排序中的相对位置可以从两个方面来判断：(1) 实际成就；(2) 可实现成就的自由。成就关涉的是我们通过努力实现了的事物，而自由关涉的则是实际机会——我们借以实现自身价值的机会。这两者未必总是一致的。我们可以从成就和自由的角度来审视不平等，但二者的判定结果未必重合。这两者间的区别也与对效率的判定有关，这种效率是从个体的成就或可获得成就的自由的角度去定义的。因此，成就与自由间的区别对评价社会至关重要。①

当然，判断成就的方法不止一种，比如效用（如已获得的快乐或实现了的欲望等）、财富（如获得的收入或享受到的消费）或生活质量（如生活标准的某种指标）等。② 如前所述，在评估我们的生活和成就时，对不同评估域的选择是一个有重要意义的问题，而且，这种选择对不平等的评估至关重要（尤其是在回答“什么

---

① 在欧洲经济协会举办的一次论坛上，科奈（Kornai，1988）、林贝克（Lindbeck，1988）、森（1988a）曾对不同类型经济体的评价中自由视角的适当性问题做过分析。

② 这些问题在我的题为“生活标准”（The Standard of Living）的坦纳讲座中做过论述。参见森等（1987），其中包括了由约翰·米尔鲍尔、拉维·坎伯、基思·哈特（Keith Hart）、伯纳德·威廉斯以及杰弗里·霍索恩（Geoffrey Hawthorn，他还参与了此书的编辑）等所做的更深入的分析和评论。

要平等”这个问题时)。但是，即使我们可以对成就特征进行描述，也仍然有一个深层次的问题，即成就的**程度**和可实现成就的**自由**之间的区别。

评估个体优势和良好社会秩序的一些众所周知的方法往往只是直接关注成就本身，把可实现成就的自由完全看成是“工具性的”，即只是将其看作实现实际成就的手段。功利主义就是一个明 32
显的例子。功利主义分析方法的特征有：(1) 将社会评价中的人际比较项仅限定在成就上；(2) 用已获得的效用来界定成就。在进行个体评估和社会评估时，这两方面共同形成功利主义的信息焦点，即关注个人效用的人际比较。

同样，伯格森-萨缪尔森 (Bergson-Samuelson) 在关于社会福利函数的经典表述中 [伯格森 (1938)、萨缪尔森 (1947)]，也倾向于只直接关注成就 (如偏好的实现、消费者满足等)，而个体自由仅被间接地作为实现成就的手段。在某种意义上，这一点也同样适用于阿罗的社会选择理论框架。[①] 阿罗的社会选择理论关注的是个体对社会事务状态的偏好，而不是**在**社会事务诸状态**中**进行选择的自由。但是，这一点在很大程度上取决于我们如何描述社会事务状态的特征，特别是，可**转向**其他状态的选择是否应为某个特定状态的组成内容?[②] 社会选择理论的最新发展已经试图将自

---

① 参见阿罗 (1951，1963)。

② 本书手稿完成后，我曾于 1991 年 5 月在斯坦福大学做了关于肯尼思·阿罗的讲座——“自由与社会选择”(Freedom and Social Choice)，在这次研究中我检验了将自由视角引入社会选择理论的结构中的可能性。

由的考量引入评价结构中，特别是在评估自由的具体内容方面。[①]

33 只关注成就的分析理路最近受到严重挑战，这些持反对意见的主张将可获得成就的手段作为政治评估的基础，例如，罗尔斯

---

① 在此问题上我曾做过尝试，参见森（1970a，1970c）。社会选择理论中关于看待自由的主要文献，可参阅铃村兴太郎（1983）、里格尔斯沃思（Wriglesworth，1985）、里雷（Riley，1987）等的讨论和细密研究。在对待自由的问题上，与（1）传统的义务论的陈述，（2）标准的福利经济学的表述和（3）博弈论的解释相比较，社会选择理论既有优点也有局限性。许多学术论文和著作都涉及对这些问题及相关问题（包括对将自由考虑引入社会选择理论中的尝试的检验）的讨论，这些论文和著作包括：森（1970a，1976c，1982b，1982c，1983a，1992a），黄有光（Ng，1971，1979），巴特拉和帕塔奈克（Batra and Pattanaik，1972），皮科克和罗利（Peacock and Rowley，1972），诺齐克（1973，1974），伯恩霍尔兹（Bernholz，1974，1980），吉伯德（Gibbard，1974），布劳（Blau，1975），法恩（Fine，1975b），塞德尔（Seidl，1975，1986b，1990），坎贝尔（Campbell，1976，1989），法雷尔（Farrell，1976），克利（Kelly，1976a，1976b，1978），奥尔德里克（Aldrich，1977），布雷耶（Breyer，1977），佩雷利-米内蒂（Perelli-Minetti，1977），费里约翰（Ferejohn，1978），卡尔尼（Karni，1978），史蒂文斯和福斯特（Stevens and Foster，1978），铃村兴太郎（1978，1980，1983，1991），奥斯汀-史密斯（Austen-Smith，1979，1982），米勒（Mueller，1979），巴纳斯（Barnes，1980），布雷耶和R. 加德纳（Breyer and R. Gardner，1980），布雷耶和吉廖蒂（Breyer and Gigliotti，1980），方丹（Fountain，1980），R. 加德纳（1980），麦克莱恩（McLean，1980），威尔（Weale，1980），盖特纳和克吕格尔（Gaertner and Krüger，1981，1983），加登弗斯（Gärdenfors，1981），哈蒙德（1981，1982），舒瓦茨（Schwartz，1981，1986），萨格登（Sugden，1981，1985），利瓦伊（1982，1986），里格尔斯沃思（1982，1985），查普曼（Chapman，1983），K. 巴苏（1984），盖特纳（1985，1986），凯尔西（Kelsey，1985，1988），肖特（Schotter，1985），库格林（Coughlin，1986），巴里（Barry，1986），埃尔斯特和许兰德（Elster and Hylland，1986），许兰德（1986），韦伯斯特（Webster，1986），哈雷尔和尼特赞（Harel and Nitzan，1987），麦金太尔（MacIntyre，1987，1988），梅泽蒂（Mezzetti，1987），努尔米（Nurmi，1987），赖利（Riley，1987，1989a，1989b），松蒂高（Sonstegaard，1987），苏布拉曼尼亚（Subramanian，1987），艾伦（Allen，1988），吉廖蒂（1988），帕塔奈克（1988），S. O. 汉森（S. O. Hansson，1988），德布（Deb，1989），加登弗斯和佩蒂特（Cärdenfors and Pettit，1989），哈姆林（A. Hamlin，1989），赫尔利（1989），瓦伦蒂尼（Vallentyne，1989），徐永胜（1990），盖特纳、帕塔奈克和铃村兴太郎（1992）等。

关注“基本善”的分配，德沃金则关注“资源”的分配，等等。由于这些手段（具体形式有“资源”“基本善”等）可增加自由（其他保持不变），因此，可以认为这些变化将我们的注意力从仅限于成就的评估引向对自由的关注。如果我们致力于“资源”或“基本善”的评估域里的平等，那就可以说，我们已从对成就的评估转向对自由的评价。

但同时需要注意的是，不同个体的“资源”的拥有量或“基本善”的均等化未必就意味着个体可享有相等的自由，因为不同的个体在将“资源”和“基本善”转化为自由时，其“转化率”会有重大差异。这个转化问题涉及一些极复杂的社会问题，尤其是，这些成就深受错综复杂的群体关系和群体互动的影响。[①] 正如前面所讨论的那样，这种转化差异还可能仅仅是由于个体在体质上存在着差异。比如前面提到的那个简单的例子，如果一个穷人要摆脱营养不良的不利处境，则不仅取决于其所持有的“资源”或拥有的“基本善”（比如，收入可影响到他购买食物的能力），而且取决于新陈代谢的速度、性别、是否怀孕、气候环境、是否患有寄生虫病，等等。即使两个人拥有相同的收入或“基本善”及“资源”（如罗尔斯和德沃金的分析模型中所表述的）等，下面这种情况仍有可能发生：其中一个人可以完全避免营养不良，而

---

① 在评估贫困问题时，这是一个特别重要的问题——这里的“贫困”包括无法实现最低限度的社会性生活内容，如参加社会活动。关于这一点可参见森（1983d）和本书第 7 章。

另一个人则未必能做到这一点。[①]

很多著作已从关注成就转向关注可实现成就的手段（如罗尔
34 斯对“基本善”的关注，德沃金对“资源”的关注[②]），这可视为朝着重视自由的方向努力。但这种转向还不足以洞悉自由的程度。如果我们对自由予以足够关注，则自由的特征就可这样描述：可以从不同的（我们有能力获得的）“成就束”组合进行选择的状态。在讨论那个严格的问题之前（详见本章第 2.3 节和第 3 章第 3.5 节），我们先探讨一下与标准的经济学理论相联系的关于成就和自由的区别的其他方面问题。

2.2 实际收入、机会与选择[③]

成就和自由之间的区别可通过对实际收入分析的两种不同解释来说明。这些不同的解释可以在一些经济学著作中找到，然而，这些著作多半没有区分这两种不同的解释方法。对实际收入的评估往往被等同于对由某个人所获得的特定商品束而来的收益的评估，如“对某个体而言，商品束 x 是否优于商品束 y”。这种比较与所选商品束的类型直接相关，我们可将其称为“选择视角”（se-

---

① 关于此类观点实际的重要性及实证的例子，参见森（1985b），特别是附录 A 和附录 B。也可参见阿尼森（Arneson，1989a，1990a，1990b，1991）、G. A. 科恩（1989，1990，1992）。

② 实际上，德沃金所提出的主张在很大程度上取决于用以应对个体残障险机制的范围。

③ 本节援引了一些经济学理论中标准的步骤方法，这使其与本书其余章节相比多了些“技术性的”内容，但读者不必预先有专业的知识。这部分内容是这样安排的：对非经济学专业的读者而言，即使这部分内容跳过不读，也不妨碍阅读本书其余的内容。

lection view)。另一种解释是，我们不能仅把关注点放在已购买的特定商品束上，还要关注人们在特定收入条件下能够购买的所有商品束的“集合”，如“‘预算集’(budget set) A 是否比‘预算集’B 能够给人们提供更好的‘选择集’”。这被称为“选择权视角”(option view)。

实际收入比较的原理结构的立论基础取决于对“比较”这个词本身的解释，其中选择视角和选择权视角都得到了广泛应用(不管是明确的还是暗示的)。① “选择权视角”在应用时往往这样表述：在“预算集”A 中选择 x 的方案优于在“预算集”B 中选择 y 的方案——如果在“预算集”A 中也可以选择 y 的话。② 这就 35
是实际收入比较中的“显示性偏好”方法。③ 它的原理是，利用价格及购买数据对可选择的自由做某种比较，以验证个体在“预算集”B 中所选择的物品能否在“预算集”A 中选择。

另外，“选择视角”仅集中于比较商品束 x 和 y，这是通过设定特定偏好结构来实现的（特别是设定为凸性的偏好结构，即非

---

① 对这些应用的详尽分析参见森（1979c）。

② 注意，“预算集”A 和 B 两者并不具备完全的可比性，而是这样比较：通过依照选自“预算集”B 中的商品束 y 来审视“预算集”A。

③ 参见萨缪尔森（1938，1947），也可参见霍撒克（Houthakker，1950）和利特尔（Little，1950）。在“显示性偏好”的分析方法中，常用选择的选择权（options of choice）比较来推导个体的效用函数（根据个体从不同“预算集”中进行选择来定义效用函数）。但这种分析方法仍有很多疑点，包括：对个体所追求的目标的本质的一些假定；将目标函数解释为个体的效用函数［参见森（1973b，1977c)］。这里我们不直接关注如何“复原”从可观察的选择而来的个体效用函数，而是关注这种方法的阐述方式(而不仅仅从选中的商品束的比较来推导个体效用函数)。因此我们用到了一些“显示性偏好”方法，但未全用。

递增的边际替代率)。价格和购买的数据被用于确定不同商品束下的相对比重(也就是各自实际购买的商品金额值),而非递增的边际替代率的假定被用于确定从“预算集”A 中选出的商品束 x 是否优于从“预算集”B 中选出的商品束 y。① 照此看来,在此过程中并未对众多的选择机会进行比较。

在标准的假设条件下,这两种方法对实际收入的比较的结果基本一致。但有两点需要注意:(1)它们使用了极为不同的分析策略;(2)一旦标准假设(如竞争性市场)弱化,由这两种方法而来的结果是不同的。② 在此,我们关注两种策略间的不同,尤其是选择权比较与所选商品束的好坏程度的直接比较这二者之间的差异。

需要说明的是,即使在“显示性偏好”方法中用到“选择权视角”——这种分析方式已得到应用——也并不意味着会自然而然地高度重视可选择的自由的程度。相反,选择机会倒成为获取
36 自己所偏好的商品束的唯一手段。但只要我们真正重视选择本身的自由,我们仍有可能扩展充实“显示性偏好”分析方法中的“选择权比较”的逻辑分析方法。③ “选择权视角”直接关注商品束的好坏程度(不涉及其他),“选择权视角”也可用于比较选择的自由程度。在有关显示性偏好的著作里,同样没有对自由给予应

① 参见希克斯(1939,1940)、萨缪尔森(1947)、格雷夫(Graaff,1957)。

② 参见 T. 马宗达(T. Majamdar,1969)、森(1979c)。

③ 关于自由的工具性价值与内在价值间区别的重要性及其经济理论上的含义,可参见森(1988a)。

有的重视，而且仅从纯“工具性”角度看待自由（根据所选商品束的价值的角度）。当然，这种分析技术经过改造也可用于关注自由的内在价值（如果自由得到真正的重视）。

2.3　有别于资源的自由

现在，我们回到自由与实现自由的手段（如“基本善”或“资源”，它们帮助人们获得更大的自由）之间的区别上来。我们不妨从商品消费视域里二者的区别开始，虽然这不是我们最终关注的焦点。“预算集”表示在此评估域内的个人自由的程度，也就是获得可供选择的不同商品束进行消费的自由。这种“预算集”以个体的“资源”（本例中指收入水平和在给定价格条件下购买商品的机会）为基础。构成“预算集”内容的资源与“预算集”本身的区别实际上源于“预算集”的资源和“预算集”本身之间的区别，这是实现自由的手段与自由的程度间的区别的一个简单例证（本例是从可实现的消费束的角度看待自由的）。

把关注点从成就转向“资源”（例如，从选择商品束转向实现不同商品束的收入条件）确实可视为朝更多关注自由的方向转变的一个步骤（如前面提到的），因为“资源”可以提供（我们可从中做出选择的）商品束的集合。[①] 与关注个体实际获得的“资源”

① 但应注意的是，一个人在某一时间点上所拥有的资源或享有的自由有可能是过去的成就的结果。在考虑到成就和实现自由的手段间的差异时，并不是要否认二者的联系。确实，这个关系更完整的表述需要对二者的联系也予以考虑。

37 的分析方法相反，根据个体对“资源”的掌控来判断个体优势的分析策略可将我们的关注点从成就重新聚焦于可实现自由的手段。毫无疑问，这是对自由本身的一种尊重。

当代政治哲学和伦理学的分析理路（如罗尔斯在他的正义理论里对“基本善”的关注、德沃金的“资源平等”的主张）发生重要变化的趋势是，它们逐渐关注个人对“资源”的需求并将其作为个体优势的人际比较的基础。这些变化部分受到对自由的重要性的关注的激发。

这一变化已经将我们的研究引到了正确的方向（当涉及自由时），但原则上，帮助我们获得自由的资源与自由本身的实现程度两者之间的差异仍很重要，而且在实际应用中也极为关键。自由不仅有别于成就，而且有别于“资源”和实现自由的手段。①

由于在有关此问题的经济学文献中给出了一致价格、竞争性市场等假设（这种假设甚至已成为“标准”），在将“资源”转变为商品束时，人际差异的问题似乎不存在了。但在理论上这至少是部分遁词，在实际应用中，在此转化过程中的价格不一致和其他的人际相异是普遍存在的。但更为重要的是，一旦我们将注意力从商品域转向个体实际上能做到的或处于某种状态（或者说，

① 即使在商品域中，用个体所掌控的商品束的集合比（可实现对商品束的掌控的）“资源”更能传达出（商品域中的）自由的含义。虽然由后者可导出前者，但这个转化依赖于一定的偶然情况，如市场和价格。如果这些转化因人而异，那么在资源域中位置靠前的人到了商品域中其自由程度很可能就靠后（如公共住房政策中的不同租金）。

个体可能拥有的某种生活状态）的评估域时，在将“资源”转化为商品束的过程中就会出现数不胜数的人际差异，而且这些差异都不容忽视。[①]

个体所拥有的“资源”或所持有的“基本善”可能并不是
（他可做某事或不做某事的）自由的一个完美指标。[②] 正如前面章 38
节所讨论的，不同个体之间的生理特征和社会特征差异非常大，
这就会导致在将“资源”和“基本善”转化为成就的过程中明显
的人际差异。同样的原因，在“资源”和“基本善”向自由的转
化过程中，表现为生理特征和社会特征的人际差异会使得转化结
果也极为不同。

如果我们对可做出选择的自由感兴趣，那就必须看一下某个个体实际拥有的选择有多少种，我们不能想当然地认为：该结果与从个体所掌控的“资源”而来的判定结果是相同的。当代政治哲学的研究（如罗尔斯和德沃金的理论）已转向基于“资源”的人际比较，毫无疑问，这把我们引向了关注自由的方向，但是这

---

① 关于人际差异问题，讨论比较多的是与不同人之间的营养物“需求”问题。关于如何解决这些需求差异的问题，可参见萨卡特姆（Sukhatme，1977，1982）、斯里尼法桑（1981，1992）、戈帕兰（Gopalan，1983）、利普顿（Lipton，1983）、布拉克斯特和沃特洛（Blaxter and Waterlow，1985）、P. R. 佩恩（Payne，1985）、韦蒂亚纳坦（Vaidyanathan，1985）、斯克林肖（Scrimshaw，1987）、P. R. 佩恩和利普顿（1988）、阿南德和 C. 哈里斯（Anand and C. Harris，1990，1992）、P. 达斯格普塔和 D. 雷伊（P. Dasgupta and D. Ray，1990）、奥斯马尼（1990a，1992a，1992b）、巴尔加瓦（Bhargava，1991）等。

② 对此观点的更多论述，请参见森（1980a，1991b）。相关问题参见莱宁（Lehning，1989）、波吉（Pogge，1989）。

种转向还相当不够。[①] 总之，对自由的比较并不能建立在“资源”比较和“基本善”比较的基础之上。我们重视自由，因而我们的主张就不能通过其他变量来审视。[②]

---

① 第 5 章将详细讨论这个问题，到时我们将在正义理论的背景下考察不平等的评估问题。

② 下一章我们将分析并详细考察可获得幸福的自由的理念，作为分析自由不平等的前提。

第 3 章

生活内容与能力

3.1 能力集

本章在对个体福利及可实现个体福利的自由进行评估的基础上进一 39
步探讨有关“能力”的观点。鉴于方法论上的问题已经在其他地方详细讨论过了①，在这里我仅将有关这一观点的几个基本要素做些陈述。

一个人的福利可从其生存质量来判断。生命中的活动可以看成一系列相互关联的“生活内容”(functioning)，即“一个人处于什么样的状态和能够做什么”(beings and doings) 的集合。个体福利方面的成就可视为他的生活内容向量。这些相关“生活内容”的具体内涵极为丰富，既包括那些最基本的生存需要，例如，获得良好的营养供给、身体健康、避免死于非命和早夭，等等；也包括更复杂的成就，例如，感觉快乐、获得自尊、参加社会活动，等等。② 这些生活内容是个体生存状态的一个构成要素，对个体福

① 关于概念基础的各个方面和测量与评估的应用问题的讨论，可参见森（1980a，1985a，1985b）。本章也引用了森（1991b）的成果。

② 对生存质量的构成因素的讨论可参见阿拉德（Allardt，1981，1992）、埃里克松和阿伯格（Erikson and Aberg，1987）、埃里克松（1991）、伊桑德（1992）。实际上，关于生活质量的“斯堪的纳维亚研究”已对“以各种‘生活内容’作为生活质量的考察基础”的可能性做了一个实证检验。其有关问题可参见富克斯（Fuchs，1983）、麦克和兰斯利（Mack and Lansley，1985）、卡尔耶（Culyer，1986）、A. 威廉斯（1991）。

利的评估也就成为对这些构成要素（即“生活内容”）的评估。①

与“生活内容”概念密切联系的是可实现生活内容的“能力”
40 的概念，它表示人们能够获得的各种生活内容（即处于某种状态和各种活动）的不同组合。这样，能力就是生活内容向量的集合，反映了人们能够选择过某种类型的生活的自由。② 如同商品域里所谓的“预算集”代表个体购买商品束的自由③，“生活内容”域里的“能力集”反映了个体从若干个可能的生活状态中可做出选择的自由。

显而易见的是，个体的福利一定取决于他的可表征的状态，即已实现的生活内容。一个人是否受到良好的营养供应、是否健康等，对他的存在状态的好坏至关重要，这一点毫无疑问。但可能有人要问：与**已实现的生活内容**相对的**能力**怎么会与个体福利相联系呢？

一个人的能力之所以与个体福利有联系，主要有两方面原因（这两方面不同但又相互联系）。首先，如果说已实现的生活内容构成了个体的福利，那么可实现这些生活内容的能力——即个体有能力对各种可能的生活内容项组合进行选择——就构成了可实现个体福利的自由（这种自由意味着真正的机会）。这个可实现个

---

① 此分析方法的哲学基础可追溯到亚里士多德的著作。在亚里士多德的著作中，他从“活动意义上的生命”的角度来考察“属人的善”，这很有洞察力［尤可参见亚里士多德的《尼各马科伦理学》(*The Nicomachean Ethics*) 第一卷第七章］。接着，亚里士多德在这个意义上检视了个体福利的政治含义和社会含义，包括“人类繁荣（即最高的善）”［参见亚里士多德的《伦理学》(*Ethics*) 和《政治学》(*Politics*)］。关于亚里士多德的分析方法及与探索能力视角的最新联系问题，可参见努斯鲍姆（1988a，1988b）。

② 这里涉及如何对生活内容向量及由这些向量组成的“能力集”进行描述和赋值的技术问题。关于这个问题可参见森（1985a，1991b）。

③ 参见本书第 2 章第 2.2 节。

体福利的自由与伦理分析和政治分析直接相关。[①] 例如，在有关社会状态的良善程度描述中，必须重视自由——这种自由是指不同的个体各自享有的、可实现个体福利的自由。反之，在社会状态的“良善”程度描述中如果不包含追求个体福利的自由，则个体要求有实质的个体福利自由的诉求就是“正当的”。[②]

这种反映个体获取个体福利的机会的自由，至少应作为**工具** 41
性的手段来看待，例如，可以通过自由来判断社会中个体的某项“行为”到底好到什么程度。但除此之外，正如我们一直讨论的，自由可以被看作一个良好的社会结构中极为重要的东西。从这个角度看，一个良好的社会同样也是一个自由的社会。[③] 当然，对于

---

① 我在杜威讲座（特别是第二次和第三次讲座）中曾特别讨论了社会伦理与政治伦理中的与已实现的自由相对的“追求个体福利的自由”问题（森，1985a）。这些讲座还涉及“个体福利自由”和“主体性自由”的区分。“主体性自由”代表了个体更为一般的自由，即可实现个体任何目标的自由（有可能超过了对个体福利的追求）。参见本书第 4 章。

② 参见罗尔斯（1988a）对“正当”与“善”的区分。亦可参见萨格登（1989），他是从“正当”的理念而不是从使“善”最大化的角度来看待国家责任的。但我认为，二者的区分未必如假设的那样明显，也不一定很重要（森，1987）。

③ 自由的观点常与自由主义学者的重要著作［如黑尔（1960，1967）、诺齐克（1974）、A. E. 布坎南（1975，1986）及其他一些近期的文献］联系在一起。早期赞成自由的基本价值的著作包括马克思的政治哲学。马克思强调，（未来个体之间新的联合）是“把个人的自由发展和运动的条件置于他们的控制之下”。在马克思看来，未来获得解放了的社会应该是这样的：“我有可能随我自己的心愿今天干这事，明天干那事，上午打猎，下午捕鱼，傍晚从事畜牧，晚饭后从事批判，这样就不会使我成为一个猎人、渔夫、牧人或批判者。”［马克思（1845—1846）第 22 页］。当然，这是关于全面自由的观点（一个人可做任何事情的自由）。与此相对的是许多自由主义者的作品中强调的消极自由（即个体不被阻止做某事的自由）。关于全面自由与消极自由的区分，可参见伯林（1969）。另一种看待自由的内在价值的分析方法可参见我的《选择的自由：概念和内容》（*Freedom of Choice*：*Concept and Content*）［森（1988a）］。关于马克思看待自由的方法，亦参见科拉科夫斯基（Kolakowski，1978）、C. 泰勒（C. Taylor，1979）、布伦科特（Brenkert，1980，1983）、A. E. 布坎南（1982）、埃尔斯特（1986）、卢科斯（1985）、G. A. 科恩（1986，1988，1989）、拉玛钱德兰（1990）等。

同样的社会制度设计，也有人会运用“正当”而不是“善”的概念来作为赞成与否的标准。那些认为这一区分很重要并且赞成“正当优先于善”的人［正如罗尔斯（1988a）所提出的］，往往是从这一点出发来分析问题的。

个体福利与能力之间的第二个联系是：**已实现的**个体福利本身取决于可实现生活内容的**能力**。能够做出选择，这本身就是有价值的生活的一部分，因此，在一些重大的选择项中能够真正做出选择的生活可以被认为是更为富足的。[①] 从这一角度看，至少某些能力对个体福利有直接的贡献，可使个体的生活因为有思考性选择的机会而更为富足。即使表现为能力的自由仅被视为工具性的（并且个体福利水平并不被认为取决于可选择的自由的程度），但可实现生活内容的能力依然是社会评估的重要内容。“能力集”
42 可为我们提供个体所有的各种生活内容向量方面的信息，无论我们怎样精准地定义个体福利，这些信息都很重要。

从上面提到的两方面联系看，“能力分析方法”明显异于其他传统的个体评估和社会评估方法，这些传统的分析方法是建立在诸如“基本善”（罗尔斯的评价体系）、“资源”（德沃金的社会分析）或“实际收入”（以国民生产总值、国内生产总值、选定商品向量[②]为中心的分析）的分析基础之上的。这些变量都关注可实现个体福利及其他目标的手段，这些变量也可以看成是可实现自由

① 这并不是说每增加一个选择机会都会使个体福利水平上升，也不是说必须做出选择的责任一定会增加个体的自由。这些问题下一章将详细讨论。

② 对这个概念的批判可参见森（1979c）。

的手段。与此相对照的是，生活内容属于个体福利的构成要素，而能力反映的是追求这些构成要素的自由，甚至——如我们在本节前部分讨论的那样——直接作用于个体福利本身，正如决策和选择也是生活的一部分一样。[①]

3.2 价值目标与评估域

在评估一项事务时，必须分清以下两个问题：（1）价值目标是什么？（2）各个目标的价值如何评估？即使在形式上前一个问题只是后一个问题的一个基本方面（这里的价值目标指可正向比较排序的目标物），但就实质而言，对价值目标的确认是一个最基本的步骤，只有把这个问题弄清楚了才能解决好第二个问题。

---

① 关于能力方法的动机问题和策略问题的更全面讨论可参见森（1980a，1985a，1985b，1991b）。对能力分析方法的批判和拓展及其他与此相关但又不同的分析方法可参见罗默（Roemer，1982，1986a），斯特里滕（Streeten，1984），贝茨（Beitz，1986），卡尔耶（1986），P. 达斯格普塔（1986，1988，1990），博伊斯（1986），德莱奥纳尔多、莫里耶和罗特里（De Leonardo，Maurie and Rotelli，1986），德波诺（Delbono，1986），哈姆林（1986），赫尔姆（Helm，1986），卡克瓦尼（1986），卢克（Luker，1986），奥尼尔（1986，1992），赖利（1986，1987），S. 扎马格尼（1986），阿萨希（Asahi，1987），K. 巴苏（1987a），布兰宁和威尔逊（Brannen and Wilson，1987），埃里克松和阿伯格（1987），霍索恩（1987），K. 哈特（1987），坎伯（1987），B. G. 库马尔（Kumar，1987），米尔鲍尔（1987），林根（Ringen，1987），B. 威廉斯（1987），威尔孙（1987），盖特纳（1988，1991），古丁（1988），阿尼森（1989a，1990b），G. A. 科恩（1989，1990），德雷兹和森（1989），K. 格里芬和奈特（1989），努斯鲍姆（1988a，1988b），铃村兴太郎（1988），斯图尔特（Stewart，1990），波吉（1989），西布赖特（Seabright，1989，1991），德塞（Desai，1990），霍塞恩（Hossain，1990），斯坦纳（1990），范巴里斯（1990a，1990b），阿赫蒂萨里（Ahtisaari，1991），克罗克（D. A. Crocker，1991a，1991b），A. 威廉斯（1991），布利斯（1992），布罗克（Brock，1992），A. K. S. 库马尔（1992）等。

此外，通过正向比较排序，对价值目标集的确认过程本身就
43 形成了“等级排序”（即如果 x 能比 y 带来更多的——至少多出一个——被评估的目标，那么 x 就比 y 高一等级，或者二者至少也是相等的）。这个等级排序有着诸如传递性的规律性特征，确实大大有助于我们的评估。[①]

对价值目标的确认就是选择被我们称为“评估域”的事物（在第一节中已简单地讨论过）。例如，在标准的功利主义分析中，评估域是由个体的效用组成的（个体的效用通常是从快乐、幸福或欲望的满足来定义的）。事实上，一个完整的评估方法也伴随着许多“信息限制”，即排除不直接用于评估的各种信息（这些信息并不属于此评估域）。[②]

“能力分析方法”的第一步是对价值目标的确认，并从生活内容以及可实现生活内容的能力的角度来看待这个评估域。当然，它本身也是一个深层次的评估过程，但对问题（1）的回答并不意味着给问题（2）提供了具体的答案。但对评估域的选择也有明显的重要性和重要作用，因为评估域里包含了那些有潜在价值的目标，同时也从那些有价值的目标列表中剔除了那些不重要的。

例如，能力分析方法就异于功利主义的评估（及更一般意义

---

① 关于这一点可参见森（1970a，1970b）。

② 实际上，一个评估体系可从其自身所带的“信息限制”的角度去分析。这些信息包括在使用评估目标过程中所“排除”的信息类型。关于“评估原则的信息分析”策略，可参见森（1977b，1979d）。

上的“福利主义”评估①），其区别之一就是，前者有可能将众多活动与状态表征视为同其自身同等重要（不仅是因为人们能够带来效用，也不仅由于他们所带来的效用的程度）。② 在这个意义上，能力视角可以使我们对各种可能影响到我们的生活因素有更为全面的认识。此外，能力分析方法与其他一些分析方法也是不同的，44
包括那些将个体福利评估建立在诸如实际收入、财产、富裕、资源、自由（liberty）或者“基本善”的基础上而不是建立在个人的能力或生活内容的基础上的分析方法。

3.3　筛选和权衡

在选择确定有关生活内容和重要能力的列表时，免不了还要进行筛选。“从事各种活动”（doing）和“处于某种状态”（being）仅是一种普遍性概念，在具体的语境中可根据需要加进诸如“成就”等体现特殊性的内容来进一步界定。有些生活内容很容易描述，但在大多数情况下意义不大（比如，偏好某个与其他品牌并无二致的洗衣粉牌子③）。

---

① 功利主义有三个构成因素：（1）结果主义，即对行为、原则等是从该情形所引致的结果去判断的；（2）福利主义，即某种状态的好坏是由个体在此状态下获得的效用来判定的；（3）总和判断，即个体效用可由其效用相加得到的总效用来判定。关于这三个构成要素的实质及在此一般框架下的各种功利主义主张的差别，可参见森（1979a，1979b），也可参见森和威廉斯（1982）的“导言”部分。

② 在各种功利主义学说里［可参见戈斯林（Gosling，1969）］，对效用的定义有各种不同的角度（如快乐、幸福或欲望的满足等）。

③ 伯纳德·威廉斯（1987）在评论我的坦纳讲座中的关于生活标准的问题时提出了这个问题。关于这点，可参见他的讨论（第 98～100 页）及我的回应（第 108～109 页），也可参见森等（1987）。

在筛选生活内容及对能力的相应描述时，免不了要对其进行评估。既然要选择，就一定会有侧重点，也就是说，有些生活内容十分重要，而有的则不重要，可以忽略。[①] 在生活内容和能力的概念化操作过程中，筛选和区分并不是十分困难的事情。[②]

在分析社会福利时，例如，在解决发展中国家的极度贫困问题时，我们就得涉及很多内容，包括几个基本的、极其重要的生
45 活内容（及相应的基本能力，如得到良好的营养供应和合适的居所、避免本可预防的死亡和早夭的能力等）。[③] 而在其他情形下，我们就会探讨一些经济发展过程中会普遍出现的问题，所涉及的内容会更多、更多样化。[④]

查尔斯·贝茨（Charles Beitz，1986）在评论我的早期著作的文章中，曾就“能力分析方法”的各种特征做过很有启发性的论述，同时还提出了一个重要问题（这个观点在我的其他评论文章中也反复提到）。那就是：

> “能力分析方法”在理论上所面临的最大困难是基于这样

---

① 关于有必要将评估关注点与蕴含动机联系起来的问题，参见波罗克（1991）。波罗克是从医疗保障的具体问题来讨论这个一般问题的。还可参见贝泰耶（1983a）、韦巴等（Verba et al.，1997）、克罗克（1991b）。

② 我曾在“关于选择的描述”中讨论过一般的方法论问题，参见森（1980b）。

③ 参见森（1984，1988b）。我在《什么要平等》（Equality of What）一文里［森（1980a）］使用“基本能力”这个术语试图将可满足某种基本的和极为重要的生活内容的能力拉至某种高度。当然，此术语也可以其他方式来定义（只是“基本”一词的概念有些模糊）。比如，它可以指潜在的能力，这种能力有进一步改进提升的机会，不管实际中是否已实现［努斯鲍姆（1988a，1988b）曾使用了这种意义］。

④ 生活内容和能力关涉对个体福利或主体性成就的评估，因而包含的内容十分丰富。关于这个问题，参见我的杜威讲座（森，1985a）。

> 的事实：当进行人际能力比较时，并非所有的能力都同等重要。例如，能够行走的能力的重要性就胜过打篮球的能力。[①]

有此担心很自然，这个问题确实提得好。在进行能力比较时，肯定会有一些能力不重要，不是我们要关心的，即使那些能力要用于和其他能力进行比较。这个权衡筛选、有所侧重的过程是“能力分析方法”在应用中不可或缺的组成部分，无论如何，这种权衡筛选都不会遇到困境（即所谓的“理论上的困难”）。[②]

不同的能力分析方法的不同重要性是能力分析框架的一部分，
正如不同商品的不同价值是“实际收入”理论框架的一部分。这 46
两个分析框架都不需要对其内的所有构成要素“一视同仁”。不同的商品肯定有贵有贱，当然不能一概而论。这个道理也同样适用于“生活内容和能力方法”。“能力分析方法”是从确定评估域开始的，不能说所有纳入那个评估域的事物都很重要或者说有相同的重要性（仅仅由于属于那个评估域）。

综上所述，我的基本观点是，在评估个体福利时，其判定标准（价值目标）应是生活内容和能力。这并不是说，所有类型的能力都有同等的价值，也不是说在评估个体福利时任何能力（包

---

① 参见贝茨（1986：287），亦可参见阿尼森（1989a，1990b）、G. A. 科恩（1989，1990）。

② 前面曾提到的亚里士多德的分析方法对于权衡问题却给出了相当自负的解决方式，他将不同的生活内容和能力做了一个排序列表，即使获得这些能力的方式不同。关于这个问题，可参见努斯鲍姆（1988a，1988b）。当然，这种方法有时被认为是“十全十美的”，关于这一点可参见哈克萨尔（1979）。总的来说，权衡问题在亚里士多德那里并没有得到完全充分的解决，但即使没有这种线性排序，也仍可以充分利用亚里士多德的这种能力方法。

括与人类生活关系不大的能力）都有相同的价值。之所以提出能力方法，正是出于要检验生活内容和能力的价值的需要，以此反对将注意力集中于获得成就和自由的手段（如“资源”“基本善”或收入）的分析方法。因此，对不同生活内容和能力的权衡和评估就是“能力分析方法”的一项必不可少的内容。

3.4 理论上的与实际应用中的不完备性

现在进入另一个与上面的问题不同但又有联系的话题。

“能力分析方法”通常要求有明确的答案，即使在对不同生活内容的相对比重的认识上还没有达成完全的一致。首先，对某些价值目标（在这些价值目标下，生活内容和能力都被视为有价值）的选择会产生“局部占优排列”（dominance partial order），即使并没有对相对比重做详细规定。这里能找到更多的相关生活内容项或能力本身就是一种进步，不必等不同的生活内容和能力的相对比重达成一致才做出一些判定。

更重要的是，这种“局部占优排列”能够应用到更多的地方，即使对相对价值并没有达成完全的一致。比如，x 对 y 的相对比重值有四种完全不同的可能结果，分别是 1/2、1/3、1/4 和 1/5。请注意，这里实际暗含了一个一致之处：x 的相对比值最大不能超过 1/2，最小不能低于 1/5。这就使得我们可对每一对事物进行排序，
47 这种排序并非是完全的占优排序。比如，在给定了权重值后，1 单位的 x 和 2 单位的 y 的组合结果要胜过 2 单位的 x 和 1 单位的 y 的组合（即使这两种组合都不比每增加一个 x 或 y 的组合结果更占

优势)。

“交集策略”(intersection approach)可大大启发我们的思维，将我们带到一个新的视界中。其分析理路顾名思义就是将隐含的所有可能的共同相对比重值归入一个集合。[①] 它在已有的一致性之外不做更多要求。在图 3－1 中，每个坐标轴都代表一种价值目标 48
(比如，某项生活内容)。

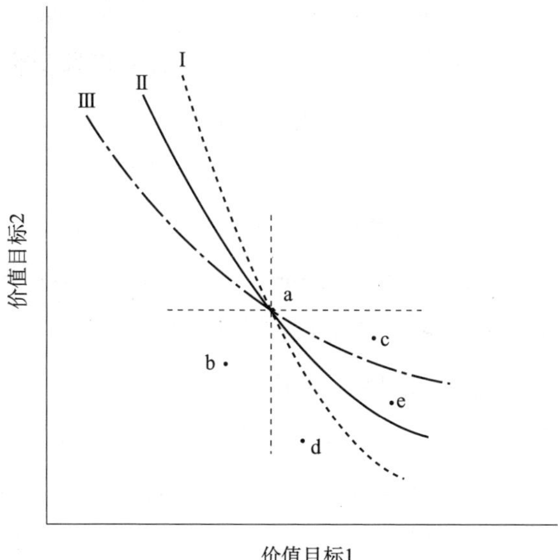

图 3－1　“占优策略”和“交集策略”示意图

① 关于“交集策略”的方法论问题和如何理解的问题，可参见森(1970a，1970b，1973a，1985b，1986a)、布莱科比(1975)、法恩(1975a)、K. 巴苏(1979)、贝泽宾德和范阿克(Bezembinder and van Acker，1979，1986)。与此相关但又不同的“模糊集合”(fuzzy sets)及其测度方法[可参见扎德(Zadeh，1965)]，也可能会用到不平等及与此相关的变量的测度之中[S. R. 查克拉瓦蒂和罗伊(S. R. Chakravarty and Roy，1985)、K. 巴苏(1987b)]。

图中的那个交点（即对目标价值的确认）清晰地表明了某种占优排序，比如 a 优于 b。但这种占优排序式并不完备，如无法将 a 同 c 或者 e 进行比较。

现在再来看那些包含几种可能的（并没有明确指出用哪一个来评估，甚至只有一条线含有正确的评估）不同“无差异曲线”（或者更广义上的包含两个以上价值目标的“无差异曲面”）。将穿过 a 的那三条无差异曲线分别标记为Ⅰ、Ⅱ和Ⅲ（见图 3—1）。不论从哪条无差异曲线看，a 都位于 c 的下方，因此根据“交集策略”，可以认为 a 要低于 c。同理，由于 a 位于 d 的上方，那么可以认为 a 又优于 d。“局部占优排序”就是这样通过“交集策略”被进一步引申的，但是这样产生的排列仍然只是有限排列。比如，可以通过参照某些无差异曲线判断 a 在 e 的上方；但是如果用另一条无差异曲线来参照，a 又在 e 的下方。在这种情况下，a 就无法与 e 进行比较了。由此可见，使用“交集策略”会更有说服力，也更令人一目了然，但是它本身无法消除不可决定性。但是这种本来就存在的不可决定性并不能降低“交集策略”的合理性，反而更说明了：只要存在不一致，就无法实现一致的、完备的判定结果。

因此，在运用能力分析方法时，就应舍弃“要么全部要么全不”的思想。实际上，个体福利的人际比较以及不平等评估的任务都要求允许某种不完备性，这已成为各自概念方法中的一部分。如果对不同个体的个体福利非要按“1，2，3，4，…，n”的顺序进行排序，或者在不平等比较中不允许任何的模糊性或不完整性的话，这样的分析思路就会与这些理念本身发生冲突。个体福利和不平等的概念含义比较宽，同时也允许有一定的模糊性。如果一定要求全责备，非要得出明确清晰的排序结果，这并不是对这两个概念的真正理解。这里应避免过于追求精确的危险。

既然在确定相对比重时存在不完备性或模糊性，可用相应的模糊性来表示个体福利的比重。这与方法论观点有关，我在其他
地方也都强调过这一点，即如果某个重要思想免不了存在模糊性 49
的话，要对其**精确**定义进行描述，就得正视其中的模糊性而不是去除模糊性。①

在进行人际比较或不平等评估时，这种局部排序有两方面的合理性。其一，正如前面讨论过的，个体福利和不平等的思想本身就有很多的模糊性，因而寻求完整的排序的企图就是错误的。这是不完备性的“理论上的”理由。其二，即使寻求完备性并不是一个错误，我们在实际操作中也未必能实现这一点。我们可能会遇到排序结果不一致的部分，并且就如何对待这些不一致也会发生争论。出现这种情况时，我们通常会对其余没有冲突的部分达成一致。这是不完备性的“实际应用中的”存在理由，这要求我们充分利用那些可以挑选出的、不模糊的排序部分，而不是坐等所有的确定的东西都被挑出然后一切都变得清晰明了。

实际应用时，这种思路当然会有结果，而且在我们整理未解

---

① 关于这一点，可参见森（1970a，1989b）。当然，这并不是专为能力方法而来的特殊问题。此问题同样会出现在很多社会理论、经济学理论和政策理论的概念框架之中。

决的部分时有可能扩大其局部排序。尽管不能否认有这种可能性，但如果对那些清晰明了的部分也不发表意见或不做任何判定，要等到一切都解决了才行动的话，也是错误的。在实际应用中，“株守”完备性并非上策。

3.5 能力还是生活内容?

能力是对可获得有价值的生活内容的自由的一个基本反映。它直接聚焦于这种自由而不是聚焦于追求达到这种自由的手段。而且，能力视角还能帮助我们辨别出我们所拥有的多种选择项里真正有价值的项。从这个意义上讲，能力可以被看作实质自由的体现。因此可以这样认为：生活内容是个体福利的构成要素，而能力则反映了一个人可获得个体福利的自由度。

能力和生活内容之间的联系或许看上去很简单，但正如我们在本章第 3.1 节中所讨论过的，能力不仅仅与**可实现个体福利的自由**有关，也会影响到**已实现的个体福利水平**。个体福利的实现
50 过程并非外在于我们获得各种生活内容的过程，而且与（在这些选择中）我们自己能够做出的决定有关系。如果在更广阔的视野里也认为这一点是重要的话，那就说明了能力与已实现的个体福利之间是有联系的（而不仅仅是能力与可实现个体福利的自由有联系）。

然而，这样一来，这一逻辑关系就显得相当复杂，甚至有可能造成一些混乱。一方面，这有可能破坏下面两个纯粹单一的结构框架：(1) 与个体福利成就相联系的、**已实现了的生活内容**结

构；(2) 与可实现个体福利的自由相联系的、可发挥作用的能力结构。但另一方面，可选择的自由（及能力）确实可对已实现的个体福利水平有直接的影响，当然，如果将已实现的个体福利"仅视为"能力集函数而不是已获得的实际生活内容的函数，这就有些"矫枉过正"了。为了不致遗漏掉这种重要影响（哪怕是一点点），我们又怎能忽视已实现的生活内容与已实现的个体福利之间虽然简单但又十分重要的联系呢？

要厘清这个问题，首先，要记住能力是以与生活内容相同的核心变量来定义的。在生活内容域里，任意点都代表一个 n 重生活内容，而能力就是这 n 重生活内容集，代表个体可从中进行选择的各种生活内容项组合。[①] 能力方法的优越性在于：它可将我们关注的焦点从商品域、收入域、效用域等转向个体生活的构成要素域。因而，需要记住的是，只要是作为生活内容域，是关注能力还是关注生活内容就没什么区别了。这一点尤为重要。在此评估域里，生活内容仅是一个点，而能力则是这些点的集合。

其次，我们必须记住的是，"能力集"包含可供选择的实际生活内容项组合的信息，因为很明显，这些都属于现实可行的组合。实际上，我们有理由将"能力集"评估建立在选中的生活内容项组合的基础之上。的确，如果自由对个体福利的重要性仅体现在工具性的意义上而无内在联系，则在对个体福利的评估中，将"能力集"的价值仅等同于被选中的生活内容项组合也未尝不可。

---

① 其形式化的特征表述可参见森（1985b：第 2～7 章）。

51 这与依靠“能力集”中最佳的元素（或者再简化一些，某一个最佳的元素，因为最佳元素未必只有一个）来评价一个“能力集”的思路是重合的——如果个体确实从使他的福利最大化出发做出了选择。这些不同的分析程序未必会得出相同的结果，但都可视为“初步评估”（即用某集合里的一个——如被选中的元素或最佳元素，或诸如此类——比较明显的组成元素来评估这个集合）的具体表现。①

谈到“能力集”的初步评估，有一点是清晰的：即使我们最终只关注成就而不是自由（如果这种自由不是仅被视为获得成就的一个工具性的手段），“能力集”实际上仍可用以进行评估。“能力集”也可为我们提供更多信息（超过了我们需要的信息），但所选中的生活内容项组合却是能力集的一部分。② 从这个意义上讲，这是从能力视角看待个体福利评估理论的一个例子，不管被选中的元素之外的元素是否被用到（这要看这些元素在选择过程中的重要程度如何）。③

除此之外，可进行选择的自由对个体的生活质量和个体福利来说确实很重要，而且这种重要性是直接体现的。关于这种联系

---

① 可参见森（1985b：60～61）。

② 当然，在使用此分析程序时，需要知道的是，从每个“集合”中到底应选哪些元素，而不仅仅是可从中做出选择的集合是什么。这一点可通过实际观察或一些行为假设（如使有关目标函数最大化）来完成。

③ 实际上，在我对“什么要平等”的回答中首先提出了能力视角（参见森 1980a）。当时并未对能力视角与个体福利的生活内容视角做真正区分。关于这个问题，还可参见 G. A. 科恩（1990）、德塞（1990）、阿赫蒂萨里（1991）。

的实质需要在此做进一步说明。按此视角，行为自由、能够做出选择可直接带来个体福利，这不仅仅是由于自由可提供更多的选择。当然，这种分析视角与标准的消费者理论的假设相反，后者认为可用的“选择集”的基值应仅由其中的最佳元素来决定①，甚至认为将可用的“集合”（如“预算集”）里的除最佳元素外的其他所有元素都去掉也“无妨”。因为在此视角下，可进行选择的自由本身并不重要。相反，如果选择是人类生活的一部分，而“做 52
某事 x”和“可选择做某事 x”又是不同的概念，那么即使个体福利成就也肯定会被认为受到反映在“能力集”中的自由的影响。

实际上，“生活内容”可做如是表述：生活内容反映了所能有的全部选择方案及已享有的选择。比方说，作为生活内容的“斋戒”不仅仅是挨饿，它指在有其他选择的情况下选择挨饿。在评估一个挨饿的人的已有福利水平时，应看他是因为斋戒还是因为没办法找到食物而不得不挨饿。同样，选择某种生活方式与不得不过某种生活（除此之外别无选择）是不同的。某种生活方式是如何形成的——而不是生活方式本身——决定了个体的福利。②

---

① 这样，在标准的消费者理论里，对“集合”的评估是以“初步评估”的形式进行的。对此分析传统的背离，可参见科普曼斯（Koopmans，1964）、克雷普斯（Kreps，1979）。然而，即使动机不是要评估作为某人所拥有的（并视为一件好事的）自由，也要注意到在评价某个个体时会出现的未来偏好的不确定性——如果仅从将来有更多的选择来判定利益的话。关于动机的区分问题可参见森（1985b）。

② 在评价生活方式时，有几位作者曾强调过选择的重要性，包括亚里士多德［《尼各马科伦理学》第二卷和第五卷；参见罗斯（Ross，1980）］和马克思（1844，1845—1846）。在评价成就和自由时，还有很多形式上的和概念上的问题，也为各自评价结构留有余地。我已在别的地方讨论过这些问题，这里恕不赘述。读者感兴趣的话可参见森（1985a，1991b）。

一般说来，只有将已实现的个体福利分析放置在个体“能力集”这个更宽的信息基础之上（而不是仅限于集合中的某个元素），这种个体的实际利益才能显现出来。这并不是说在获取“能力集”的信息（与可观察到的生活内容相对）比较困难的情况下，这种潜在的利益就可以不予考虑。实际上，“能力集”并不能直接观察到，而必须构筑在假设基础上（正如消费者理论里的“预算集”也是在有关收入、价格和假定的交易可能性等数据基础上构建的）。这样，实际上，我们可能更多是将个体福利同已实现的、可观察到的生活内容项联系起来，而不是引进“能力集”（如此构建的假设基础会受到经验主义的怀疑）。①

但我们也必须区分可接受的、在实际中会出现的数据获取的困难与在无信息限制的情况下正确的处理程序。只要在已实现的个体福利的分析中坚持“能力集”的重要性，我们就不可能对实
53 际中可能出现的信息采集的困难视而不见，也不能对次佳分析（即在可得到的信息极为有限的情况下的分析）的价值视而不见。但有一点很重要，即弄清楚哪些数据与我们的分析相关或有用（即使很多情况下我们可能无法获得这些数据）。实际应用中的这种“妥协”必须着眼于我们最终的兴趣和信息的获取程度（这种信息获取程度是不确定的）。

即使是在实际应用中接受了获取数据的有限性并迫使我们无

① 确实，如本书第 4 章将要谈到的，有时对已实现的个体福利及自由的分析可能部分地是在可观察的作为状态表征的生活内容（从个体可以做出某种选择的能力——而不是仅关注选择的动作本身——的角度引进自由视角）的基础上的。

法全面描述“能力集”，也要对眼前的数据保持一种基本的分析动机并将其视为“不得已而求其次”的次佳选择，这一点很重要。事实上，在对生活质量和经济发展的评估中，生活内容的信息基础仍然胜于其他广泛使用的变量（如个体的效用或持有的商品等）。

这样，“能力分析方法”就可适用于复杂程度各异的各种情况。我们能做到什么程度取决于我们对可获得什么样的数据的实际考虑。理想的情况是：“能力分析方法”应该能注意到在各种生活内容集合里可进行选择的自由的程度，但现实性的限制会迫使我们的分析只限于检验已实现的生活内容集合。显然，这是在我们用“能力分析方法”评估自由而不是已实现的实际的个体福利水平时引出的另一个问题。但即使是对后者的评估，数据限制也会成为重要障碍（原因如前所述）。

3.6　效用抑或能力

本节将对“能力分析方法”与其他分析方法（如用效用来判定个体福利和社会伦理及评估平等）做个简单对比，以此来结束本章。

在许多福利经济学经常援引的（或直接明示，或间接暗示）功利主义的价值观念里，最终往往都是从个体效用的角度来看待价值的，而效用又是从主观感受（如快乐、幸福或欲望等）的角度来定义的。

用“欲望的满足”来解释效用有时会被认为与用“主观感受”解释效用的理路不同，因为这里的效用是通过某种希冀的目标的 54

实现来获得的——而不是通过获得如快乐等的主观精神感受来实现的［J. 格里芬（1982，1986）］。这个区分的确很重要。事实上，从“欲望的满足”的角度来判定效用的存在时，并不涉及主观感受——我们只需要看一下所希冀的目标是否能实现即可。但在更全面的福利主义评估中，只判定效用的存在与否是不够的，尤其还需要对效用水平进行某种形式的测量和比较。为此目的，就得比较欲望的强度——如果这种分析方法是建立在将“欲望的满足”的重要性与欲望的大小联系起来的基础上的话。的确，在功利主义和其他基于效用的评估中，欲望的主观量度往往是从效用的欲望满足的角度来表示的。

看来，在评估生活内容和能力本身时，不宜采用主观感受的量度（如欲望的大小等），其原因就不用多说了。如果用主观感受的量度来评估生活内容和能力，则基于效用的计算方法并不能纳入能力方法之中，也是同样的道理。对生活内容和能力的这种基于欲望的计算方法并不是“能力分析方法”（即使是广义上）的一种形式，这一点无须多问。但仍有与此相关的几个动机比较。

对效用的不同解释会带有不同的问题，但它们有共同之处，即间接地用诸如幸福或快乐等心理感受来量度效用。这恰是其主要困难所在。如果将感到幸福快乐也视为一项重要的生活内容，它并不能决定过某种生活（即它几乎不是唯一有价值的生活内容）。如果基于效用的评估是从快乐或幸福的角度去衡量的，则实际上就排斥了其他的生活内容，使其他生活内容只是受到间接评估，并且还要看它们对快乐和幸福的贡献有多大。

另外，欲望的满足既然被视为一个“标准”，那就应该选择相应的评估能力和生活内容的方法。用这种特定的方法来评估能力和生活内容是否充分，目前仍存在很大争议，因为机械地使用欲 55
望量度（而不是直接进行合理评估）会使“规范的评价受到指摘”。①

在分析不平等和贫困现象时，上述问题就会显得更加突出。一个贫困潦倒的人，当然生活得很悲惨，但从欲望及其满足程度的主观感受的量度看，他的处境未必就很糟糕。由于长期处于受剥夺的状态，他未必总是长嗟短吁，他有可能选择接受现实，降低自己的欲望至适度的——“现实可及的”——水平上。确实，在个体无法改变的不利处境下，出于*小心谨慎的考虑*，个体会将他们的欲望主要集中于他们*有可能*获得的极为有限的东西上，而不是徒劳地幻想得到那些不可能得到的东西。如此看来，当一个人处于无良好的营养供应、没有体面的服饰、没有受过最起码的教育、居住条件极为恶劣的情境时，其受剥夺的程度根本不可能用欲望的满足程度来度量。

在不平等的诸多实例中，业已“固化”的剥夺（entrenched deprivation）问题尤为严重，特别体现在阶级分化、社会差异、种

---

①　这倒是个难题，这里所提到的仅是这个复杂的观点的概述，显然不足以全面描述这个问题。对此问题的更为全面的描述可参见我的第二次杜威讲座［森（1985a：185～203)］，亦可参见戴维森（Davidson，1986）、吉伯德（Gibbard，1986）、斯坎伦（1975，1990，1992）。

姓等级制和性别不平等问题上。这些剥夺的类型皆由社会形成的差异而来。如果我们将关注点放在由社会形成的某些重要能力差别的角度上，则对这些剥夺的实质就会看得更清楚。如果从效用量度的角度看，对能力本身进行评估，就会发现很多得到的效用实际上是无用的。当从能力方法退回到传统的效用方法时，很多本应获得的东西都被清除掉（至少是部分地），特别是低估了“固化”了的被剥夺者不指望拥有的能力。能力评估步骤不能仅化简为（由这些能力而产生的）效用总计。由于不平等根深蒂固并且有可能在消除不平等过程中出现反弹，所以对两种分析方法的区分确实很有意义。

第 4 章

自由、主体性与个体福利

4.1 个体福利方面与主体性方面

在上一章对自由的探讨中，我们仅将注意力锁定在可获得关 56
系到个体福利的生活内容的自由上。然而个体还会追求个体福利之外的其他目标和价值。在杜威讲座［森（1985a）］中，我曾探讨过个体在“主体性”方面（agency aspect）和“个体福利”方面（well-being aspect）的区别，并指出，对个体而言，这两方面未必总是重合的，不应只用一个维度来判定个体。

个体的主体性成就（agency achievement）是指他有理由追求的价值和目标的实现，而这些目标和目的可能与他的福利相关，也可能不相关。作为能动者（agent）的个体不一定只受他的个体福利支配。主体性成就是指个体追求他想要实现的目标和目的总和的成功程度。[①]

---

① 在个体有理由追求的目的和目标中，究竟哪些符合“价值目标”定义的要求，这是有严格要求的。人们在某个时刻一时兴起而产生的想法和幻想均不构成这里所说的“主体性目标”的含义的基础。关于这个概念限定的度，可参见森（1985a）。关于对个体目的和目标的合理辩护的一般问题，可参见罗尔斯（1971）、格洛弗（1977）、黑尔（1981）、威廉斯（1981，1985）、赫希曼（1982）、谢林（1984）、帕菲特（1984）、内格尔（1986）、B. 威金斯（1984）、赫尔利（1989）等。在进行经济分析时，布鲁姆（1978）已指出，有必要关注“理性评价”，而这一点常被忽略。在本书中，我将不再专门研究这个方面的问题，而仅假定个体的“目标”和“目的”都是指个体有理由追求的目标和目的（而非偶尔的想法或幻想）。

譬如，如果一个人的目标是祖国独立或者他所属的社群的繁荣，或其他这样的大目标，则他的主体性成就就不能仅从这些成就为他个人带来的福利水平来评价，还应从这些目标的实现程度来评价。

与主体性成就和个体福利成就之间的差异相对应，个体的
57 “主体性自由”（agency freedom）与“个体福利自由”之间也存在差别。前者指可实现个体所珍视的或想要实现的成就的自由，后者则指个体获取构成其福利的事物的自由。最能反映个体“能力集”的恰是后者，即“个体福利自由”，原因前面已讨论过。而前者——主体性自由——只能放置在更宽广的视角下审视，即包含了与个体的价值目标（无论是否直接有利于个体福利）相关的各种可能状况。我已在其他地方详尽探讨过这个差别[1]，这里不再进一步展开。

需要强调的是，这里并不是说主体性和个体福利这两个方面彼此无联系。它们固然是可区分的、相异的，但又完全相互依赖。对个体福利的追求是作为能动者的个体的重要目标之一，而且，获取非个体福利目标的失败带来的挫折也会减少个体福利。当然还有其他联系。重要的是认识到这个显著的差异，而不是找出是否有可能只分析其中的一个方面（在对另一个方面完全无涉及的情况下）。

4.2 已实现的主体性成就与参与性的主体性成就

在分析主体性目标时，需要对下面两种情形做进一步的区分：

① 参见我的第三次杜威讲座（森，1985a）。

(1) 个体认为有价值并希望实现的事情的发生；(2) 个体需要在其中付出自己的努力（或者个体在其中发挥重要作用）[①] 的事情的发生。前者指的是个体目标的实现而不考虑个体在这一过程中所发挥的作用；相较之下，后者只是“主体性成就”概念的一个特例，它强调个体作为能动的主体的成就。[②]

不妨举个例子。假如我的价值目标包括祖国的独立或消除饥
荒，如果祖国获得独立或者饥荒已被消除，按前一种视域，我的
主体性成就就得以实现，不需要考虑我个人在实现这些成就的过 58
程中所起的作用。如果要对这种主体性成就进行检视，则只需要
比较一下我想要实现的——或假如我是有效的能动者我就能做到
的——目标与这些目标的实现（不管谁使之实现）程度即可。

而第二种视域更强调参与性，即必须看“我”在实现这些目标过程中的作用。按这种角度，在狭义上，我的主体性成就明确取决于我个人在实现这些目标的过程中担当的角色。我们可用“已实现的主体性成就”和“参与性的主体性成就”来分别指称这两种情形。

在很多情况下，对个体的这两种主体性方面做出区分非常重要。在一定程度上该问题与我们所追求的价值的实质密切相关。

---

① 在杜威讲座（森，1985a）上，我集中讨论了“个体福利”方面和“主体性”方面的区别，这样，我就没有严格区分主体性方面的这两种不同特征，但显然有必要讨论这两种不同类型的主体性。我非常感谢苏珊·布里森（Susan Brison）的极有说服力的论述，她认为有必要对这两种类型的主体性做出区分。

② 人们将（并有理由将）价值与“参与”相联系是这个区别的重要特点。关于这一点，可参见赫希曼（1982）。

即我们所看重的是否只是成就（而不考虑我们在其中发挥的作用）？或者，这种评价是否与我们自己在成就实现过程中所起的作用直接相关？实际上，只要对目标的描述更为全面充分一些——例如，通过区分“事件 A 的发生”和“事件 A 是经由了我们的努力才发生的”，则在形式上就可以将“参与性的主体性成就”的具体特征嵌入“已实现的主体性成就”的一般表述中。但这只是一种形式上的方式，在此不再深入探讨。①

参与性问题也与个体在实现结果的过程中运用的“控制”观念紧密联系。在一些关于自由的观点中，个体获取他希望的成就时，本身对结果具有控制力的人被认为是决定性的和最重要的，在本章的后半部分（第 4.5 节），我将详细探讨“作为控制的自由”的观念，并将专门讨论如何从这个角度看待自由。但在讨论这个问题之前，我将先深入探讨有关个体的主体性方面和个体福利方面的一般区别的一些隐含问题。

4.3 自由和个体福利冲突吗?

59 在有关基于自由的评估体系的论争中，有时会遇到一个普遍的预设，即认为更多的自由是有利的——至少是无害的。这个预设正确吗?② 答案很清楚，一般说来，该预设并不正确。确实，有

① 这个问题与看待事物状态的方式有关——一个对结果的分析进行限制的重要问题；关于这一点，可参见森（1982b，1983b）。

② 因为许多观点和例证表明更多自由可能是不利的，参见埃尔斯特（1979）、G. 德沃金（G. Dworkin，1982）、谢林（1984）、法兰克福特（1987）。

时候拥有了更多选择的自由反而使人迷惑，并可能使生活恶化。[①]决策是有成本的，而坐等别人来做出明确的选择会令人感到很轻松。很多情况是，更多的自由必然会减少愉悦，甚至可能使满足感也减少。[②]

这个有趣的问题又引发了两个不同的问题，第一个问题是，自由——包括主体性自由和个体福利自由——是否会与个体福利发生冲突？如果会，是何种意义上的冲突？冲突的原因是什么？我将首先探讨这个问题（即自由和个体福利之间的可能冲突）。但第二个问题（它并非不如第一个问题重要）也与某些选择的增加所可能引起的反效果有关。这种反向变化是不是可以简单地看作自由和利益之间的冲突，或者说是不是意味着对处于不利地位者就应增加自由？换言之，这是不是反映了有关自由实质的模糊性？讨论完自由和个体福利的可能冲突后，下面我们将探讨第二个问题（关于自由的实质）。

根据我们在本书中探讨过的内容，我们很容易知道自由和个体福利并不一定沿同样路径变动，甚至变动方向也不一定相同。在对这个问题的探讨中，对个体福利自由和主体性自由的区分尤其

---

① 犹豫不决也可以导致死亡。如在“伯利丹的驴子”这个让人哭笑不得的例子中，驴子因为不能对摆在它面前的两个大草堆做出选择而饿死。这种情况下，决断性的权威反而可以拯救它的性命。关于自己支配的重要性，可参见谢林（1984）。

② 还有一个有趣的问题，即关于我们认为很重要的、可以自己做决定和拥有一定范围的选择机会的问题存在文化间的差异。有人认为，在一些文化中，更多的自由并不被认为是有利的。关于文化差异的相关问题，可参见阿普菲尔·马格林（Apffel Marglin，1990）。

60 重要。毫无疑问，主体性自由的增加（即个体实现他有理由去实现的目标的能力的增强）可能引起个体福利自由的降低（并且相应引起所获得的个体福利的减少）。实际上，正是由于这样的冲突，对主体性方面和个体福利方面做出区分才显得非常重要。①

举个例子。如果我不是离犯罪——我想要阻止的犯罪行为——现场很远，相反，我恰好就在现场，我的主体性自由必然增加（我可以立即采取行动阻止我不想让其发生的可怕的事情），但结果是，我的个体福利可能会因此降低（例如，即使我成功地阻止了这个事件，但在这个过程中我可能会受伤）。如果把每个因素都考虑在内，即使我的确认为与这个犯罪嫌疑人进行争斗是值得的（即与我所遭受到的个体福利的减少相比，我的其他主体性目标要更重要一些），但这并不意味着（作为我选择结果的）个体福利就不会下降。② 如果这里的自由指的是主体性自由，则个体福利很可能与之反向变动，即自由（主体性自由）增加了而个体福利在下降。

实际上，不仅个体福利成就，个体福利自由也常与主体性自由的变动方向相反。其实，即使在前面的“阻止犯罪事件”里，

---

① 关于这个问题，参见我的第三次杜威讲座［森（1985a），尤可参见第 203～208 页］。

② 当然，对个体福利成功和主体性成功的错误识别可能发生在“理性的傻瓜”模型中，这是经济理论中一个常用的行为假设，同时假定，个体在他所有的选择中都追求自身福利。关于这个行为分析框架的局限性，可参见森（1973b，1977c，1987）、赫希曼（1982）、麦克弗森（McPherson，1982，1984）、阿克洛夫（Akerlof，1984）、沃尔什（Walsh，1987，1991）、豪斯曼和麦克弗森（Hausman and McPherson，1991）、米克斯（Meeks，1991）。

作为我在场（而非远离现场）的结果，不仅我的福利水平降低，而且有可能我得到的个体福利自由也会减少（尽管我的主体性自由增加）。比如，如果我离得太近，我可能会不可避免地卷入这个事件（比如，现场可能“无路可走”），于是，阻止犯罪的能力的增加可能和我追求个人福利能力的减少同时发生。然而，也许更重要的是，即使我可以不插手此事而选择离开现场（如果我可以选择离开），那场激烈搏斗的情景也可能使我的内心再也无法保持平静，我也可能不再感到安全，而且有负罪感，原有的那种满足感消失了（没有有意识地选择帮助有危险的人）。[①] 在这种情况下，我的个体福利自由也下降了，而个体福利成就和个体福利自由的 61
消长方向未必不一致（都下降），如果我采取了相反的行动，则我的主体性自由和主体性成就都上升了。

可见，不论选取何种定义的自由，个体福利和自由都有可能沿相反方向变动。如果我们将自由定义为主体性自由，则（主体性）自由的增加有可能导致个体福利自由和个体福利成就的减少。另外，如果我们认为自由指的是个体福利自由，则自由与已获得的个体福利之间就不会因为实现个体福利成就的机会的减少及（个体福利）自由的增加而发生冲突。但是，个体福利自由和个体福利成就之间还是有可能存在冲突的，因为个体所做出的选择未

① 这种问题有点类似于“道德上的幸运”的问题。有关这一点，可参见 B. 威廉斯（1973a，1981，1985）、内格尔（1979）、努斯鲍姆（1985）。但需要注意的是，从本书及森（1985a）所谈到的个体福利和主体性的辩证的角度看，个体既可能因为可以促进他的主体性目标而感到更为幸运，也可能由于追求个体福利受到限制而觉得不那么幸运。在本书中，我不再深入研究一般情况下“道德上的幸运”的区别。

必都是在追求个体福利的心理的驱使下做出的。个体福利自由的增加可能引起其他方面的变化，这些变化使得个体有可能选择追求其他目标（非个体福利的目标），于是，当可实现个体福利的自由增加时，个体福利成就很可能是下降的。这听起来可能有些匪夷所思（追求个体福利的自由的增多怎么可能反而降低个体福利成就?），但实际上也很好理解：这种变化可使得个体福利自由增加，也可使得个体更有能力追求其他目标（个体福利之外的目标），结果致使个体所追求的个体福利目标的实现程度降低。

不妨举个例子，这样或许有助于理解。假设某个医生愿意牺牲其个体福利去某个非常贫穷、人民生活很悲惨的国家工作，但由于缺少必要的手段和到那个遥远国家去的机会而未能成行。假设接下来他的收入会增加——暂不考虑收入增加的原因——在这
62 种新的经济状况下，他既能获得个体福利自由（比如，他可以为自己购买很多好东西），也能获得更多主体性自由（他还可以去那个遥远的国家，牺牲其个体福利为追求给苦难的人谋取更多福利而不知疲倦地工作），如果他选择后者，他将很可能得到较少的个体福利成就（尽管有更大的主体性成功）。他的个体福利成就可能因此下降，而他的个体福利自由和主体性自由均会增加。

可见，自由和个体福利成就可能会沿着相反方向变动，无论我们将自由定义为主体性自由还是个体福利自由。至于这两种冲突之间到底有多少共同之处就另当别论了。如果出现追求个体福利的更多机会，亦即个体福利自由增多了，我们自然会抓住。而且，正如本章前面所论述的，增加了的自由本身可有助于个体福

利的实现，因为可以选择和可以自己做出决定构成了高质量生活的一部分。但尽管如此，个体福利的实现与这两种形式的自由（即个体福利自由和主体性自由）之间仍**可能**存在冲突。各种可能的冲突的原因各异，但它们最终与个体在个体福利方面和主体性方面的实质区别相关。这种区别不仅表明可以从两种不同的视角评估不平等，而且还说明了为什么在这两种视角下个体福利与自由的变动方向不一致。

4.4　自由与不利选择

即使当自由和个体福利不同向变动时，也未必意味着个体自由的增加就一定会使个体处于不利地位。判断个体利益有不同的方式，部分与个体福利目标和主体性目标的区别有关，部分与可及的机会和结果状况的对比相关。个体福利实现的程度不一定是个体最重视的唯一的影响因素。但仍需要考虑第二个问题，前面就已经指出（本章第 4.3 节开头），自由的增加给个体带来**不利**，因为这会迫使个体不得不花费时间和精力去做出选择（他很不情愿但又不得不做出的选择）。不得不做更多选择会非常不便和麻 63
烦，不管我们怎样精确地界定个体优势，它都算不上有利。

实际上，这个问题的提出也使得我们不得不探讨关于自由的实质这一重要问题。个体能够或者必须去做的任何选择的增加是否都可看作对自由的扩展？正如现在争论的，这个问题对于社会结构评估和公共政策的评估（与增加自由有关）极为重要。

自由是个复杂的概念。面对更多的选择未必总意味着个体做自己想做的事的自由的扩展。① 如果我们看重的生活方式是没有麻烦的生活（需要不断做出令人厌烦的日常决定的生活并不值得珍视），琐碎选择的增加未必意味着自由——可有助于实现我们偏爱的那种生活的自由——的增加。因此，这个问题看似是自由和利益之间的冲突，实则是对"自由"概念的错误阐释的结果。这种对自由的误解就在于忽视了过平静而没有烦扰的生活必然会导致"可选择事项的减少"（这些可选择事项是那些不管愿意与否也要做出决定的、次要的选择外扩的结果）。

这就需要做出判断：那些更多的、可做出不重要的决定的机会是否比可忽视的、可过上没有烦扰的生活的机会更重要？于是问题又转向了哪些选择项是重要的、哪些是次要的问题。可选择的机会的增多既是一个机会（可以由自己选择），也是一种负担（必须由自己选择）。有一点很容易想到的是，如果我们做出了不得不做出这些选择的选择，则我们就有充分的理由认为这不好。这表明某些特定的选择和义务的增多并不被认为是自由的有价值的扩展。

关于"选择"构成生活的一部分的重要认识，我们先前曾讨论过，它表现在两个方面。某些类型的选择是对生活有价值的部分，我们有理由珍视它们；但对其他的选择我们就没有足够的理由去重视，那种必须直面和处理的强制性的要求将耗费我们很多

① 关于衡量自由程度的不同的原理方法，可参见科普曼斯（1964）、克雷普斯（1979）、森（1985b，1991a）、萨佩斯（1987）、帕塔奈克和徐永胜（1990）。

时间和精力，对此我们当然有理由表示不喜欢。可见，某些类型 64
的选择的增多可能减少我们选择自己所希冀的生活方式的能力。

因此，这里所说的冲突确实不是简单的自由和利益之间的冲突，而主要是不同类型的自由之间——即在一些极有可能是琐碎的选项中进行频繁选择的自由和过一种有价值的（不必总是做出琐碎选择的）生活的自由——的冲突。我们所感觉到的自由和优势之间的冲突实际上源于对自由的浅解，亦即忽略了这样的事实，即我们可以有理由选择不去做那些不愿意做的选择的可能性。正如我们前面已经探讨过的，在评估自由时，这个问题确实涉及无可回避的评价要求。

4.5　控制与有效自由

下面的问题涉及自由和直接控制的区别。我曾在其他地方［森(1982c)］论述过，“作为控制的自由”（freedom as control）的观点是有很大局限性的。许多自由体现为我们获取我们所珍视和想要的东西的能力（这项控制可以不由我们自己直接掌握）。控制的实施必须与我们所看重和追求的目标一致（即与我们“反事实的决定”——也就是我们愿意做出但事实上没有做出的决定一致）。在这个意义上，这些控制给了我们更大的力量和自由过我们愿意过的生活。如果混淆了自由和控制，那将大大减损自由思想的范畴和力量。

不妨先举一个小例子来说明这个问题。当一个校对员检查这本书的校对稿以找出打印错误及纠正拼写错误时，他无法剥夺我让我的书以我喜欢的方式编印的自由。诚然，此项控制掌握在别人手中，但是校对员必须按照我的预期（倘若我自己能校正所有的文字错误并拥有和校对员一样的高效率——当然事实上我没有这样做）去做。当然，在这里他是否听从我的直接指示，或者了解我的指示的本意对判定我实际享有的自由程度都不重要。只要控制的系统实施与我所愿意选择的一致，即使“作为控制的自由”
65 受限或者根本不存在，我的“有效自由”也不会因此而减损。[①]

现代社会中，在社会组织方式极为复杂的情况下，很难——即使有可能——设计一套程序来保证每个人都有对自己生活的所有控制权。但是其他人可以实施某些控制并不意味着关于个人自由就没有更多的问题了，实际上这对控制如何实施有不同的影响。

本章前半部分曾讨论的“参与性的主体性成就”和“已实现的主体性成就”的区别就与此有关。“作为控制的自由”的观点只关注问题的“参与性”方面。在上面的例子中，我们关注的焦点完全放置在（在获取成就的过程中）作为积极的能动者的个体身上。这样，该视角就与广义的“已实现的成功”的观点相通。“有效自由”的思想和这个广义的成功观点有关。

举一个比校对稿件更大的例子。生活在无传染病的环境中的自由对我们很重要，如果要选择，我们肯定选择这种环境。但传染病的总体预防并不由我们控制——它可能需要国家政策的实施

---

① 森（1982c）将这种“有效自由”称为“作为权力的自由”。G. A. 科恩和德雷兹给了我很充分的理由认为“权力”这个词对进行区分用处不大。并且在一般用法上很难区分“权力”和“控制”。因此这里试图用不同的词语来表示个人系统获得他想要实现的目标的能力，而不考虑谁实际掌握操作的手段。

甚至需要国际社会的协调。倘若我们无法控制消除传染病的进程，则这时的“作为控制的自由”便无从谈起；但是从更广泛的意义来说，自由问题依然存在。一项可消除传染病的公共政策可增加**我们愿意选择的**、无传染病侵袭之虞的生活的自由。①

当然，传染病的消除也增强了我们的个体福利成就②，但这是
另一个问题（并非不相关，但那是另外的问题）。我们这里直接关 66
心的问题是我们过我们想要的生活的自由。本例中，我们的个体福利增加的事实属于另外的问题。如果这种控制权掌握在那些要加剧传染病扩散而不是着力将之消除的人的手中，则我们的“作为控制的自由”便没有变化（对我们而言，这种自由仍是根本不存在的），但我们的“有效自由”——尤其是过我们想要的生活的自由——将受到严重损害。

在评估我们享有的自由和我们在这个方面的不平等程度的研究中，评估的信息基础必须考虑进我们反事实的选择（counterfactual choices，即我们想要的选择）及其与将要发生的事情的关系。只关注控制权对于分析我们的自由来说是不够的。对自由的分析

---

①　如果有人有想要得某种传染病的奇怪偏好，则在消除传染病的政策下他的意愿就不会得到满足。在这种情况下，实际上又涉及自由问题，只要某种偏好有其合理的理由。

②　当然，这里涉及一个重要问题：**不同**个体间的选择的联系。本例中，我们有合理的理由认为：在传染病防治这件事上有一致偏好。正是因为存在这种一致偏好，才使得我们各自有权按自己的意愿去生活而不相互冲突。权力和控制之间的关系将会随目标的实质的变化而呈系统性的变化；在研究公共政策的标准和探讨“社会理性”的实质时，这也是其中心问题。前一个问题已经在关于公共物品和那种状况下对资源的分配的文献中讨论过。

本来就需要大量信息，而这样一来又增加了很多额外的信息。但事实上，它不一定使这种分析的实际操作更难驾驭。有时，对于什么是反事实的选择（现实中并未实现的选择），人们很容易想到的是避免诸如传染病、瘟疫、物资匮乏、长期饥馑等。通过旨在满足人们需要的公共政策消除这些令人厌恶的事物，可以被认为增强了人们的真正自由。在这个意义上，如果我们不再仅依赖于受限的“作为控制的自由”视角，即使是对已实现状态的简单观察也可以与对已享有的自由的分析发生直接联系。

这种思路与对不同人享有的自由及所享有的自由的不平等问题的实证分析的实质有相当广泛的联系，下面将深入讨论这个问题。

4.6 所谓“免于饥饿、疟疾和其他传染病的自由”

“自由”经常被用来指涉诸如“免于饥饿的自由”（freedom from hunger）或“免于疟疾的自由”（freedom from malaria）等，
67 这是对“自由”概念的误用。这种表示方式所表达的思想和真正意义的自由没有太大联系。[1] 没有疾病、不挨饿，确实增加了个体的福利，但无论在何种意义上这都不代表拥有更多的自由。[2]

我曾以本章前面所提到的分析为基础对这个论断进行反驳。

---

① 在世界发展经济学研究中心 1998 年 7 月在赫尔辛基举行的关于“平等生活”的讨论会上，几位与会者已明确提出这一点。

② 当然，这里必须区分诸如“免于疟疾的自由”和“没有遭受疟疾侵袭而拥有的自由”（如可以自由地活动、工作等）。我们对后者没有争议。在评价“免于疟疾的自由”时，其中的一个问题是，这种所谓的自由到底是不是与疟疾本身有关的自由（即这种自由不同于在消除了疟疾后我们可以做各种事情的自由）。

按那种观点，那些反事实的选择（即如果个体可以选择的话，他会做出的选择）与个体的自由相关。① 事实上，个体对选择的实际过程的控制几乎不会成为自由（freedom）和自由（liberty）思想的唯一参考。当伯林（1969）谈到“一个人或一个民族选择按他们的意愿生活的自由（liberty）”（第 179 页）时，直接指涉的是选择按自己的意愿生活的能力，而不是控制机制。如果人们期望没有饥饿和疟疾的生活，则通过公共政策消除这些弊病确实会增加他们“选择过自己期望的生活的自由”。这种控制权并不掌握在已摆脱了这些不利处境的大众手里，但这个事实本身并没有降低他们按自己的选择生活的有效自由增加的重要性。

然而，相反观点（即“免于疟疾的自由”是一个误用，这并不是一种自由）的理论基础未必只建立在控制权的基础上。有人会认为，不管是否发生疟疾，通过公共政策消除疾病并不能增加个体选择的范围。（例如，“首先我们假设不得不染上疟疾，无法避免。现在我们不用担心会染上疟疾，但从另一方面讲，即使我们想选择染上疟疾，我们也并不能实现。因此我们可做出选择的 68
自由没有增加！”）的确，如果只从所拥有的选择项的数量来评估

① 在分析个人自由权和消极自由时，有关反事实的选择问题的相关问题在关于社会选择理论的文献中有详细论述，可参见森（1970a，1983b）、坎贝尔（1976）、法雷尔（1976）、克利（1976a，1976b，1978）、铃村兴太郎（1980，1983，1991）、格林（Green，1980）、盖特纳和克吕格尔（1981，1983）、哈蒙德（1981，1982，1985）、巴苏（1984）、努尔米（1984，1987）、里格尔斯沃思（1985）、埃尔斯特和许兰德（1986）、赖利（1987，1989a，1989b）等学者在这方面的探讨（参见第 2 章）。

自由，则我们在这方面的自由确实没有增加。[①]

这里恰涉及反事实的选择的作用（而且还是极其重要的作用）。[②]个体看重没有传染病笼罩的生活，渴望这样的生活，并且如果可以选择，将会选择这种生活。能够按自己的意愿去生活，这本身促成了个体自由（尽管也提高了个体的福利成就和主体性成就，但不只这些）。“自由”这一术语被表述为“免于传染病的自由”的事实自身并不是问题的关键，而个体所做的选择（或有理由选择）的结果就直接关涉自由，这里的自由指的是可选择按自己意愿去生活的自由。

确实，如果说我们已经从“没有疟疾”中获得自由会显得可笑，这一点很明显。但为何显得可笑？这是因为“没有疟疾”对个体而言并不是一个负担；我们也没有任何特别理由拒绝它（即选择疟疾），如果疟疾发生时我们必须做出选择的话（当然事实上并非如此）。当然，语言学意义上会发生的情况并不能作为证据证明事实上并未发生的选择观点就是准确的。不如说，正是反事实的选择观点的倾向表明这里的语言表述并没有什么不对之处（原因已探讨过）。它适应了自由概念的宽泛、一般含义，而不是必须被看作运用了自由的某个不很常用的含义。

---

① 关于这种分析程序的原理来源及对这种原理的批判，可参见帕塔奈克和徐永胜（1990）及森（1990a，1991a）。

② 有人坚持认为一个人如果不能确保获得 x 以外的成就，就无权拥有获得 x 的自由，这种自由观念难免让人迷惑。这是一个奇怪的限定。举例来说，安有不嫁给比尔的自由，不管比尔怎么想。但安的这项自由并不以安能够保证嫁给比尔（即不是“不嫁给比尔”）为条件。与此类似，比尔有确保他 90 岁前会去世（假定反自杀法律的效力有限）的自由，但这种自由不以他可以确保他 90 岁前不会去世为条件。

即使援引富兰克林·罗斯福（Franklin Roosevelt）的关于“人类四大自由”（例如，“第三是免于匮乏的自由”，“第四是免于恐惧的自由”）的表述，也不足以“证明”反事实的选择的适用
性，结果只能适得其反。从反事实的选择的角度看自由有助于我 69
们理解这些表述并且让人信服（而不是将其视为修辞上误用的例子）。实际上罗斯福也在谈论自由问题。

作为一种价值理念的自由要求，某些因素必须予以认真考虑（不管是否由于其他原因而受到或没有受到这种对待）。自由就是拥有可实现个体所认可的目标的有效力量，这一观念是自由的一般概念的重要组成部分。

我将以总评的形式结束本节内容。在这一节，我比较详尽地探讨了自由含义的范围，部分是因为自由是最重要的社会思想之一，它对分析平等和公正有重大而深远的影响。当我们从有能力避免本可预防的死亡、饥馑或早夭等视角来评估世界范围内的不平等时，我们并非只是观察个体福利上的差异，还包括我们认为有价值和珍视的基本自由的差异。这个观点很重要。正如我们实际上做的那样，关于实实在在发生的疾病、饥馑和早夭的数据使我们知道了很多关于某些重要的基本**自由**存在或缺乏的状况。鉴于对于不平等分析的基本动机，避免漏掉这个重要视角就显得非常重要了。

4.7　个体福利方面的相关性

在某种重要意义上，我们可能会说一个人的主体性方面的内容比个体福利方面更为广泛。对大部分“普通”人来说，个人的

目标将包括对他们自身福利的追求。可以说，个体对主体性目标的全面衡量就是他思索目标重要性的过程，这种重要性与他想要实现的事情给自身带来的福利相联系。从这一点看，我们可以认为，在判断不同个体的相对优势时，正确的比较基础应是他们各自的主体性自由。主体性方面的信息包括每个人自身的福利的价值（这种价值是按照他自己为其主体性目标赋予的重要程度来判定的）。对某个个体而言，没有人比他自己更了解自己，从这一点讲，主体性方面似乎总能传达其他人想知道的信息。

70 这个观点忽视了很多东西，其中一个与我们一直强调的关注点的多重性有关，即使有时为了某个目的而不得不做出某种妥协。为了决定自己应该做什么，我们必须在相互冲突的诉求中做出抉择以决定自己应该做什么的事实未必意味着（在涉及评估时）事情就结束了，尤其是在面临两难困境时。诗人威廉·巴特勒·叶芝（William Butler Yeats）就曾谈及这样一个两难困境：

> 人的理智被迫要做出选择：
> 生活的完美，或作品的至臻？①*

我们所做出的选择当然是我们认为重要的选择项，但不论“人的理智”选择的是这两者中的哪一个，这个选择都不会使另一

① 叶芝：《叶芝诗集笺注》（*Variorum Edition of the Poems of W. B. Yeats*），奥尔特（P. Allt）和阿尔斯波（R. K. Alspach）编，纽约：麦克米兰（Macmillan）出版公司，第495页。我是通过薇薇安·沃尔什注意到这些的，而沃尔什对人们行为和经济选择中的理性的范围和局限进行了阐释和很好的分析。

* 又，此处采用的是陈绍鹏的译文，谨致谢忱。——译者注

个——生活或作品——因之变得不重要。[①] 你可能选择将“作品的至臻”置于生活的完美这个目标之上，或选择使你的主体性目标中的其他目标优于你的福利，但你不能因此就认为生活的完美或个体福利对你或其他人不再重要了。[②]

另一个重要问题关注的是个体福利和主体性方面在各种人际比较中所起的不同作用。社会可能为个体福利承担某些责任，尤其当某些个体福利面临可能降低的风险时。但这并不表示社会在促进个体其他方面的主体性目标时也承担同样的责任。比如，社会有责任确保没有人会饿死，或确保不会出现患上严重但明显可能治愈的疾病时却得不到医疗护理的情况。但是，这也不意味着社会对个体的其他目标也必须同样予以满足，比如为某个人特别崇拜的英雄立雕像（即使这个个体对英雄雕像的看重更甚于对自己获得良好的营养供应和医疗保障）。 71

然而，在有些情况下，我们就要在主体性方面——主体性成就或主体性自由——进行人际比较。我们可能想知道个体有多大力量（power）去追求他们各自的目标。[③] 我们可能也饶有兴趣地

---

① 这个问题，参见威廉斯（1973a，1981）、马库斯（1980）、努斯鲍姆（1985）。

② 即使在个体的选择建立在对主体性目标的完全排序基础上时亦是如此。这种排序和被确认为“最好”的选择反映了个体对那个决定的“讨价还价”的结果，而不是反映普遍（甚至有时还是在那个选项的特定背景下）认为的重要程度更高的考虑的非重要性的想法。但除此之外，必须认识到，有时我们的主体性决定可能不是建立在完全排序基础上的（或有一个“最好”的替代选择存在），那些“丢失的内容”实际上不可能因为你自己的原因而被你过于看重（即使是在那个所选中的价值目标下）。关于这个问题，参见森（1970a，1982a）、利瓦伊（1986）。

③ 社会力量（social power）的不平等与社会的组织和控制的制度结构有关，对社会力量不平等的不同方面以及发达资本主义经济和政治隐含问题的深入分析，可参见加尔布雷斯（Galbraith，1952，1958，1967），亦可参见达伦多夫（Dahrendorf，1988）。

检视他们各自要实现的目标是什么及其实现程度。我们可能会对一些人可以得到他们想要的全部，而另一些人却不得不面对他们无法克服的障碍的社会发表政治评论和道德评价。

主体性方面或个体福利方面谁更突出，须依情况而定。在选择人际比较的基础时，我们不能期望其中一个永远比另一个更合适。由于评估域的多样性（前面已讨论），我们有必要对目的的多重性予以充分考虑。对不平等的评估要依判定**目的**而定，重要的是使（1）对评估不平等的目的和（2）对评估变量的选择之间有恰当的匹配。这个问题将在下一章中进行更全面的论述。

个体福利方面在诸如社会保障、反贫困、消除一般意义上经济不平等及一般意义上对社会公正的追求等问题上尤为重要。如我们所讨论的，在主体性方面，个体总是将追求自身的福利置于无可置疑的优先考虑之中，这一点是无条件成立的。一个肯自我牺牲的理想主义者——愿意为某种“理想”完全牺牲自己的福利——使别人也漠视他的福利未必是好事（只要他的“理想”无害）。个体为了生存和自身福利而需要从社会上其他人那里寻求帮
72 助与个体的“自我中心主义”（即在个体全面的主体性目标中使个体利益优先于其他目标和价值）没有直接的关系。

在分析社会不平等和对公共政策进行评估时，个体的福利本身就很重要。社会的不公正问题和不同阶级、群体间的不平等与方方面面的个体福利——包括我们各自享有的可实现个体福利的

自由[①]——的不一致密切相关。在本书其余几章的分析中，我将对个体福利自由方面的不一致和与之相应的个体福利成就的不一致予以特别关注。然而即使在这种分析中，主体性方面也仍要纳入分析视界中，因为个体对其福利自由的实际运用将尤其依赖于其主体性目标（因为它们将影响其实际选择）。[②]

这样，对范围更广的主体性的关注仍与对不平等的社会或经济分析相关，即使对不平等的分析的首要关注点仍放在个体福利或可实现个体福利的自由上。因此，即使我们评估的重点仍放在个体福利（个体福利自由或个体福利成就）的不平等上，本章讨论的主体性方面和个体福利方面的区分依然很重要，在后面的章节所讨论的问题也涉及这种重要区分。在对（个体福利的）评估焦点进行详述时，一定不能预设任何“人际无差异性”这种过于狭窄的假设。

---

① 在任何以人们拥有的自由为焦点的评价结构（即核心变量是自由而不是结果）中，诸如此类的结果都不会由核心变量的平等直接产生。最终会是什么样的结果，取决于人们自己的决定。很明显，这一点也适用于“个体福利自由”。即使我们完全清晰地界定了什么是个体福利自由的平等，并假设个体福利自由的平等已实现，则对于已实现了的个体福利来说，也未必能实现个体福利的平等，因为不同人（在利用他们各自的个体福利自由）追求自身福利时的侧重点不同。

② 他人对受剥夺者和遭受不幸者的帮助就与帮助者的主体性自由密切相关。这一点不仅适用于慈善机构或其他中介机构，也适用于政治行为。例如，据观察，在一个有出版自由的民主社会里，民众的舆论压力可促使政府采取及时果断的措施来消除饥荒（如果政府没有做到，将会危及它的选票）。关于这个问题，可参见森（1984，1988c）、雷迪（1988）、德雷兹和森（1989）、“十九条组织”（Article 19，1990）、F. 迪苏扎（D'Souza，1990）、拉姆（Ram，1991），当然还有其他作者的一些文章谈到了这个问题。在民主政体下，那些极脆弱的饥民（一般说来，饥民毕竟是少数）的福利在很大程度上取决于其他未遭受饥荒的人的行为。

第 5 章

正义与能力

5.1 正义的信息基础

73 任何一项评估判断都要依赖于一些信息，而不涉及其他不相干的信息（不管正确与否）。“判断的信息基础”首先确定了那些做出这一判断所直接依赖的信息，并且假定其他信息无论真假都不能直接对这一判断的正确性产生影响。这一点非常重要。

这样，对正义进行评估的信息基础就必须明确规定其评估变量，这些评估变量直接影响到对若干个制度和社会排序的公正程度的评估（相比之下，其他判定变量就成了“派生”变量）。例如，在功利主义的正义观里，其信息基础仅包含评估状态下所涉及的个体的效用。我在其他地方也曾指出，要对某种评估方法本身进行系统研究和详细审查，其中比较有效的办法是检视其信息基础。①

大多数有关正义的理论所涉及的信息基础在其运用中通常包括以下互异又互有联系的两方面内容：（1）对相关的个体特征的

① 关于在规范选择和判定信息基础的多种作用的论述，可参见森（1974，1977b，1979d，1985a）。特别是其“信息限制”的作用，是个既复杂又很有影响的问题（通常是暗含的而不是明示的）。

选择；(2) 对复合性特征的选择。为了说得明白一些，不妨以标准的功利主义理论为例。在标准功利主义理论中，唯一真正重要的“相关个体特征”就是个体的效用，而唯一用到的“复合性特征”则是个体效用的简单加总后得出的总效用。功利主义只是福利主义理论族中的一种，而福利主义的信息基础中的第 (1) 方面的内容固然与功利主义相同（都将效用视为唯一的相关个体特征），但其复合性特征却稍稍不同于功利主义，这些复合性特征包括诸如效用最大化（或如罗尔斯所主张的词典式的使最小值实现最大化策略）、凹变换的效用总值（例如，将效用的对数值进行加总）等。① 74

除了效用外，其他可选择的“相关个体特征”还包括自由(liberty) 和基本善 [罗尔斯 (1971)]、权利 [诺齐克 (1974)]、资源 [罗纳德·德沃金 (1981)]、商品束 [弗利 (Foley, 1967)、帕斯纳和施迈德勒 (Pazner and Schmeidler, 1974)、瓦里安 (Varian, 1974, 1975)、鲍莫尔 (Baumol, 1986)] 及其他各种组合变量 [铃村兴太郎 (1983)、里格尔斯沃思 (1985)、赖利 (1987)]。还应该注意到，在一些理论中——如表现为功利主义的

① 关于在同一效用域内的完全不同的特征结合可参见萨佩斯 (1966, 1977)，科尔姆 (1969, 1976)，森 (1970a, 1977b)，米利斯 (1971)，罗尔斯 (1971)，费尔普斯 (Phelps, 1973)，哈蒙德 (1976a)，斯特拉思尼克 (Strasnick, 1976)，阿罗 (1977)，布莱科比和唐纳森 (1977)，达斯布里蒙特和格弗斯 (1977)，马斯金 (Maskin, 1978)，格弗斯 (1979)，罗伯茨 (Roberts, 1980a)，布莱科比、唐纳森和韦马克 (1984)，达斯布里蒙特 (1985)，托马斯和瓦里安 (Thomson and Varian, 1985)。在这些文献及相关文献里用到的组合结构的原理大多数是从效用域来界定的，在大多数情况下也可适用于其他评估域，包括其他的个体特征（例如，基本善、资源、能力等指数）。这样，这个原理结构比这个评估域本身有更广泛的意义。

福利主义理论，个体特征都是用基于某种结果的形态（例如，已拥有的商品束）来表示的；而在其他的一些理论中，则表现为其他特征，这些特征是从不同的角度去定义的（如基本善、权利、资源等），但都与机会有关。

对个体特征的选择必定与对复合性特征的选择相互补充。这些复合性特征包括总和最大化①、词典式优先顺序和使最小值实现最大化理论②、平等③，或者其他众多组合标准中的某一种。④

这样说来，正义理论主要的内容包含了广泛的、不同的信息基础，而且对信息的运用也截然不同。信息的多样性是与本书中我们所关注的核心变量的多重性问题相一致的。如前面讨论过的，每一种正义理论都涉及对特定“基本平等”诉求的明确选择问题（或暗含、或明示地提出这点），这种“基本平等”的诉求又影响
75 到对据以判定不平等的核心变量的选择。各种对有关“正义”概念的不同阐述都与相应的平等观有紧密的联系。

5.2 罗尔斯的正义理论及政治的正义观念

迄今为止，最有影响力、同时我相信也是 20 世纪最重要的正

---

① 参见海萨尼（1955）、达斯布里蒙特和格弗斯（1977）、马斯金（1978）。

② 参见罗尔斯（1971）、哈蒙德（1976a）、施特拉思尼克（1976）、达斯布里蒙特和格弗斯（1977）、森（1977b）。

③ 参见弗利（1967）、诺齐克（1974）、德沃金（1981）、范巴里斯（1990a）。

④ 参见瓦里安（1975），格弗斯（1979），罗伯茨（1980a），铃村兴太郎（1983），布莱科比、唐纳森和韦马克（1984），达斯布里蒙特（1985），里格尔斯沃思（1985），鲍莫尔（1986），赖利（1987），莫林（Moulin，1989，1990）等。

义理论，是罗尔斯的“作为公平的正义”理论。这一理论的主要内容非常著名，而且已得到广泛讨论。[①] 该理论的几个特征已受到了特别关注。这一理论也包含了罗尔斯对他自己创设的“原初状态”（original position）这一假设的运用。“原初状态”纯粹是一种假设状态，即人们拥有原始的公平，在这种原始的公平中，人们并不清楚自己在未来的法律结构中的地位，他们将在可决定社会基本结构的若干原则中做出选择。选择的程序被认为是公平的，而且在这种公平的程序下所选出的关于社会基本结构的原则自身也是公平的。

罗尔斯的正义理论包含两条基本原则。自从他在《正义论》（*The Theory of Justice*）[罗尔斯（1971：60，83，90～95）] 中首次提出这两条基本原则以来，已经有了一些修正。部分是为了使含混不清的地方阐述得更为清晰，同时也是为了对先前的一些批评 [如 H. L. A. 哈特（H. L. A. Hart，1973）的批评] 做出回应。1982 年，罗尔斯在坦纳讲座中这样表述他的两个正义原则：

(1) 每一个人对于一种平等的基本自由（liberty）之完全适当体制（scheme）都拥有相同的不可剥夺的权利，而这种体制与适于所有人的同样的自由体制是相容的；

(2) 社会和经济的不平等应该满足两个条件：第一，它们所提供的公职和职位应该在公平的机会平等条件下对所有人开放；

① 早期的回应可见诺曼·丹尼尔（Norman Daniels）的论文集《阅读罗尔斯》（*Reading Rawls*）（丹尼尔，1975）。也可参见费尔普斯（1973）的论文集《经济正义》（*Economic Justice*）。

第二，它们应该有利于社会之最不利成员的最大利益（差别原则）。[①]

在第一条原理中，自由（liberty）的条件有所弱化（1971 年的《正义论》中，“一个完全适当的体制”要求“最广泛的总体系统”；而这一次，“一个完全适当的体制”要求不再那么严格）。第二个正义原则仍然包含所谓的“差别原则”。在差别原则中，其关注重点是“使最不利者获得最大利益”，而个体的处境则以拥有基本善的多寡来判定。但“公平的机会平等”在这里重新得到了强调。

罗尔斯理论的这些特征甚至也引起了包括经济学家在内的众
76 多学者的关注，但重要的是从他的分析方法的政治方面来解释这些特征，特别是，罗尔斯本人也坚持认为应将他的理论视为“政治的正义观念”［罗尔斯（1985，1987，1988a，1988b，1988c，1990)］。这里我们不妨先考察一下这些特征及其与特定社会环境下的平等问题的重要性之间的联系。

从罗尔斯对其正义的政治概念的描述中可以分离出两个不同特征。其中之一与政治观念的主题相关：“政治的正义观念……是一个道德概念，即有关特定主题如政治、社会和经济制度的道德理念基础。”[②] 这并没有明确阐述可用于政治制度的道德观念的任何特定原则。问题在于，主题是不是“政治方面的”，即是不是诸

① 参见罗尔斯等（1987：5）。

② 参见罗尔斯（1985：224）。

如“政治、社会和经济制度”表述中的“政治的”意义。

相反，另一个特征恰与用到的特定原则有关，而这个特定原则又与具体的社会判断和选择的形式即“立宪民主”有关。在立宪民主体制下，“公共的正义概念应尽可能超越有争议的哲学学说和宗教教义”。“为说清楚这样一个概念，我们将相容原则（principle of toleration）应用到哲学自身当中：公共的正义观念应是政治的而非形而上学的。”① 按此表述，主题本身并不重要，而其关键的“政治的”特征则是有分歧的统合性学说的“相容”（这些善观念本身的主题应满足一定的相容特征，即“所涉及的观念必须是政治的观念”）。

在罗尔斯的思路里，这两个不同的特征是紧密相关的，它们的相关程度如此之高，以至于罗尔斯将它们看作密不可分的整体。然而，即使某个主题并不赞同将“相容”特征作为一个有正义诉求的理论的标志性条件（如罗尔斯所详细阐述的），其理论进路也仍可能是“政治的”。我在这里说明这一点并不是因为我认为相容原则不重要，恰恰相反，我认为在考虑正义的政治观念时，“相容”是其**中心问题之一**。② 但是即便尚未实现罗尔斯所概括的多元主义相容，在“政治、社会和经济制度”的选择中也仍存在关于正义与否的重要议题。如罗尔斯曾讨论过的，关于善的不同的统 77
合性观点之间的“相容”无疑是社会共存的最重要的政治的方面

① 参见罗尔斯（1985：223）。

② 参见森（1970a，1985a）。

之一（当然并非社会生存的唯一的“政治的”方面）。[①] 罗尔斯在“政治的正义观念”的定义中所排除的东西恰恰大大地限制了正义概念的适用范围，这样一来，人们就难以判定一个正义理论在政治上的对错。

尤其是，如果没有相容原则，许多统合性学说都可能失去合理性（的确，在某些社会形势下，不同的政治集团所支持的学说没有一个可以留存下来），同时，各方会就那些诸如不平等、剥夺和不公平等明显的社会问题陷入争论之中。当各方彼此不能相容时，没有一个理论能够解决这些问题，而且，如果将这些争论视为外在于所谓的政治的正义观念范围，则无疑限制了政治的正义观念的范围。

例如，我们不妨看一下 1973 年埃塞俄比亚饥荒时海尔·塞拉西（Hail Selassie）皇帝所明确说出的关于社会选择的那段“名言”，它解释了政府不实施饥荒赈灾的原因：“我们已经说过了，财富是要靠辛勤劳动才能获得的。我们也说过，那些不劳动的人是要挨饿的。”[②] 当然，这是一个古老的、并非不合理的准则，本

---

① 这里还与另一个更大的问题相关，即关于“中立性”在政治自由主义中到底起什么作用及将这种中立性应用于正义和公平理论的可行性和合意性的问题。关于这个问题的有分歧的评论，可参见德沃金（1978，1985）、菲什金（Fishkin，1983）、拉斯（Raz，1986）、拉莫尔（Larmore，1987）、阿克曼（1988）、罗尔斯（1988a）、波吉（1989）、范巴里斯（1991）。这里的论述是关于这个问题的，但我不能对其继续做更全面的解决。

② 引自怀斯伯格（L. Wiseberg）“关于非洲饥荒的国际观察”（An International Perspective on the African Famines）、格兰斯（Glantz，1976：108）。

身不难理解，甚至有人还援引《圣经》来支持这一点。[①] 事实上，这一“准则”在塞拉西时期的埃塞俄比亚已被很有效地付诸实施了：在 1973 年饥荒的高峰期，政府基本上没有安排赈灾救济。[②]

可以说，在社会制度和政治制度的选择上（如那句“名言”所说的），塞拉西皇帝的政治伦理粗暴地违背了正义的要求。在实 78
际情况中，人们可以很容易地指出，在饥民与社会上的其他人之间存在着极其严重的能力不平等，此例中，也可以说他们所拥有的基本善极不平等。对塞拉西皇帝的说法的反驳，我们只需要指出其谬误之处就可以了：那些没有工作的饥民是不可能通过找到有报酬的工作而度过饥荒得以生存的，因此他们也有向社会上其他人求助的合理要求。如果否认了这一点，就是错误的。[③] 在政治伦理上，有许多不同的理论方法来具体论证这一点，而罗尔斯的“原初状态”策略就是最好的方法之一。

但不管是对于塞拉西皇帝还是他的政敌，都没有任何迹象表明他们接受或容忍其他人关于善的观点，尽管在饥荒加剧的时候，他的政敌通过一场流血的起义推翻了他的统治。的确，他们每一方都只会追求他们自己的目标，而对其他人的目标不屑一顾，而且我们也可以判断出，他们也没有兴趣寻求大家可共处的、建立

---

① “若有人不肯作工，就不可吃饭”（《圣经新约・帖撒罗尼迦后书》3：10)。

② 实际上，皇帝的说法并非造成公共救济中灾难性延误的唯一原因，还有其他的因素，包括对饥荒实质及其发生原因的错误判断［参见森（1981a）第 7 章、格兰斯（1976)］。但这里我不准备深入探讨那些问题。

③ 顺便指出的是，这个案例也有力地说明朱迪思・沙卡拉（Judith Shklar，1990）关于不公正意义的全面论述的影响力，这是关于社会分析和评价的令人信服的起点。

在相容基础上的政治解决方案。如果从包含相容的正义的政治观念的角度看，很难说这种情况就是公正的。如果有人宣称，在关于制度性饥荒救济的争论中，问题并不涉及正义的政治观念，而且海利·塞拉西讲话所体现的社会选择原则（对没有工作的饥荒灾民不提供政府救济）外在于正义的政治观念的范畴，那就是奇谈怪论了。在这个近乎苛刻的政治观念中，“正义”似乎有个很高的准入门槛。[①]

如果某个正义理论自称是“从某一政治惯例开始”，那也无妨，它同样可以得到“至少可以被我们说的‘重叠共识’的支持，也就是被一种共识所支持，这一共识包括所有的反哲学、反宗教的学说，这些学说可能会在一个基本上属于立宪民主的社会里持续下去并获得更多的支持者”［罗尔斯（1985：225～226)］。所
79 以，就罗尔斯自己的方案而言，他的分析是没有问题的。

然而，有一点是很重要的，那就是要看这个具体的政治理念是否公平地对待“正义”，哪怕是政治意义上的正义。当今世界仍有很多国家里发生着明目张胆的非正义现象，在这些国家里，要援引“政治自由主义”和“相容原则”既不容易，也无助益。如果认为这些主义、原则并不属于“政治的正义观念”的内容，那就大大窄化了正义的适用范围。在世界范围内，社会制度的政治选择会涉及许多显而易见的正义和非正义的问题。如果我们在界

① 当然，我们很容易指责塞拉西的褊狭。但不公正不仅和这个问题而且和他的政府的饥荒救济原则（确切地说是不救济政策）有关。坚持公众认同基础上的相容主张可以防止出现那些问题。

定一个政治的正义观念时以（与立宪民主相去甚远的）意识形态为由将大部分政治观念排除，那么这种政治的正义观念就很难被接受。这与“政治的”一词的语义限制关系不大。① 由于世界上无处不在的不平等和非正义，因而迫切需要的是一种限定条件较少的理论分析方法。

虽然上面的讨论直指罗尔斯的正义观的有限范围——尤其是这种有限性恰与他近来强调的“相容”原则不尽一致，但记住下面这一点仍很重要：罗尔斯的观点——尤其是“差别原则”——已经在有关经济和社会发展的著作中得到了广泛使用。人们从罗尔斯的“作为公平的正义”分析中所领悟到的东西看来已经大大地超出了他自己所做的限制，只是我还不太清楚这些领悟是否偏离了罗尔斯本人所设定的方向。当把罗尔斯的正义理论作为一个整体来评估时，自然有必要在由作者自己强加的特定限定中看待它，然而，一种限定较少的、修正了的“罗尔斯主义”已经在当代政治、社会和经济思想领域产生了深远的影响。特别是，自从罗尔斯的经典之作问世后，关于不平等评估的研究已经面目一新了。

5.3　基本善与能力

在最近的关于正义的著作中，很多理论分析方法都集中关注
机会平等，并且是用不同的方式来表述这一点的。在罗尔斯的 80

① 要点不是关于“政治的”这个词的使用，而是关于这个政治概念下面的动机。虽然这样，但是也可能罗尔斯在这里使用的是一个特定的、狭义的、政治术语的定义。

“差别原则”中，罗尔斯关注的是基本善——包括权利、资源、机会、收入和财富、自尊的基础[①]——的分配，这可以看成朝这个方向努力的重要一步。正如我在本书前面所讨论的，这种分析方法可以说把我们带到了从（人们所享有的）全面自由的角度看问题的分析方向，对思维方式转向也有影响，即应从自由而不是已获得的成果的角度去分析平等和正义。但基本善并不是自由的构成要素，而最好是将其看成获得自由的手段（这个观点在本书第 3 章第 3.3 节中已经讨论过了）。这又引起了一个重要的问题。由于涉及对手段的大量计算，罗纳德·德沃金的“资源平等”的主张也与之类似，因为“资源”也是获得自由的手段。实际上，德沃金也提出了计算“资源”和判定“资源平等”的具体方法。

其中的问题之一就是如何赋值。因为手段最终要被估算成别的物，所以要设计出一套不受目标影响的手段值计算方法并非易事。正是意识到手段值和目标值之间的联系，约翰·罗默设计了一种可计算的方法，用他的话说就是“资源平等即福利平等”（这也是他论文的题目）。这种方法是建立在一系列精致的公理的基础上的，但是蕴含在该结果中的基本思路是，从“资源”所产生的结果来寻求“资源”的价值。由于“资源”本身并不能被估算，因而这种联系就有某种明显的合理性。根据罗默的命题，我们可建立一个模型，在这个模型里，唯一的终极结果就是福利，这样，

---

① 参见罗尔斯（1971：60～65）。

“资源平等”必定产生福利平等。

实际上，对“资源”的赋值结果与对福利的估值结果的一致性也可推而广之，即对“资源”计算的结果与任何可为“资源”赋值的目的的计算结果的一致性。这个有趣结果背后的真正问题是：手段赋值对目的估算的依赖程度（像“资源”与“福利”那样相互依赖的紧密关系只是特例）。

下面，我将主要讨论罗尔斯的“作为公平的正义”理论，当然其中的一些评论也同样适用于罗纳德·德沃金的理论分析方法。

在罗尔斯看来，从政治的正义观念来看，主要问题是基本善 81
的信息基础是否充分。同时还存在是否有必要集中关注能力这个问题。而罗尔斯所谓的“基本善”就是“每个有理性的人都想要的东西”，包括“收入和财富”“基本的自由”“在拥有各种各样机会的背景条件下的移居自由和职业选择自由”“拥有权威和职责的官职和职位之权力和特权”以及“自尊的社会基础”。[①] 因此，基本善就是一般的目标手段或者说是可用于个体追求各自所拥有的不同的善的观念的资源。

我曾在本书前半部分（特别是第 3 章）提到，我已反驳过罗尔斯所声称的充分性，即认为应以自由为基准进行的正义评估，应集中关注的是可获得自由的**手段**而不是个体所拥有的实际自由的程度。由于将这些“基本善”和“资源”转化为可在几种可能

---

① 参见罗尔斯（1971：60～65）、罗尔斯（1982：162）、罗尔斯（1988a：256～257）。

的生活内容项组合和其他成就中进行选择的自由的“转化率”因人而异，因而“基本善”或“资源”拥有的平等往往伴随着不同人实际拥有的自由的严重不平等。在此情况下，核心问题是，这种自由不平等的结果是否与政治的正义观念所暗含的意义相兼容。

在基于能力的正义评估中，个体的吁求物并不能从各自持有的“资源”或者“基本善”的角度去评估，而是从他们实际享有的、可选择他们所看重的生活方式的自由的角度去评估。[①] 而这个实际自由是从个体可获得各种生活内容项组合的“能力”的角度去阐述的。

将能力（代表了实际享有的自由）与以下二者做区分是很重要的。一是将能力与基本善（及其他资源）区分开来，二是将能力与成就（包括已享有的生活内容项组合及其他已实现了的结果）进行区分。不妨举个例子来说明第一点区分。一个身罹残疾的人可能拥有更多的基本善［不管具体表现为收入、财富还是自由（liberty）等］，但却由于残疾而拥有较少的能力。再举一个例子，这次不妨拿一个贫困研究的例子来说明这个问题。一个人可能拥
82 有更多的收入，也会获得更多的营养摄入，但可能会因为更高的新陈代谢率、更高的感染寄生性疾病的概率、体形更大或仅仅由于怀孕而导致“过营养充足的生活”的自由的不足。同样，在看待富裕国家里的贫困问题时，我们也应该注意到这样一些事实：在那些从收入和基本善的角度看属于贫困的人中，很多也具有诸

① 这个主张的多个方面和含义在第 3 章和第 4 章已经讨论过。

如残疾、较高的染病概率或年龄比较大等特征，这就使得他们将所拥有的基本善转化为基本的能力（例如，能够四处走动、过健康人的生活、参加社交等）比较困难。如此看来，“基本善”和“资源”（广义的）都不能用来表示一个人所实际拥有的能力。

现在举例来说明第二点不同。一个人可能同另一个人拥有相同的能力，但都从自己的目标出发选择了不同的生活内容项组合。再进一步，这两个人可能拥有相同的实际能力，甚至他们的目标也相同，但最终的结果可能不尽一致，因为他们利用自己所享有的自由的方式不尽相同。

作为对我批判的回应，罗尔斯往往假定，那是建立在“每个人都有相同的目的——所有人都追求的共同目标”的假设基础上。由此假设而来的是，如果每个人的目标不同，则从基本善到能力的转化率的人际差别就无法精确确定。罗尔斯的这一假设（即所有人都追求的共同目标）实际上是承认了人与人之间不同的目标，承认每个人都有自己的“关于善的统合性观点”。这样一来，就偏离了罗尔斯的政治正义观念。罗尔斯是这样概括我的反对意见的（根据他自己的理解）：

> ……基本善的观念是被曲解了的。因为从每个人的统合性学说来看，基本善不能被视为根本上最重要的；一般说来，它们也不是——像人们理解的那样——人类生存的基本价值。因此，我们可以反对说，聚焦于基本善也就是在一个错误的领域中做大量的工作，因为这是一个制度特征和物质利益的

空间，而不是基本的道德价值的空间。[①]

罗尔斯对我的反对意见的回应如下：

> 作为回应，基本善指标并不是要试图达到——像任何考虑到道德价值的具体的统合性学说所阐明的那样——被认为是终极重要的东西。[②]

83 罗尔斯的这个回应的主要问题在于对我的反对意见的实质的曲解。能力反映了个体在若干个不同的生活状态（生活内容项组合）里进行选择的自由，未必以某具体的目标集合（如罗尔斯所称的“具体的统合性学说”）的一致为先决条件。如前面所讨论的，区分自由（由能力来反映）和成就（表现为实际的生活内容）很重要。能力评估未必建立在某种统合性学说（这种统合性学说决定了成就和生活方式）的基础上。[③]

第二个问题与第一个问题相关，涉及罗尔斯的主张，即基本善“并不是要试图达到——像任何考虑进道德价值的具体的统合

---

① 参见罗尔斯（1988a：256～259）。

② 参见罗尔斯（1988a：259）。此外，罗尔斯还在他的《对森的回应》（Reply to Sen）（罗尔斯，1988b）中，用另外的分析思路来回应我的反对意见。他认为他的全面的正义理论有更多的灵活性（他认为我并没有意识到这一点），而认为我所关心的人际差异只会在后面的阶段（如立法阶段和司法阶段）才会被考虑到。但总的说来，要确定究竟什么样的大致程序和分配原则才满足这样一个复杂的分段结构并非易事。但如果确实是这样，即人际差异只有在某个阶段才会涉及，那当然会降低我的反对意见的说服力。因为这样一来，由从基本善到能力的转化过程中的人际差异问题所引起的其他一些问题也就最终得到了关注。

③ 在能力视角中，成就是由相关的生活内容的 n 种组合集得到的，而能力本身就是个体可选择的 n 种组合集。关于能力视角的其他表述及其与个体优势的关系以及与不平等研究的关系问题，可参见本书第 3 章和第 4 章。

性学说所阐明的那样——被认为是终极重要的东西”（强调的部分系我所加）。这对罗尔斯的“政治的正义观念”确实给予了足够合理的关注，但这里并没有提及与基本善相一致的内容。不仅如此，当前情势下更重要的是，“缺乏与基本善相一致的内容”还体现在这样的事实中：一个处境不利的人从基本善中得到的东西会比其他人少，**不管他持有的是哪种统合性学说**。

为了说明这一点，我们假设有甲和乙两个人，且乙在某些方面有缺陷（例如，身体残疾、精神障碍或更高的染病概率等）。他们没有相同的目的或目标，或者相同的善的观念。甲看重 A 更甚于 B，而乙则看重 B 更基于 A。当然，$2A$ 大于 A，$2B$ 大于 B。二人可能得到的结果的排序如下（代表各自“统合性学说”的相关部分）： 84

甲	乙
$2A$	$2B$
$2B$	$2A$
A	B
B	A

在给定的基本善集的情况下，甲可以达到 $2A$ 或者 $2B$，当然也可能只获得 A 或者 B（甲可能没有更多的优势）。另外，由于乙处于不利地位，即使拥有同样的基本善，乙只能达到 A 或者 B。甲通过努力可以达到 $2A$（对他来说最好的可能结果），而乙最多只能达到 B（对他来说最好的可能结果）。问题不仅仅是从某**具体的**统合性学说看，乙居于不利地位，还在于**无论**我们持什么统合性学说，乙的结果都比甲坏。相等的基本善却使得乙的**获得目标的**

自由要少于甲，而不仅仅是与某一个具体的统合性学说有关的成就少于甲。

如果我们不是从基本善的角度进行比较，而是从能力的角度进行比较，我们就会发现，乙的不利处境就很明显了。甲的“能力集”是由（A，B，$2A$，$2B$）构成的，而乙的“能力集”仅是甲的“能力集”的一个真子集，即（A，B），对乙而言，“能力集”中最好的构成元素是缺失的——不管用的是哪个统合性学说。能力即代表自由，而基本善只是提供了获得自由的手段，而手段与实际自由之间的联系却因人而异。罗尔斯认为我的观点确实与仅作为手段的基本善相联系，这一点没错。但是，虽然罗尔斯宣称基本善并不是要试图接近任何具体的统合性学说，但问题并不能因之就得到了解决。①

5.4 多样性：目的与个体特征

85 实际上，在个体的手段（以基本善或资源的形式）和目的成

---

① 能力评估域的优势就在于并不要求在任何一个统合性学说上的一致性，因为一个能力集可能是另一个能力集的真子集（如本例）。而且，即使能力集彼此并不是对方的子集，为了使其排序中有某种一致，我们也不必接受任何统合性学说。能力的局部排序是建立在对每一个相关的统合性学说优劣进行排序的基础上的。但如果非要坚持完全排序，则几乎是不可能的［这与罗尔斯的差别原则所要求的基本善持有的完全指标化问题类似，因为不同的基本善在追求不同的统合性目的时发挥的作用不同。关于这一点和相关问题，可参见普洛特（Plott，1978）、吉伯德（1979）、布莱尔（Blair，1988）、森（1992c）］。但对很多评估性判断而言，局部排序已经足够了，特别是在处理有关不平等问题时更是如此。能力集排序的范围最终取决于（1）相关的统合性观点的分歧程度和（2）拟序的能力集的差异。关于此问题的分析可参见森（1970a，1970b，1985a）。亦可以参见本书第3章。

就之间的联系差异源于两个方面：其一是目的之间的差异，即不同个体所拥有的不同的善的观念；其二是个体之间在资源（如基本善）与追求目的的自由的关系上的差异。罗尔斯对第一种差异极为关注，对这种目的多样性一直保有兴趣（确实如此，这与他的多元主义政治观念一致）。为了解决这个问题，罗尔斯假定：相同的基本善可适于所有不同目的。[①]

至于第二个差异，即个体之间在资源（如基本善）与追求目的的自由的关系上的差异，由此而来的问题绝没有因为第一个差异（即目的的差异）的存在而减少。个体追求他的目标的实际自由取决于（1）他的目标和（2）将基本善转化为实现那些目标的能力。后者可能更重要，即使目标一致，也并不是说只在目标给定的情况下才显得更重要。第二个问题涉及的范围及相关性绝没有因为第一个问题的存在而减少。

总之，人类内部差异是很大的，表现在各个方面。其中之一就与目的和目标差异有关。现在我们更多是从将这种多样性的道德含义和政治含义视为罗尔斯的“作为公平的正义”的一种分析

---

① 同时假定，出于公平的考虑，不应出现这种情况：和其他人的目的相比，一些人的目的是由基本善极不恰当地提供的，结果是前者有理由对从基本善的角度来判定个体行为表示不满。而罗尔斯的综合学说则断言，有必要使基本善“无须诉诸道德价值”（确实需要避免）。但这样一来就忽略了这个特殊问题的本质。如果每一个基本善清单（及每一个索引方法）都会使其中的一些人的目的得到很好的满足，而其他人的目的则没有很好地实现，这样，“中立性”的重要特征就会失去，而“作为公平的正义”的整个推理思路可能受到破坏。因此，在分析基本善与其他道德价值域的关系时，有必要设定一些重要的必要条件。本文中我将不深入讨论这个问题，关于此问题也可参见罗斯·安娜·帕特南（1991）。

结果的角度来理解的。但同时还有另一个极其重要的多样性——将资源转化为实际自由的能力的差异。这种差异与性别、年龄、
86 天赋及其他方面的特征有关，这就使得我们获得生活中的自由的能力极为不同，即使我们拥有相同的基本善束。①

罗尔斯对正义的分析方法改变了我们对那个问题的分析思路，他的理论也使得我们的注意力从仅从结果和成就的角度来判定不平等转向从机会和自由的角度看待不平等。但由于罗尔斯的理论只是关注于可获得自由的手段而没有对自由的程度予以足够的关注，他的关于公平的社会基本结构理论也就暴露出缺陷。至于关注可获得自由的手段的动机，看来还得从罗尔斯所持的观念中找寻：在他看来，唯一可选的，是选择一种关于成就和结果的具体的统合性观点。如此，则上面提到的那个假设并不十分正确。自由既与可获得自由的手段有区别，也有别于它可实现的成就。

罗尔斯的正义理论有各种不同特征，但由此而来的问题未必就是要试图削弱整个理论方法。的确，今天已很难再建构一个不受罗尔斯的深刻分析和阐述影响的正义理论。② 对其批评的观点也

---

① 与此问题相关的实证方面的问题可参见森（1984，1985b，1988c）、金奇和森（Kynch and Sen，1983）。

② 罗伯特·诺齐克在提出他的另一套政治理论时曾说："当前的政治哲学家不是陷入罗尔斯的理论就是解释与其不一致的原因。罗尔斯对自由（liberty）与平等二者选一的概念的鸿篇论述的确很好地阐释了（或有助于阐释）我们所提出的考虑和区别。甚至那些在与罗尔斯的辩诘中并不服膺的人，也会从对罗尔斯著作的研究中受益匪浅"（诺齐克，1974：183）。不用说，诺齐克评论的最后一句也适用于那些仅对罗尔斯全面理论概念中的某些具体内容并不服膺的人。但这里我们只关注这些特定的内容，因此焦点也就集中在与罗尔斯理论的差异上，而不是聚焦于众多的一致之处，当然也不是聚焦于应归功于罗尔斯的思想之处（罗尔斯的确教给我们检验正义的标准）。

多是针对罗尔斯对基本善的关注与对（我们所拥有的、用以追求我们目的的）自由的关注之间的紧张关系。至于我们所关注的自由，我想说的是，还有与此不同的——也更为精确的——方法来检验其分配问题。实际上，罗尔斯也同样关注其他事物，包括某种自由主义制度和程序的重要性以及在个体自由（liberty）受到威胁时有必要限制某些公共政策。这里对有效自由平等的讨论并不是要反驳罗尔斯对这些方面的关注。

这一点或许可以从罗尔斯在他的正义理论里赋予自由（liber- 87
ty）的地位看出。罗尔斯将自由（liberty）原则置于高于公平原则的完全优先的位置，这种不留余地的优先原则受到了赫伯特·哈特（1973）强有力的批评。① 另外，除了将自由（liberty）视为基本善的一种或个体福利的一个影响因素甚或视为个体能力的决定性因素外，还可以在更为开阔的视野里看待自由（liberty）［关于这一点，可参见森（1970a，1983a）］。的确，下面两种情况同样可使一个人的能力降低：（1）侵犯他的自由（liberty）［对个人领域的自由（liberty）的侵犯］；（2）使他在体质上遭受某些损害。即使从能力域看这两种情况并没什么区别，但一个完备的正义理论是不应忽视这两种情况下的差别的。从这个意义上讲，作为正义理论核心的能力视角也不是完备的。这就有必要将对自由（liberty）的诉求作为“能力分析方法”的一个补充原则（即使这个原则

---

① 然而，需要注意的是，与 1971 年的《正义论》相比，罗尔斯在其后的著作中，对这种自由（liberty）原则的优先性并没有特别苛求（见本章第 5.2 节所引用的）。这个变化在很大程度上回应了哈特的有力批评。

并没有被置于罗尔斯所极力主张的那种优先位置)。可获得成就的全面自由(over-all freedom)的重要性并不能完全消解消极自由(negative freedom)的特殊重要性。①

本章我们讨论的焦点仅是罗尔斯的正义理论的某个特定部分以及罗尔斯的正义理论中的某个关注点与他看待这个关注点的方法二者之间的联系。但正是在那个特定的——同时我认为也是关键的——内容里,从我们的分析中可以看出,此点既有概念上的重要意义,也有实践上的重要意义。基本善的平等分配并不能带来追求我们目的的自由的平等。这样,我们就不得不将目光转向对将基本善(或资源,或更一般的事物)转化为个体追求各自目的的能力的差异的检视。

如果我们关注的是自由的平等,则不能说手段平等比结果平等更为重要。自由与这二者都有关系,但自由与二者的关系未必是重合的。

① 参见森(1970a,1976c,1985a:第三次讲座)。

第 6 章

福利经济学与不平等

6.1　评估域的选择与评估动机

如前所述，对不平等的评估不得不同时兼顾据以评估不平等 88
的评估域的多样性和个体之间的差异性。与其他人相比，个体的相对优势和相对劣势表现在各个方面，我们可以从不同的评估域——譬如，自由（liberty）、权利、收入、财富、资源、基本善、效用、能力等——来审视这一点。这样，对不平等的评估问题就转化为对评估域的选择。虽然说不同的评估域所表现出的不平等并非彼此毫无联系，但人际相异性又使得这些由不同的评估域而来的不平等的评估结果并非全然一致——实际上，很多情况下，它们相去甚远。

这个问题已经讨论得够多了。但还要强调的是，这些不同的不平等评估域究竟哪一个更适合，最终取决于对这种不平等进行测度的动机。不平等可以作为某种评价性**目标**去测算，对评估不平等的评估域的选择及对所选的那个评估域的具体的不平等评估方法要依这种目标而定。当然，对个体之间进行比较的实质和对不平等的评估取决于我们的目标取向，这丝毫不让人奇怪。[①]

---

① 参见布鲁姆（1987）。

有时我们可能会对不同个体之间——如不同的阶级或处于不同社会中的人群之间，或某一特定群体里的男性和女性之间——的福利水平差异何以如此之大感兴趣。诚然，如前章所述，在分析个体福利时，与收入域、基本善域或资源域相比，**生活内容域**
89 里的差异可能与此问题关系更大。但在其他时候，我们可能会对依照收入、基本善或资源的标准所呈现的不同的人或群体之间的相对社会位置感兴趣。即使我们从收入分配的角度来分析在个体福利方面的不平等时常收效甚微，但绝不意味着我们就不再需要关注收入分配状况，因为除了个体福利的比较外，它还可能促使我们对其他问题进行思考。

譬如，我们可能会对由于**收入不平等**而对犯罪或社会不满或者个体福利的差异（正如上面提到的）产生什么样的后果这个问题感兴趣。同样，我们也可能有兴趣去考察作为一个国家或政治制度目标取向的基本善和资源的分配方式。从对公共政策的作用——政策的作用不是致力于增进福利或尽可能多的自由，而是尽可能增加所有社会成员的可获得自由的手段——的理解这个角度讲，这可能是个有趣的问题。[①] 在进行个体福利或个体自由的不平等的评估中，生活内容（或实际能力）未必总被视为应比其他变量更为优先考虑的评估变量。

---

① 实际上，这也是罗尔斯（1971）、罗纳德·德沃金（1981）强调重视这些评估域里的分配状况的部分原因。还可参见达伦多夫（1988）。

6.2　差数、结局与潜能

在进入具体问题——这些问题在最近的关于不平等的福利经济学著作中已有论述——的分析之前，我想先谈一下关系到个体利益判定的、必须注意的一个区分。一个人的社会位置，是根据用正数表示的结局（achievement）量度来判定，还是基于用负数表示的差数（shortfall）量度（这个差数是个体已取得的成就与他本应取得的最大成就之间的差值）来判定？应该说，这两种评定个体成就的方法紧密联系而又迥然不同。①

这两种不同的评定方法之所以会有不同的结果，原因有二。 90
首先，如果说据以计算差数的成就最大值在个体之间各不相同（比如，我们可根据这样的事实：个体可取得的最大成就不可能相等），那么，对于个体的社会位置，按照完全的成就排序的结果就会异于按照各自的差数进行的排序。其次，即使所有人都可取得相同的最大成就，如果从“按比例换算的”结局和差数而不是用

① 作为一个基本评估指标的“差数”，这个词已以各种形式广泛出现在不少福利经济学著作中。譬如，弗兰克·拉姆齐（Frank Ramsey，1928）就是从使与总效用水平最大值（所谓“极乐点”）的差数最小化这个角度出发去阐释最佳储存问题的。实际上，拉姆齐的差数最小化问题是在对该问题进行公式化精准描述（同一时间内所有的效用总和最大化）无法直接实现的情况下，转而用无限时间的角度进行了很好的解决［关于此问题，可参见苏克哈莫伊·查克拉瓦蒂（Sukhamoy Chakravaty，1969）］。再譬如，多尔顿（1920）在测算不平等的程度时除了用平等分配的最大社会福利这个量度外，也采用了差数这个概念。与此类似，阿特金森（1970b）在测算不平等时也通过社会福利差数下收入等价的方法体现了差数思想。多尔顿和阿特金森的不平等测度方法将在本章后面讨论。也可参见马斯格雷夫（Musgrave，1959）关于“奉献”的不同概念。

成就原值去度量的，结果也可能因此而不同。举一个比例换算的例子：纯粹的成就会随着困难程度的增加而得以提升（即使是同样的成就，也可能因取得成就所遇到的困难程度的不同而呈现出实质的不同）。①

在评估个体之间的不平等的程度时，可能会马上涉及第二个问题，也可能不会马上涉及，至于如何描述"比例成就"的问题就更谈不上了。但在承认人际相异性的情况下来进行不平等测算时，第一个问题——即个体之间最大潜能的差异——就与此尤为相关。

这样，不同个体之间的平等程度既可从结局的角度去界定，也可按差数进行界定。对于"结局平等"，我们是对实际的成就水平进行比较的。② 对于"差数平等"，比较的是个体之间在其各自

---

① 譬如，对国家进行指标评定时，如果从平均预期寿命这个角度考察，将预期寿命从 40 岁提高到 50 岁的增率为 25%，但从 60 岁提高到 70 岁的增率就只有 17%。必须注意的是，同样是增加 10 岁，后者显然是更艰巨的任务。越是接近最大可能值，大幅增加也变得越困难。换个角度，按照学术规范，假定最大平均预期寿命是 80 岁，则将平均预期寿命从 40 岁提高到 50 岁，与最大平均预期寿命的差值的减少幅度为 25%，而将平均预期寿命从 60 岁提高到 70 岁，其差值的减少幅度为 50%，即：

$$[(80-50)-(80-40)]/(80-40)\times 100\%=-25\%$$

$$[(80-70)-(80-60)]/(80-60)\times 100\%=-50\%$$

考虑到进一步提高平均预期寿命的难度，同样是提高 10 岁，但显然后者的成就更大。关于此问题的详细讨论可参见森（1981b），在那篇文章里可见到运用比例差数进行国家间比较的实例，当然在联合国开发计划署（UNDP）1990 年的报告里也可见到。亦可参见德塞、博尔特维尼克和森（Desai，Boltvinik and Sen，1991）。

② 在自由的情况下，结局平等比较的是个人可从中做出选择的若干个实际成就的水平。

实际取得的成就与他可获得的最大成就之间的差值。① 这两个视角
都各有其关注点。差数不平等使得我们可以审视各个个体的潜能 91
的平等发挥程度，而成就平等则只关注纯成就的平等水平（不管
个体的最大潜能是多少)。

假设人与人之间的相异性大到每两个个体之间所能取得的最大成就都不相等，那么在评估成就及判定所能取得的成就或自由的平等程度时就不那么清晰明了。假设在理想状态下，甲所能够取得的最大成就为 x 而乙为 $2x$，则从成就平等这个角度看，乙实现他的潜在成就难度更大，往往无法实现其最大潜能。实际上，在分析此类问题时，当年的亚里士多德就曾考虑到：对某个个体而言，有必要考虑“现实情况下”（circumstances admit）这个变量，并由此发展出他的“分配概念”。亚里士多德在《政治学》里写道：“世界只要不反乎常道，我们就可希望最优良的生活应当寓于各邦在现实情况下所可达到的最优政体中。”②

在有些人患有严重残疾的情况下，结局平等就很难实现，这时我们就可采用差数平等来判定。虽然在这个问题上可能会有些争论，但我想说的是，分析问题时，在结局平等不可行的情况下并不意味着就可在结局平等和差数平等之中做出非此即彼的清晰选择。即使残疾人的生活内容项无论如何都达不到正常人的相同

① 相应地，在自由的情况下，我们就要比较与每个人在最大自由的情况下可取得的成就相比的差数差异。

② 参见亚里士多德《政治学》第七卷第一章（1323^{a}：17～19），强调部分系笔者所加。努斯鲍姆曾翻译过此著作，还探讨了“现实情况下”在亚里士多德的“这个条件”里所起的作用。

水平（如他无法像正常人那样行走自如），但基于公平，也要使他远低于正常人的生活内容能力值达到最大，而不是简单地按差数平等的要求设定与正常人相同的差数（这个差数是以高于残疾人很多的、正常人的最大生活内容值为被减数的），不管是原值还是“比例值”。

的确，此方向恰是罗尔斯的“使最小值实现最大化原则”或曰“词典式次序的使最小值实现最大化”原则试图引导我们的——“为社会中处于最不利地位的人们提供最大可能的利益”。①实际上，这也正是本书前几章曾论述过的要点的注释。正如本书
92 前面提到的，罗尔斯的很多推理论证是适用的（甚至是突破了罗尔斯自己所做的严格规定的逻辑框架），这里自然又是一个例证。罗尔斯自己的正义原则并没有直接承认对残疾人也要施用“使最小值实现最大化原则”，因为他的“差别原则”限制了他的“使最小值实现最大化原则”在社会基本善的分配这个问题上的应用，而涉及能力时则常出现对残疾人的剥夺（因为残疾人在将基本善的可能占有转化为能力时处于不利的境地）。当然，罗尔斯

① 当不同的最大成就并不针对个体而是应用到整体的“生理类型”（如儿童与成人）时，平等问题就变得更为复杂。的确，前面提到的亚里士多德的推理看起来是针对不同类型间的比较而不是个体间的比较［关于此问题，可参见努斯鲍姆（1988a）］。我们不会去争论，儿童由于能力的低下无法获得一些技能（如在行动中，身体发育、智力成熟是很重要的），因此可以牺牲成人的大的能力换取优先扩大儿童能力。如果从终身机会的角度看，则上述的这种个体利益的问题就不复存在［正如罗尔斯（1971）所认为的］，但问题并没有完全解决，因为不同的年龄段会有不同的成就。不平等问题之复杂还会表现在体质上：例如，正常情况下女性的寿命应该比男性长，但在不少国家里，由于不平等的待遇而使女性寿命比男性短。

的关注处于最不利境地的人的总的观点在这里确实是适用的（因为他对“公平”的分析已经够详尽了）。仅这一点就足以使我们认真对待结局平等的主张，即使是每个人的成就最大值千差万别。

当然我们也反对仅仅为追求成就的实现程度平等而导致对所有人的低水平平等的政策。比如，为了达到这种成就平等，当甲尽己之力仅能获得的成就为 x 时，乙也只好从他的最大成就 $2x$ 被拉下来，从而使他们获得的最大成就都为 x。这样做似乎有些道理，其冠冕堂皇的理由是：平等是**唯一**原则。然而，正如前面论述的（最后一章会有详述），平等只是众多的考虑因素之一，它往往和包括**效率**在内的**总和**因素一起考虑。由于后者因素，我们反对这种“低水平的平等”，反对将乙所能获得的成就降至如甲的低水平——仅仅是出于达到成就平等的目的。

问题不在于平等是不是**唯一**的适用原则，而在于是不是除了平等外，总和考虑的因素也得到了充分考虑；在于对最大程度平等的需求是否是通过“差数平等”而不是“结局平等”来体现的。我并不是主张追求无条件的结局平等，而是不赞成仅在结局平等 93
不可行或无效率（包括将所有人的成就水平都拉至最低水平）的情况下就轻易选择“差数平等”。只要仍致力于结局平等，就可促使我们战胜各种困难，直至实现**充分**的结局平等。

有关结局平等和差数平等的差异问题在后面的章节里还有专论（特别是第 8 章和第 9 章）。正统的福利经济学里关于不平等的讨论并不多，既然本书后面的章节将涉及，故二者之差异在本章不再详论。福利经济学关于不平等的论述都忽视了人际相异性，而往往假设单个个体之间的无差异性（包括拥有相同的最大潜能的预设）。

6.3 不平等、福利与正义

关于不平等的测算与评估的专著在过去一二十年日渐增多，如何理解这些评估性问题的分析方法也有明显改进。[①] 这些分析专

① 最近，布莱科比和唐纳森（1978）及福斯特（1985）都对当代的关于不平等测算的文献进行了评论性的综述。亦可参见考埃尔（Cowell，1977）、尼加德和桑德斯特罗姆（Nygrad and Sandstrom，1981）、艾科恩和格里克（Eichhorn and Gehrig，1982）、奇普曼（Chipman，1985）、兰伯特（Lambert，1989）。迄今为止，为数众多的文献均涉及此问题，限于篇幅，这里仅列其中的一部分：艾格纳和海因斯（Aigner and Heins，1967），泰尔（Theil，1967），科尔姆（1969，1976），阿特金森（1970b，1975，1983），本特泽尔（Bentzel，1970），纽伯里（Newbery，1970），丁伯根（Tinbergen，1970），佩恩（Pen，1971），舍辛斯基（Sheshinski，1972），P. 达斯格普塔、森和斯塔雷特（1973），罗斯柴尔德和斯蒂格利茨（1973），帕斯纳和施迈德勒（1974），布莱科比和唐纳森（1977，1978），米尔鲍尔（1974b，1978），沃尔夫森（Wolfson，1974），加斯特沃斯（Gastwirth，1975），哈蒙德（1976b，1977，1978），迈赫兰（Mehran，1976），派亚特（Pyatt，1976，1977），巴塔查里亚和查特吉（Bhattacharya and Chatterjee，1988），考埃尔（1977，1980，1985，1988），格雷夫（1977），B. 汉森（B. Hansson，1977），菲尔茨和费（Fields and Fei，1978），克恩（Kern，1978），奥斯马尼（1978，1982），阿奇博尔德和唐纳森（Archibald and Donaldson，1979），布吉尼翁（Bourguignon，1979），唐纳森和韦马克（1980），迪顿和米尔鲍尔（1980），达特（1980），菲尔茨（1980a），卡克瓦尼（1980b，1981，1986），罗伯茨（1980b），肖罗克斯（1980，1982，1983，1984，1988），布莱科比、唐纳森和奥斯伯格（Blackorby，Donaldson and Auersperg，1981），S. R. 查克拉瓦蒂（1981，1988，1990），考埃尔和库戈（Cowell and Kuga，1981），姚肖（Jasso，1981），尼加德和桑德斯特罗姆（1981），韦马克（1981），阿特金森和布吉尼翁（1982），坎伯（1982b），穆柯吉和肖罗克斯（Mookherjee and Shorrocks，1982），索恩（Thon，1982），阿南德（1983），布罗德和C. T. 莫里斯（Broder and Morris，1983），布莱科比、唐纳森和韦马克（1984），福斯特、格里尔和托尔贝克（Foster，Greer and Thorbecke，1984），乔根森和施莱（转下页注）

著未必都是要明确地探求不平等的测算方法，但很明显，不同的探求目标大大促进了关于不平等评估问题的深入分析。 94

然而，不平等与社会福利之间的联系更令人感兴趣。这种联系会依对社会福利的不同定义而不同。比较明显的例子是，按照以功利主义为代表的福利主义者的分析框架，社会福利被视为个人效用的总和（基于个体效用的函数）。① 或者换句话说，社会福利可直接视为个人收入向量的函数（还未对与那些收入有关的效用取平均值）或个体的经济地位或财富的多重特征的复合函数。②

分析此类问题的一个办法是将社会福利视为每一个商品对具体个体的分配函数（有时我们称之为"选定商品向量"③）。当然，

（接上页注释①）斯尼克（Jorgenson and Slesnick，1984a，1984b），拉格兰德（La Grand，1984），斯洛特杰（Slottje，1984），S. R. 查克拉瓦蒂、达特和韦马克（1985），S. R. 查克拉瓦蒂和罗伊（1985），法恩（1985），兰伯特（1985，1989），勒布雷顿、特兰尼和尤里亚尔特（Le Breton，Trannoy and Uriarte，1985），鲍莫尔（1986），赫琴斯（Hutchens，1986），坎伯和斯特龙伯格（Kanbur and Stromberg，1986），马苏米（Maasoumi，1986），特姆金（1986，1989），K. 巴苏（1987b），S. R. 查克拉瓦蒂和达特（1987），埃波特（Ebert，1987，1988），勒布雷顿和特兰尼（1987），迈耶（Meyer，1987），肖罗克斯和福斯特（1987），巴塔查里亚、查特吉和帕尔（Bhattacharya，Chatterjee and Pal，1988），艾科恩（Eichhorn，1988a，1988b），福斯特、马宗达和T. 米特拉（Foster，Majumdar and T. Mitra，1988），福斯特和肖罗克斯（1988a，1988b），达特和D. 雷伊（1989）。当然，还有其他文献，由于数量众多，在此恕不一一列举。

① 关于福利主义和功利主义的一般区分，可参见森（1917a，1979b）及森和威廉斯（1982）中的"前言"。

② 关于这个问题，参见科尔姆（1977），阿特金森和布吉尼翁（1982），马苏米（1986），福斯特、马宗达和T. 米特拉（1988）。

③ 哈恩（Hahn）于1971年首次使用了"选定商品"概念，即某人j所拥有的商品i可称为"选定商品ij"。这个向量包含着与费希尔（1956）提出的"商品矩阵"相同的信息。这个向量所包含的信息量可按规范化的公式系统地加以处理从而获得有用的结果。详见森（1976b，1979c）、哈蒙德（1978）、罗伯茨（1980b）。其相关问题可参见格雷夫（1977），P. 达斯格普塔和希尔（Dasgupta and Heal，1979），阿特金森和布吉尼翁（1982），布罗德和C. T. 莫里斯（1983），奥斯马尼（1982），阿特金森和布吉尼翁（1987），巴塔查里亚、查特吉和帕尔（1988）。

社会福利也可视为每个人的生活内容向量（或每个人的能力集）的复合函数。不同的社会福利函数将影响到相应的人际比较的方法。

这样，即使是对社会福利进行评估，最终也会涉及对不平等评估的多个评估域进行选择的问题。在评定其他目标（指除总社
95 会福利外的其他目标）时，评估域的选择问题也会随各自目的而改变。在这个意义上，"什么要平等"的问题就没有一个清晰的答案，除非明确指出此问题背后的目标所在和动机所在。

实际上，有两种分析程序常被用于不平等评估的步骤基础。[①]第一种是通过不平等评估来分析社会正义，尤其是在分析政治伦理学和社会伦理学框架里的社会的"基本结构"（如罗尔斯的"作为公平的正义"）时。具体方法已在第 5 章论述过，这里不再赘述。显然，这种方法对于公共政策的规范分析有参考作用。

与"基于正义的不平等评估"（常出现在现代伦理学和政治哲学的探讨中）相比，第二种分析程序更多出现在福利经济学的分析之中，主要见诸社会福利不平等的分析中（假定收入向量决定社会福利水平）。此问题的早期研究者如多尔顿（1920）、科尔姆（1969）、阿特金森（1970b）等已有专门的论述，也有导读性的著作（包括我的《论经济不平等》）。我将其称为"基于福利的不平

① 另一种分析思路是调查人们对不平等的一般态度。关于这一点，可参见亚里和巴-希勒尔（Yaari and Bar-Hillel，1984）、埃米尔和考埃尔（Amiel and Cowell，1989）、菲尔茨（1990）。关于此方法在对不平等测算的直观判定的系统运用问题，可参见特姆金（1986）。

等评估”问题，并在本章下节给出有关此问题的一些方法论上的评价。

6.4　基于福利的不平等测定

1920 年，多尔顿先生在此问题上做出了先驱性贡献：用社会福利的损失来测算不平等——而他用的却是简单明了的功利主义者的社会福利函数［多尔顿（Dalton），1920］。社会福利被定义为社会成员个人效用的总和，而个人效用又被定义为收入函数。同样的效用函数适用于所有人。实际上，当给定的总收入在所有人之间进行分配时，由于收入的边际效用递减，平等分配会使社会福利最大化 96
（产生与总收入相对应的最大总效用）。[①] 多尔顿用实际效用总和与最大效用值总和（通过向所有人平等地分配给定的总收入所得到的效用总和）的差数百分比来表示总收入的不平等程度。

由于多尔顿的不平等测度方法是基于效用进行的，因此对个体效用的可测量性和可比较性的要求极严。实际上，要描述这个差数百分比（比如说总效用下降了 17%）并非易事。[②] 与此相比，阿特金森（1970b）的不平等指数是基于收入测算的，测算的是与

---

① 这也是前面讨论过的著名的“多尔顿转移原则”的基础。该原则认为，从富人那里拿出 1 单位的收入给穷人会增加整个社会的福利，同时也可降低不平等的程度。该原则已被广泛应用于有关不平等的规范测量的专著里。可参见阿特金森（1970b，1975，1983），P. 达斯格普塔、森和斯塔雷特（1973），罗斯柴尔德和斯蒂格利茨（1973）。

② 实际上，这就要求效用函数具备比率量度的可测量性和可比较性，这同样是要求极高的假定。关于此问题，可参见森（1977b，1986a），格弗斯（1979），罗伯茨（1980a），布莱科比、唐纳森和韦马克（1984），达斯布里蒙特（1985）等。

不平等的收入分配有关的社会损失（从等价收入差数的角度来测算）。阿特金森测算的是收入分配的不平等程度，即总收入的降幅百分比：在不改变总社会福利水平的情况下降低总收入至完全平等的分配状况时所减少的收入占总收入的百分比。譬如，按照该测算方法，会有这样的判断：如果总收入降低 22%，只要分配平等，对社会来讲，这样的结果与总收入降低前的不平等分配的结果没什么两样，因而是可以接受的。收入分配越不平等，则我们可接受的总收入的降幅就越大，只要在不降低社会福利的情况下平等地分配这个减少后的总收入。“平等分配的等价收入”（equally distributed equivalent income）水平（在上面的例子里是低于实际收入 22%的分配结果）是阿特金森测算方法的一个关键概念，阿特金森测算方法就是比较这个参数与实际收入的差别（在这个例子里是 22%）。

阿特金森的测算方法及相关的不平等测算方法上的特征我已
97 在其他地方讨论过（当然不如本章详尽）。[①] 阿特金森的方法优于多尔顿的方法之处在于，在描述社会福利时其效用的可测量性和可比较性要求方面不如后者苛刻，指标操作均可在收入域里完成。阿特金森的方法更能接纳非功利主义的社会福利函数，即使——如前面讨论的——他实际上仍将社会福利看作个体的 u 值（u 通常

① 在 *OEI* 第 3 章里有详细论述。亦可参见科尔姆（1976）、布莱科比和唐纳森（1978，1984）、阿特金森（1983）、福斯特（1985）。在随后的章节里讨论的问题适用于整个不平等的规范性测量方法类别。我重点评论了阿特金森的分析方法，因为他的方法清晰判然，在有关此类问题的分析专著里比较有代表性。

指个人效用，但也不妨作其他解释）总和。确实，在阿特金森的方法里变换一下社会福利函数的形式并不难，只要确保（1）社会福利最终只能是收入向量的函数和（2）对于任何给定的社会总收入，只有平等分配才能使社会福利达到最大化。①

这种方法的长处很明显，阿特金森的系列测算指标（当然，个人收入与社会福利之间的关系可以有不同的假设）不仅被广泛用于规范测算的专著里，通常也用于公共经济学里。特别是，“平等分配的等价收入”这个重要参数将不平等测算与公共政策的评估直接联系起来，这是极为有用的方法。

但是，阿特金森的方法仍有重大的不足。首先，由于不平等除了有**规范性**的内容，还有**描述性**的内容。对不平等的纯规范性测算方法有时会与有关不平等的某种明显的直观判断相悖。例如，假定个人的效用是个人收入的线性函数（即假定收入的边际效用不变），那么根据功利主义的社会福利函数，“平等分配的等价收入”将与实际的收入相等，因为这时不存在由于收入分配不平等而造成的总效用损失。在这种情况下，依照阿特金森的不平等指标（该测算方法将由于不平等造成的社会福利损失等同于不平等本身）就会得出每一种收入分配方法——不管是事实上有多么不平等——的不平等度实际上都是零的结论。假定收入总数为 100，在两个人之间进行分配，则（1，99）的分配结果的不平等程度与 98

① 在我的 *OEI* 里，有总结性的公式。亦可参见科尔姆（1976）、布莱科比和唐纳森（1978，1984）。

(50，50）的分配结果相等。但无论从收入的角度还是从效用的角度看，这都与事实不符。显然，（1，99）的方案相当不公平。

更重要的是，当我们采用越来越“凹”的效用函数（即随着收入的增加，边际效用递减的幅度越来越小）时①，阿特金森的不平等规范性的测算值的变化方向就会与实际的个体效用值不平等的变化方向相反。当边际效用递减速度减慢时，直观地看，个体间的效用差距（与个体间的收入差距相联系）就要增大。这样，与给定的收入不平等水平相联系的效用不平等水平也增大。另外，随着边际效用递减速率减慢，总效用损失（收入不平等的结果）就变小了。这样，按照阿特金森的测算方法（多尔顿的测算方法也是如此），该不平等的测算值就不是变大而是变小。这就有些有悖常理：对于任何给定的收入分配，人们所拥有的效用不平等程度越大，不平等的度量值就越低。② 阿特金森的指标值的变化方向（如下降）就与直观的收入不平等（是一个静态值）的事实相反，也与直观的效用不平等的变动方向不一致（这时会呈上升的方向）。

阿特金森方法的悖理之处或许在于其自身极为混乱，或许不

① 这种解释是可能的，即把“效用函数”视为给个体的效用水平赋值，而不是把它视为一种纯分析的工具——这种分析工具用可对每个人的收入进行加总的函数（用 y_i 表示）来表示社会福利。效用 $u(y_i)$ 并不表示任何个体 i 的特定特征。关于这个问题，可参见阿特金森（1983）。

② 这样的讨论有些过于简单，读者感兴趣的话可查阅森（1978b）带图表的详细论述。还可参见森（1984）。关于不平等的哲学意义上的讨论，可参见本特·汉森（Bengt Hansson，1977），也可参见阿特金森（1983）。由于这并不是本章的中心问题，这里我不做深入讨论，否则就有可能偏离正题而转向虽与本章主题相关但并非关键的问题上。

是，我们且不去讨论它，但它的确可以激发我们对不平等定量测算方法的特征的关注——该方法对评估不平等的程度极为重要。阿特金森所设计的指标及其他的定量测算方法实际上测算的是个体收入分配结构的不公平程度（通过选定的社会福利函数来测算），而并不是专门测算不平等本身——不论是收入不平等还是效用不平等。在一个给定的个人收入框架下（也就是给定的收入分 99
配不平等），一个“凹”度小的效用函数会使阿特金森指标值下降，准确地讲，当不同个体的效用差距拉大、效用不平等程度上升时，阿特金森指标值就要下降。

倘若按照选定的社会福利函数，把阿特金森指标值视为收入不平等分配“差到什么程度”（总福利究竟损失多少，这里就是指平等分配的等价收入值减少了多少）的量度，就根本不会有上述悖理。举个例子，由于边际效用递减较慢，个体间的效用不平等程度可能会拉大，但效用总和却接近于最大值。这时，根据阿特金森指标，我们就可以说社会总福利的损失值是小的。

接下来就要详述阿特金森测算方法（已被广泛应用于福利经济学和公共政策分析之中）的有关内容，即对收入不平等的社会福利含义的评价。阿特金森的测算方法里对收入不平等的关注是其主要内容。当边际效用递减缓慢，收入的不平等分配的无效率性就要降低。阿特金森的不平等指标测算的正是这种社会福利的无效率性。将其称为“不平等指标”未免有些误导，尽管这个指标与阿特金森测算因不平等而造成的社会福利损失的目标紧密相关。

第二个问题关乎社会福利函数的表达。阿特金森选择了辅助函数的形式，而在此之前的多尔顿则特意选择了一个功利主义的社会福利函数，且不考虑造成效用分配的不平等的原因。这些特征可能会发生变化，实际上也可以不必设辅助函数，当然还可避免功利主义之嫌。① 但正如前面所述，这个框架要求（1）社会福利必须最终是收入的函数及（2）在给定总收入的情况下，只有平等分配才能使社会福利达到最大化。我已经论述过为什么这些假定还会引起争论。确实，本书关注的是如何突破关于不平等分析视角的限制，而原有的不平等评估视角是建立在这些假设及相关假设（已被广泛应用到福利经济学中）的基础上的。

100 如果将社会福利视为个体福利的函数，则必须考虑到不同个体在将收入转化为个体福利时不同的“转化率”，必须注意不同个体在“收入-生活内容”及“收入-能力”方面的人际差异。这些影响“收入-个体福利”关系的换算因素必须考虑进去。在考虑进这些因素后，我们就会发现，上面的假设（1）是存在问题的。即使不同个体的换算率参数都是确定的，由于特定群体的参数差异（例如，性别、年龄、环境等）及个体参数差异（例如，遗传特征等），收入的平等分配也可能产生不平等的个体福利水平。这样，换算率在个体间的差异之大是不难想象的。在这种换算率下，收入的平等分配可能会产生差的社会福利，这样假设

① 参见森（1973a）、阿特金森（1983）、布莱科比和唐纳森（1984）。

（2）就不可接受。[①]

即使暂且承认社会福利是个体福利函数的基本假设，这些问题也仍存在。如果没有这两个假设，我们就会直接注意到人们所享受的自由（按照此书前面的论证）。这样，这种方法所必需的两个假设都面临着极大的困难。

所以我们得出的结论就很可能与此类似。如果我们增加一些限制性的条件，如个体间的差异不予考虑，则阿特金森的测算方法还是有用的。利用这样的框架去分析“收入-个体福利”时，就不会考虑个体间的巨大差异。该框架也不考虑将自由作为一个良性运行的社会的构成变量的重要性（当然也不会将其视为社会福利的决定性因素）。但由于原分析框架已被视为福利经济学和公共政策分析的样板工具，阿特金森方法并没有在原有的基础上增加什么限制性条件。事实上，原来的框架倒可以使计数过程更系统，也更有效率。我们不必怀疑该方法在一定条件下的有用性。虽然称阿特金森的测算方法为“不平等测算方法”未免有些误导（这 101
与“分配不公”不同。如果在分析社会福利时考虑到效率，阿特金森指标值即可视为“分配不公”的测算方法），但阿特金森的测算方法并非一无是处。而我们必须清楚，我们究竟要做什么，以及为什么这样做。

如果在福利分析和公共政策评估时能够充分认识到人际相异

---

① 在这种情况下，“多尔顿转移原则”在社会福利最大化的论述里就不会得到支持。例如，将收入多但体质差的人的部分收入转移到收入少但身体强壮的人那里可能不会增进社会福利。

性（这是基本的事实，而且涉及面极广），则阿特金森的测算方法就必须做较大的修改。改进的方法是从收入域切换到构成个体福利和自由的因素的评估域里——如果接受前面讨论过的自由的内在重要性。社会福利分析就会采取一种不同的形式，不平等的评估和分配不公的程度也会反映该重大变化。

在下一章里，当我们检视并讨论有关贫困指标时，将会看到我对当前使用的贫困指标的批判。① 这些标准的量度基本上都是围绕收入域进行的，而且都忽视了人际相异性这一基本事实及人类自由的重要性。

① 恐怕也包括我曾提出的“森贫困指标”[森（1973c，1976a)]。

第 7 章

贫困与富裕

7.1　不平等与贫困

判定贫困的主流方法是明确设定一个“贫困线”（poverty 102
line），收入低于此“贫困线”者就可被认为是贫困者。现在仍广泛使用的、常规的测量贫穷的方法是：统计低于贫困线的人数，即所谓的“人数计数法”（head count）。“贫困指数”也相应定义为低于贫困线的人数占总人口的比例值。这种方法简洁明了，易于操作，因而被广泛应用在关于贫困与剥夺的实证研究论著中。

这种贫困测量方法包含两个不同——当然又相互联系——的步骤：（1）对贫困者的**甄别**；（2）**汇总**贫困者的特征以得出综合的贫困指数。在传统的“人数计数法”里，对贫困者的识别是通过收入“贫困线”来“一刀切”完成的。这样，第二步就仅仅是统计一下这些贫困者的人数并算出低于贫困线的人口比例，即“贫困者人数比率”（head-count ratio，可用 H 表示）。该方法的两个步骤完全是从收入低这个角度来看待剥夺的。①

① 一般说来，“人数计数法”可同其他识别贫困者方法一起捆绑使用，而不是单从低收入这个单向维度出发。而实际上，“人数计数法”几乎都是只用低收入“分界线”。

但在汇总的步骤中，仅仅是简单地进行统计，却忽略了这样的事实：人们的收入可能稍微低于贫困线，也可能低很多，并且收入在贫困者之间的分配本身就可能会不平等（当然也可能是平等的）。最近有关贫困的技术性测算中已充分注意到了用 H 来测量贫困程度的重大不足。这里我想先谈一下对第二步（“汇总”方
103 法）的改进，然后在下一节分析上面提出的第一个问题，即将“低收入”作为贫困的特征所掩盖的系列问题（该理念对甄别和汇总步骤均有影响）。

实际上，还有一种与“人数计数法”类似的汇总统计方法（在传统的关于贫困的论著里曾出现过，虽然并不常用[①]），这就是所谓的“收入差值”。该方法测量的是一个收入的“拟增加值”，即将依贫困线确定的贫困者都提升至贫困线以上（以消除贫困）所需的收入值的最小值。该“差值”可用“人均”的形式表示，即将这个最小增值除以贫困者的人数（通过贫困线来确定）得出的平均值。[②]

需要注意的是，正如“贫困者人数比率”H 在某些程度上对低于贫困线的贫穷者的收入完全不敏感，而只关注低于此线的人数，“收入差距比率”（income-gap ratio，可用 I 表示）则对贫困者的人数并不敏感而只对贫穷者收入的平均差值（与贫困线水平相比）敏感。我们很自然想到这两种方法可取长补短，因为它们

① 参见 W. 贝克曼（1979）、阿南德（1983）、W. 贝克曼和 S. 克拉克（1982）。

② 当然也有其他定义形式，比如，消除（每一个被确定为贫困者之间的）贫困差距所需的国民收入的比例。参见阿南德（1977）、W. 贝克曼（1979）。

各自专注于贫困的不同方面。很明显，有必要将这两个指标（或其他类似指标）结合使用。

可能有人会问：二者的**结合**使用就能全面描述贫困（姑且仍将贫困理解为**收入低**）吗？答案为否。因为不论是 H 还是 I 都不会注意到贫困者之间的收入分配状况。比如，将贫困者甲的收入转移到同样处于贫困线之下但不如甲贫穷的乙那里，则不论是转移前还是转移后，H 值和 I 值都完全不变。但很明显，这种收入转移后，总贫困程度增加了，因为甲变得更加贫困了，这种剥夺程度的增加并没有因乙的收入的增加（即使乙的收入高出了贫困线）而缓和或抵消。因此我们还需要一种统计参数来测量贫困者之间的收入不平等。我们姑且设这个参数为 D。

要构建一个有关贫困的测量推导方法（以某个公式的形式出 104
现）——该公式将上述所有三个相互联系但又不同的变量（仍将贫困视为收入低）均包含其中——并不难。这就是将表示贫困的量度 P 设定为 H、I 和 D 的函数。实际上，我本人也曾提出［参见森（1973c）和（1976a)］，不妨将贫困者之间的收入分配不平等测量量度 D 用基尼系数 G 来表示，这样表示贫困的量度 P 值就取决于 H、I 和 G 值。

实际上，该公式包含了只有 H 值和 I 值的特殊情况，即假定所有贫困者的收入都相同（这时，贫困者之间的不平等问题就不复存在)。① 在这种特殊的情况下，对贫困的测量值就仅仅是 H 值

① 当然，这根本不是必需的限制性条件。关于这一点，可参见森（1984：n. 27）。

和 I 值的乘积，即 HI。该公式还要求：当贫困者的收入不平等（一群人比另一群人更为贫穷）时，每个贫困者的收入差数的单位权重是随着他的贫困等级的增加而增加的，即最贫困的人，其权重最高；反之，“最富的”穷人的权重最低。比如，我们可设定等级数为 n 的“等级序数权重”，根据收入差数，将“最穷的”穷人的权重赋值为 n，于是我们就得到一个对总贫困程度进行测算的方法，这种测算方法考虑到了收入分配的不平等状况（用基尼系数表示）。①

自从法国数学家博尔达（Borda，1781）首先将“序数”方法用于选择分析，“等级序数权重”已被广泛应用于社会选择理论。该分析方法运用了“权重”的思想（及该思想所暗含的“总体位置”方法），该思想显然优于简单的序数信息。② 博尔达的“权重”思想在应用到不平等测量时还可同基尼系数（测量收入不平等的
105 最常用的量度）联系起来，这十分有趣——当然从应用的角度看又相当有用。③

---

① 由此引申出的公式是：$P=H[I+(1-I)G]$ 要想对该测量方法及由该公式所推导出的证明有更深入的了解，可参见森（1976a）。需要注意的是，在所有贫困者的收入都相等的情况下，G 值为 0，这时的 P 值就等于 HI。

② 关于序数方法在社会选择方面的应用问题，可参见阿罗（1951）、森（1970a）、铃村兴太郎（1983）。在森（1974，1976a，1976b，1981b）的一些文章里，在涉及经济学和发展研究中的贫困测量问题的章节里，对如何描述总体的“地位方法”（positional approach）和博尔达序数方法的使用问题，已做了专门的探讨。

③ 有关基尼系数的特征，可参见 *OEI* 第 2 章。关于基尼系数的特征、洛伦兹曲线对比及相关问题，可参见格雷夫（1946，1977，1985），科尔姆（1968），阿特金森（1970b），纽伯里（1970），舍辛斯基（1972），P. 达斯格普塔、森和斯塔雷特（1973），森（1974，1976b），派亚特（1976，1987），考埃尔（1977），布莱科比和达伦多夫（1978，1980），P.J. 哈蒙德（1978），伊特扎奇（Yitzhaki，1979），卡克瓦尼（1980b），罗伯茨（1980b），P.K. 森（1986），塞德尔（1986a）。

测量贫困及与此相关的可体现分配灵敏度指标的所谓“森贫困指标”已广泛应用在贫困评估中，在这些涉及孟加拉国、印度、伊朗、马来西亚、美国、巴西及其他国家的实证性著作里，都严格而又相当规范地运用了“森贫困指标”。[①] 尽管我对从低收入这个角度去探讨贫困的所谓“森贫困指标”和其他指标是否合适表示过怀疑，但不应怀疑这些实证性著作通过运用分配灵敏度来测算不平等所做出的分析方法上和应用上的贡献。

在收入的统计数字比其他类型的数据更容易得到的情况下，以收入域为中心来测算不平等就在所难免。[②] 在收入域里，由传统的以“贫困者人数比率”（H）所测量的贫困指标来制定的反贫困政策往往会在实际执行中发生偏离，因为这种方法看不到同是处于贫困线之下更穷的人的更悲惨境况。的确，当用“贫困者人数比率”来测量贫困时，任何政府都会去关注“最富的”穷人，因

---

① 可参见阿卢瓦利亚（Ahluwalia，1978）、阿拉姆吉尔（Alamgir，1978）、阿南德（1977，1983）、巴蒂（Bhatty，1974）、萨特里（Sastry，1977）、西斯特兰德和狄万（Seastrand and Diwan，1975）、S. 克拉克和亨明（S. Clark and Hemming，1981）、绍尔（Szal，1977）、达特（1978）、菲尔茨（1979，1980a）、菲什洛（Fishlow，1980）、盖哈和卡兹米（Gaiha and Kazmi，1981）、范欣内肯（van Ginneken，1980）、卡克瓦尼（1980b，1981，1986，1988）、孙达拉姆和滕达尔卡（Sundaram and Tendulkar，1981）、奥斯马尼（1982）、潘图鲁（Pantulu，1980）、萨特里（1980a，1980b）、亨明（1984）、R. 雷伊（R. Ray，1984b）、盖哈（1985）、巴布（Babu，1986）等。近年来，还出现了依类似的分析思路而来的其他重要实证研究成果。

② 对收入域的应用有时甚至被拿来和消费支出做对比。的确，在关联性更强的情况下，使用消费支出的效果会相当好。但在实际的运用中，消费支出的使用常受到限制，因为要得到可靠的消费支出信息很难。

为这样一来穷人的数量（及“贫困者人数比率”H）很容易降下来。①在对贫困的实证性测算里，如果换成“分配灵敏度”（表示
106 分配状况的一个量度），则利用收入数据的效果就会相对好些，尽管在收入域的分析框架下仍有诸多限制。

到目前为止，学术界已普遍接受了在不平等测量里引进“分配灵敏度”的指标，其他对分配敏感的贫困测量方法也可见诸一些理论著作里（通过运用表示贫困者之间的不平等量度 D 和其他综合的数学表达式）。②这里我不评论这些不同的测量方法的各自长处，也不会去评论源于对贫困进行综合测量的三方面问题（H、

① （与这种思维方式相联系的）对印度的贫困问题的争论，可参见森（1973c）、阿卢瓦利亚（1978）、达特（1978）、S.R. 查克拉瓦蒂（1981）、L. 查克拉瓦蒂（L. Chakravarty，1986）。这种政策下的对剥夺现象不敏感、对分配问题不重视的问题有诸多表现形式。例如，如果仅用没有合适房子的人的数量来衡量“无家可归”的程度，则解决该问题就往往会想到容易做到的补救性措施，而不会顾及“无家可归”的程度及由此而来的悲惨程度的增加。

② 关于此问题尤可参见阿南德（1977，1983），L. 泰勒（1977），德雷夫诺夫斯基（Drewnowski，1978），滨田宏一和高山宪之（Hamada and Takayama，1978），高山宪之（1979），索恩（1979），布莱科比和唐纳森（1980），菲尔茨（1980a），卡克瓦尼（1980a，1980b，1981），萨特里（1980a，1980b），S.R. 查克拉瓦蒂（1981，1983a，1983b），S. 克拉克、亨明和厄尔弗（S. Clark、Hemming and Ulph，1981），奥斯马尼（1982），孔达和史密斯（Kundu and Smith，1983），福斯特、格里尔和托尔贝克（1984），福斯特（1984），R. 雷伊（1984a），比格曼（Bigman，1985，1986），利普顿（1985），考埃尔（1986），唐纳森和韦马克（1986），乔根森和施莱斯尼克（1986），塞德尔（1986a），阿特金森（1987，1989），刘易斯和厄尔夫（Lewis and Ulph，1987），派亚特（1987），R. N. 沃恩（R. N. Vaughan，1987），贝斯利和坎伯（Besley and Kanbur，1988），布曼等（Buhmann et al.，1988），福斯特和肖罗克斯（1988a，1988b，1991），拉瓦利昂和范德瓦勒（Ravallion and van de Walle，1988），斯梅丁、雷沃特和奥希金斯（Smeeding，Rainwater and O'Higgins，1988），布吉尼翁和菲尔茨（1990），帕塔奈克和森古达（Pattanaik and Sengupta，1991）等。

I 和 D）的不同表达方式。① 我觉得，在收入域里测量贫困的主要问题是：有必要对这三个方面都予以关注——特别是与分配灵敏度结合考虑，而不是说仅在很特殊的情况下才考虑结合使用。② 在当前的研究中，在这个问题上，首要的仍是对运用收入域本身去测量贫困是否合适的疑问。该质疑是针对**所有**从低收入的角度看 107
待贫困的测量方法的。

7.2　贫困的实质

假设有两个人，其中甲的收入略低于乙，但乙因为肾有问题而需要购买透析机，这将花去他很多钱。这样乙就陷入了比甲还贫困的境地。于是问题出现了：甲和乙究竟谁更贫困？是甲吗？因为他的收入比乙低。抑或是乙？因为他的"能力集"受到诸多限制。

这个问题听起来像是语言学里的文字游戏。我们可能这样认为：说谁更贫困无关紧要，只要我们严格界定什么是贫困即可。这颇有些哲学上的"唯名论"嫌疑（不可否认，唯名论确实有相

① 一个已引起关注的问题是坚持贫困测量的"可分性"。可分性当然是便利的属性，允许我们将之用于子群的贫困测量方法来全方位地描述贫困。该方法相当有用。可参见诸多对此问题及相关问题有帮助的分析方法的专著，也包括暗含此种思想的诸多文献［参见阿南德（1983），福斯特、格里尔和托尔贝克（1984），考埃尔（1986），福斯特和肖罗克斯（1991）］。还有一个更大的问题是，假定贫困指数以这样的方式组合是否明智：在某些特殊的情况下，描述某一群体的贫困指数时不去过多考虑其他群体，而且在描述贫困时除了已有的指数不再引进其他指数。

② 可参见福斯特（1984）、塞德尔（1986a）提出的批评和比较分析，亦可参见阿特金森（1987，1989）的一般方法论意义上的批评。还可参见森（1981a，1983b）。

当的影响力），但事实不可否认：在大多数社会里，“贫困”仍是受到关注的主要问题；在提出此类问题时，如何界定贫困就与实际的政策发生了联系，所以，我们的确面临着一个重大的问题。由于“贫困”一词以各种形式广泛使用，而多方使用的结果是限制了对贫困这一概念的本质的认识，所以我们无法完全自由地根据自己的偏好去定义贫困。

贫困问题既有**描述**的形式，也有**政策**的形式。按第一种形式，在确认贫困时实际上就是承认了剥夺。一些政策建议可能会据此而提出，但这些政策建议只是依描述性分析的结果而来的。第一步就是确定哪些人真正被剥夺了在该社会里被认可的东西。在第二种形式里，在某个政策建议下确定了贫困，即主张社会必须采取措施应对贫困。① 在第二种形式里，贫困只是被视为公共行为领域的一个“焦点”，描述性的分析方法反而成了衍生的。与此相反，在第一种形式里，对贫困的描述性分析是本，而政策结论才是衍生的。

我们没有必要花大量时间来对这两种形式进行取舍。在其他文章里我就主张采用第一种形式，即描述性的分析方法。这样，对贫困的“特征描述”就**优先于**政策选择。② 借以消除严重剥夺的公共资源的不可获得性有可能使我们重新回到对贫困本身的定义
108 上来，而强调描述性的方法就可避免这一点。例如，假如一个国

① 可参见贝克曼（1979）关于与政策有关的贫困观点的讨论。

② 该观点是森（1979b，1981a）提出的。在此问题上，我的观点仍不变，只是我不再像从前那样明显重视反对意见。

家或社会缺乏消除极端经济困难的措施，那么，它们可能会以此反对这样的政策建议：应通过投入必要资金以应对剥夺问题，但实际上政府拿不出这笔钱。① 但拿不出钱的事实本身并不能够使我们得出这样的结论：贫困并不存在或根本不严重（如果完全按照政策的形式来界定贫困，我们就会得出这样的结论）。

当然，政策形式的分析视角有时也是可行的，但要认识贫困就必须超越政策角度。即，第一步是要判断什么是社会剥夺，以此来决定我们的应对措施（如果我们能拿出措施）；第二步是按我们的措施去制定社会政策的选择。从这个意义上讲，对贫困的描述性分析就优先于政策形式的视角。

然而对贫困的描述性分析该如何进行？因为这是一个基本的描述性步骤，我们不应犯这样的错误：贫困分析一定要独立于对其进行贫困评估的社会之外。即使描述中的“客观性”需求也并不要求社会同一性的假定（有时就是这样预设的）。究竟什么是严重的剥夺会因社会而异，但如果从社会分析的角度看，这些差异恰是客观性研究的内容。② 诚然，如何精确地进行关于“社会剥夺”的定量判断，应该考虑到社会差异，但在判定社会剥夺的基本步骤里对不同的社会究竟如何看待剥夺不应过于关注。否认那种联系并不能表明多么客观，而只能表明多么无知。

当然，社会差异的存在并不妨碍在“究竟什么才是严重剥夺”

① 这倒应了那句老话：“应当即可能。”关于这个哲学问题，可参见黑尔（1952）。
② 此问题可参见森（1980b）。

这个问题上取得一致意见。的确，如果我们关注于某个基本的、一般的生活内容域及相应的能力域，则对它们的重要性就会很容易取得一致；而如果只关注某一特定物品域和实现某些特定的生
109 活内容的话，要取得一致就不那么容易了。譬如，不同的文化（及不同的个体之间）在免于饥荒或严重营养不良比足量供应某种食品（如某种具体的肉、鱼、谷物或其他食物）更重要这样的观点上更易取得一致。同样，在对娱乐的需要和是否具备参与到社会活动中的能力的重要性这样的问题上很容易取得一致，而对娱乐的形式或所属社会生活所要求的能力的实现方式要取得一致就不那么容易。[①]

实际上，这就是为什么从“能力缺失”这个角度去理解贫困要优于从无法满足某种特定物品的所谓“基本需要”的角度去理解的原因之一。对“基本需求”的专著及对“生活质量”的相关研究大大有助于我们关注对必需品和服务的剥夺现象及它们在人类生活中的重要作用。[②] 我们的基本动机应更多地放在取得某种基

---

① 我已讨论过这些问题，见森（1980b，1981a，1983d）。至于与相同的一般的生活内容相联系的表现形式因不同的社会而异的基本观点，则要追溯到亚当·斯密（Adam Smith，1776）。这与亚里士多德的“不可比的长处”有相似之处，关于此点可参见努斯鲍姆（1988b）。

② 对于其一般的方法的精彩讨论可参见斯特里滕等（1981）。关于与其相关的问题的讨论，可参见潘特等（Pant et al.，1962），阿德尔曼和 C. T. 莫里斯（Adelman and Morris，1973），森（1973d，1981a），P. 巴德翰（1974b，1984），阿德尔曼（1985），格兰特（Grant，1978），M. D. 莫里斯（1979），奇钦尼斯基（Chichilnisky，1980），P. 达斯格普塔（1986），德雷兹和森（1989），联合国开发计划署（1990，1991），德塞、博尔特维尼克和森（1991）。

本的生活内容和取得相应的能力上。[①] 只要“基本需求”的分析方法所隐含的逻辑论证方式与赋予人们借以获得某种基本的生活内容项的经济谋生手段联系起来，则个体之间在将物品“转化”为相应的生活内容项时的“转化率”差异问题（如前几章讨论过的）也就可以避开——我们可直接从生活内容域而不是商品域去审视这个问题。[②]

7.3　收入不足与收入低

按照前面所讨论的，我们认为应将贫困视为达到某种最低可接受的目标水平的基本能力的缺失。[③] 与这种分析相关的生活内容域包括从基本的物质要求（如幼有良育、足食丰衣、有屋可住、
有病能医等）到更复杂的社会成就需求（如参与社会活动、体面 110
地出现在公众面前等）的各种需求层次。这些都是极为“普遍”的生活内容。但如前面曾论述的那样，这些要求以何种方式实现却因不同的社会而异。

这种从能力去看待贫困的方法与（1）从低效用的角度来审视贫困及（2）将贫困看作低收入（或者更一般地，基本善或资源的较低拥有程度）的方法恰成鲜明对比。[④] 前几章的分析已阐明了为

---

① 关于这个问题的概述，可参见森（1984，1985b）、斯特里滕（1984）、斯图尔特（1988）、K. 格里芬和奈特（1989）。

② 关于此问题可参见 K. 格里芬和奈特（1989）。

③ 可参见德塞（1990）、霍塞恩（1990）。亦可参见森（1980a）、K. 格里芬和奈特（1989）。

④ 其相关问题可参见古丁（1985，1988）。

什么不能将效用或收入（当然也不是基本善或资源）等同于个体福利。用效用或收入来衡量贫富程度未免失之偏颇——它们并不起决定性作用。特别是，由于贫困概念与经济剥夺的联系显而易见，则将贫困视为低收入的方法还需要进一步改进。

可以这样说，贫困并不是个体福利少，而恰恰是缺少追求个体福利的能力（由于经济能力不足）。如果有位富翁腰缠万贯——只要他想要的没有买不到的，从而穷奢极欲，坐吃山空，最后落得悲惨境地，则称他为“穷人”就未免让人匪夷所思。他本来可以生活得很好，过着没有被剥夺的生活，但他却自己给自己不断制造被剥夺的机会，而这一事实并不足以将他列入“穷人”的行列。这种分析问题的方式毕竟与从收入剥夺的角度去看待贫困的分析方法有所不同。

这种推理方式当然有其长处。它确实将我们向视贫困为收入剥夺的“方向”引导，但最终却还是没有将我们引领到位。其他的差别也应予以考虑。需要注意的最重要的一点可能就是：经济谋生手段是否充足并不能只从将收入和资源转化为生活内容域里的能力的实际可能性去判断。在本章第 7.2 节开头的例子里，肾有问题从而需要透析机的乙可能收入比甲还多，但对他而言，仍是经济谋生手段（以收入形式表现）不足，原因在于他将收入和资源转换为生活内容时存在问题。如果我们想从收入的角度去判
111 断是否贫困，则只关注收入（即只看收入是高还是低）而不关注源自这些收入的生活内容域里的能力还不够。收入是否多到足以

摆脱贫困，还会因个人的特点和所处的环境而异。[1]

贫困的基本含义是指最起码的能力的缺失，即使贫困同时也意味着经济谋生手段（免于能力缺失的手段）不足。举个例子，如果一个人新陈代谢速度过快，或体形大，或有寄生性疾病，需消耗大量营养，与没有这些不利条件的人相比，即使是同样的收入水平，他也未必能满足最低的营养需求。虽然收入相同，但如果说他比后者更贫困，其理由恐怕就在于他的能力缺失值（我们的关注点）更大一些。在既定的个人禀赋和特定环境下，上述系列事实可表示为收入的更大不足。收入不足并不是指收入水平低于外设的“贫困线”，而是指收入水平不足以使他实现特定的能力水平。

在收入域里，贫困的相应概念就是实现最起码的能力的收入不足（inadequacy），而不是与个体特征无关的收入低（lowness）。[2] 漠视个体禀赋特征的“贫困线”往往遮蔽了我们对贫困背后的关注所在，即由于经济谋生手段不足而造成的能力失效。要理解这一点，通常要在与阶级、性别、职业群体、雇佣地位等相联系的群体（每个个体都会归入相应的群体）里理解。[3] 如果我们选择在收入域里表示贫困，则所必需的收入就与最起码的能力要求（这才是因）相联系。

这个问题与下面的事实相联系：贫困分析的首要关注点是可实现某种生活内容的能力。前面讨论过的例子还是能说明这个问

---

① 关于这个问题，可参见希默尔法布（Himmelfarb，1984）。

② 在对英国的贫困问题的早期研究中，朗特里（Rowntree，1901，1941）本人就非常关注收入不足——而不仅仅是收入低——的问题。

③ 关于此种分类将在第 8 章讨论。

题的：甲有经济能力却出于信仰而实行斋戒，乙则由于缺乏经济
112 能力而面临饥饿。虽然两人都可能最终面临饥饿、营养不良，但没有经济能力（从而也没有得到足够营养的能力）的乙确是贫困的，而实行斋戒的甲则不然。所以对贫困分析的焦点应是能力而不是成就（即使我们有时会用成就信息去**推测**他所拥有的能力）。①

所有这些都与自由和资源之间的差异（前面的章节曾论述过，见第 2 章和第 5 章）密切相关。对自由来说，资源很重要，收入对免于贫困也很关键。但如果我们的最终关注点是自由，在人际相异性的情况下，我们就不会把资源看作自由本身。同样，如果我们的最终关注点是由于缺少经济收入而造成的某种最起码的能力的缺失，我们就不能把贫困简单地等同于低收入，而不顾个体间在收入和能力之间的转化率的不同。判断某个收入水平是否充足，正是从能力的角度出发的。

7.4 概念很要紧吗?

正如上面所讨论的，“收入不足”的思维比“收入低”的思维更胜一筹，因为前者主要关注“收入—能力”之间的转化（这样

---

① 我们并不会将有能力得到营养供应但却选择不享受营养供应的人列为“穷人”，但这并不意味着在这个人受到剥夺时就不值得同情或引起注意。正如第 4 章讨论的那样，一个人在他的日常生活的安排中，优先考虑的可能不是个体福利的目标，但这并不是要求其他人也不应有正当的理由来提高（借以获得个体福利的）收入水平。贫困并不是唯一的来自他人的同情性关注的理由。例如，当圣雄甘地为抗议 1947 年的教派纷争而决定无限期绝食时，他当然有极崇高的理由，但他的朋友和怀着良好愿望的人也有正当的理由不希望看到他体质严重衰弱乃至致命的后果。

一来，由于实际产生的作用不同，可能使收入“缩水”或“涨水”）。当收入排序与（将收入转化为能力时的）相对优势排序结果相反时，则完全从收入多少的角度（大多数国家即以此为标准）与从能力缺失的角度而来的贫困排序和对贫困的确认结果就大不相同。

当这个问题是与某些类型的剥夺一起出现时，就显得特别严重。譬如，由于生理的原因和社会因素（尤其是当这些因素与性别歧视——传统社会的产物，但现在却或明或暗地复活——一起作用时），妇女在将收入转化为某一（生活内容域里的）能力时就尤其居于劣势。想想社会中方方面面的例子，就会发现这样的能力劣势见诸下列事实：营养供给不足（比如，在怀孕期及哺乳期需要供给营养），安全感不足（比如，单亲家庭），想获得一份不分性别的工作并不容易（比如，由于“那是女人的事”的思维定式），在个人职业生涯的早期即树立起职业声望很难（比如，由于不对称的家庭生活需要），等等。如果我们只关注收入的多少，则剥夺的程度就可能被低估，因而有必要明确地引入能力缺失，这在上述例子里就表现得特别突出。 113

同样，收入和能力的关系也大大受到下列因素的影响：年龄（例如，老年人和青年人有不同的特定需求）、居住地（例如，在市区居住面临的安全问题）、传染病的发病情况（例如，某些地区在地方病面前显得相当脆弱），当然还有其他影响参数。① 总之，

---

① 对美国的这些因素的分析，可参见丹齐格和温伯格（Danziger and Weinberg，1986）。对影响美国剥夺程度的不同类型的非收入变量分析，可参见帕尔默、斯梅丁和托里（Palmer，Smeeding and Torrey，1988），科斯和卡茨（Case and Katz，1990），亦可参见最近的研究成果。

如果我们只从收入的角度看待“贫困”的话，有关“剥夺”的关键性方面就会整个地被忽略掉。①

有时，同样的障碍（例如，年龄、残疾或疾病）还会降低个体获得收入的能力，进而也使得“收入-能力”之间的转化变得更困难。通常，在发达国家的高比例贫困现象就与这样的障碍有关。② 在这些国家里，贫困程度被大大低估了，因为它忽视了这样的事实：在获得能力过程中获取收入的障碍与使用收入的障碍是“耦合”的。譬如，一位老人要摆脱疾病、过健康正常的生活、迁徙居住地、参加社交、拜访朋友等就相当困难。③ 这些收入使用上的障碍往往和获得收入的能力低这个特征（传统的、基于收入的
114 贫困分析的唯一关注点）交织在一起。

7.5 富国里的贫困

如果我们单看收入值本身，则无论如何都不会相信在富裕社会里一直存在饥饿现象。在美国，饥饿是与多个参数（低收入只是其中之一）有关的。④ 健康问题与社会环境有关，与医疗保健的

---

① 在对“斯堪的纳维亚地区生活条件研究”中，研究者已不仅仅衡量收入和富裕程度，还扩大到一些重要的生活内容域，其实证研究揭示出由不同的视角的分析结果比较而来的偏差的影响之大。关于这一点，可参见阿拉德（1981）、埃里克松和阿伯格（1987）。在文章中引用该结果的论文，可参见阿拉德（1992）、埃里克松（1992）、伊桑德（1992）。

② 参见阿特金森（1970a）、汤森（Townsend，1979）。

③ 参见韦德伯恩（Wedderburn，1961），汤森（1979），帕尔默、斯梅丁和托里（1988），拉斯利特（Laslett，1991）等。

④ 关于这个问题，可参见哈佛大学公共卫生学院（1985）。

供给有关，与家庭生活方式有关，当然还有其他的因素。只围绕着收入去分析贫困并不能揭示真正的问题所在。①

在这个世界上最富裕的国家里，能力丧失的程度却高得出奇。例如，由麦科德和弗里曼（McCord and Freeman，1990）发表于《新英格兰医学杂志》（*The New England Journal of Medicine*）的研究报告就指出，在繁华的纽约哈莱姆区，40 岁以上的男性比孟加拉国的男性的机会少。这并不是因为哈莱姆区居民的平均收入比孟加拉国低，该现象更多与医疗保障和对医疗问题的关注不足、城市犯罪盛行及其他诸如此类的因素有关，而这些因素都影响了哈莱姆区居民的基本能力的发挥。

在不少地区，这个问题并不局限于“剥夺集合”。在不同的群体之间高度不平等的非收入特征已有系统性的表现。譬如，在 1990 年《美国医学会杂志》（*The Journal of the American Medical Association*）的一篇文章里，作者奥滕等（Otten et al.，1990）指出，在 35～55 岁的群体里，非洲裔美国人的死亡率为美国白人的 2.3 倍，造成这样高死亡率的结果只有一半归于收入差异。透过这些可怕的事实，就其实质而言，倒也很好地说明了：为什么在评估贫困时要超越收入域的局限，而关注于无处不在的社会环境和个体差异。社会环境深受医疗健康设备不足、暴力充 115

① 对有关富国里的贫困这个问题的有趣的实证分析，可参见范普拉加、哈根纳斯和范维伦（van Praag，Hagenaars and van Weeren，1982），马克·兰斯利（1985）。亦可参见由莱顿学派［如范普拉加（1968、1978、1991）、卡普汀和范普拉加（Kapteyn and van Praag，1976）］对贫困的概念进行的研究及在福利经济学中的开创性研究。

斥的都市生活、社会照料的缺乏及其他因素的影响。收入低仅仅是影响美国贫困现象的一个因素而已。

在富裕的美国，食物“剥夺”问题在理解美国的贫困现象的本质时也极为重要。读者也许会感到奇怪，在富裕如美国这样的国家里，实际上确实存在饥饿现象。当然，在美国这样的国家里，即使最贫困的群体的收入也比穷国里的中产阶级的收入要高，但后者可免于饥馑之虞。在一定程度上，这种差异正在于这样一个事实：在富国里，同样的钱只能买到比较少的商品。[①] 即使调整了价格差异，这种看似矛盾之处仍是存在的。而且，当出现这种情况时，在价格明显低于美国的商品里并不包括食物。

从表面看，这或许令人费解；而要理解这一点，就要借助于能力视角。这种能力视角表现在以下两种不同的分析路径。其一，饥饿和营养不良都与食物摄入量和食物吸收有关。后者要大大受总健康状况影响，进而又依赖于公共医疗护理和公共卫生供给（这个问题将在下一章详细讨论）。[②] 这就是前面提到的为什么公民的医疗救护和保健护理的不平等可加速健康及营养摄入方面能力的缺失，即使按国际标准来看个人的收入并不是很低。

其二，在富裕社会里，贫困本身就是由于种种原因（我在其他地方讨论过[③]）而导致的能力的残缺。在收入域里的相对剥夺可

① 这与商品的相对价格的巨大差异有关，有关商品的相对价格可参见厄舍（Usher，1968）。

② 关于这一点，可参见德雷兹和森（1989）。

③ 可参见森（1983d）。也可参见森与彼得·汤森在此问题上的意见交换：汤森（1985）、森（1985c）。

产生能力域的绝对剥夺。在一个普遍富裕的国家里，需要花很多的钱来购买足够多的商品，以达到相同的社会性的生活内容，如“体面地出现在公众面前”。[①] 同样还有“参与到社会生活中”的能力。[②] 这些一般的生活内容都强调对商品的需求——至于所必需的商品量则因不同的社会标准而异。 116

比如，在印度农村，穿着很普通的衣服也可在公众面前出现而不觉得有失体面，没有电话或电视也可参与到社会生活中；而在人们普遍（乃至已“标准化”地）使用琳琅满目商品的国家里，要实现这些普通的生活内容，就需要更多的商品。[③] 这不仅要花费不菲以取得这种社会性的生活内容本身，而且为了弥补社会性的生活内容中所涉及的资源不足，就得动用家庭的财力——而这些家庭收入本来是用以应对可能的健康与营养风险的。只要我们的关注点从单纯的收入域走出，去关注收入（及其他资源）与各种能力之间的转化，则富国里还有饥饿这个看似令人匪夷所思的现

---

① 在亚当·斯密的著作中有关“必需品”的概念的章节里，曾详细地论述过这个问题。可参见亚当·斯密（1776：351～352）。

② 关于该成就的重要性，可参见汤森（1979）。

③ 参见汤森（1979）。汤森将贫困的这个方面解释为要求一个“全面相对主义者”的方法。另外，商品的需求不同表明了在商品域和收入域里贫困的相对性，在这里我们仍关注于能力域里的完全剥夺现象（例如，不能参与到社会活动中来）。森（1983a）提出的结论引起了热烈的（当然也不乏启发性的）讨论［可参见汤森（1985）、森（1985d）、塞德尔（1986a）、德塞和沙赫（Desai and Shah，1988）］，但主要问题仍不复杂。对于相同的生活内容，不同的商品需求与国家的富裕程度呈完全正相关的关系（比如，在富国里要获得相同的生活内容——如参加社会活动，或回到亚当·斯密的“体面地出现在公众面前”——就需要买更多的商品）。然而获取这种最起码的生活内容的能力却因不同的社会而不同，要达到相同的能力却有不同的商品需求这一判断本身，并不要求我们采取相对主义的方法去看待贫困，而只要求我们将贫困视为能力缺失。

象就不难理解。

“低收入”与“能力缺失”之间的区别确实很重要。只从收入的角度去分析贫困未免与我们探究“到底什么是贫困”（即某些人被迫过着窘迫的生活）的动机相去甚远，也无法对有关“剥夺的起源及为什么盛行”这些问题的研究提供实践上的指导。[①] 选好评估域对贫穷研究的重要性不亚于对社会不平等的全面调查。

① 关于这个问题，可参见阿拉德（1981）、埃里克松和阿伯格（1987）的“斯堪的纳维亚地区生活条件研究”的结果。还可参见阿拉德（1992）、埃里克松（1992）、伊桑德（1992）。

第 8 章
阶级、性别及其他分类群体与不平等

8.1 阶级及其划分

正如本书第 1 章所讨论的，在不同的评估域进行有关平等的 117
测量时，之所以会得出不同的结果，是因为它与人际相异性这个基本事实有关。正由于人类的差异如此之大，所以在某个评估域的平等到了另一个评估域里就未必是平等的。“什么要平等”的问题在一定程度上是基于人际相异性的事实的。这种人际相异性表现在体质上和智力上的能力差异，以及面对传染病到来时的脆弱程度、年龄、性别等差异。当然，还有影响到我们的个体福利水平和自由的社会和经济基础的差异。

这个世界上存在许许多多不同类型的多样性。如果我们试图考虑所有的差异性未尝不可，只是最后在实证研究中未免要在一堆混乱中碰壁。这样，在实际应用中就要求谨慎，同时也暗示我们：当关注于某些更重要的人际相异性时，可暂时不去考虑其他的多样性。对这种“地球人都知道”的智慧是不应不屑一顾的。的确，在那些用于指导实际论证需要和实践行为的有关不平等的严肃的研究中，没有一篇文章会否认这一点：有必要忽略某些不重要的多样性。在每一种情形下，都有这样的问题：此情形下所认定的重要的人际差异有哪些呢？

实际上，在很多情况下，对不平等进行总体分析时必须从群体的角度（而不是某个个体）开始，而且往往要将重点放到群体间的差异上。① 在进行群体间不平等的分析时，我们不得不选择对
118 人群的分类方法，不同的分类方法本身就规定了不同类型的人类差异。在有关不平等的研究文章里，使用最多的分类方法是从经济角度来划分阶级——要么按马克思主义或其他类似的方法（主要是从对生产资料的占有方式的角度出发）去划分，要么按收入多寡或财富类型去划分。

在大多数情形下，这种基于阶级的分类方法的重要性是不言而喻的。这种分类方法也很好地解释了诸如下面的情形：比如说，自由论者的权利平等却没有产生任何诸如个体福利平等或可按自己满意的生活方式去生活的全面自由的平等。这种分类方法同样也注意到（可导致不平等的个体福利和生活条件的）财富和收入的不平等的重要性，即使是在形式上的程序平等及某些特定资源

① 注意这里有一个区分：有的只对群体（及被视为群体）间的不平等这个问题本身表现出兴趣（intrinsic interest），有的则关注由群体间不平等而“派生”的问题（derivative interest），比如由于个体被放置在不同群体之中，这样，个体间的不平等就由群体间的不平等来表现。这里我们关注的是后者。关于这两种方法的区分及群体间不平等的伦理地位问题，可参见其他人的著作，如贝泰耶（1983a，1983b）、卢里（Loury，1987）。

在近来的经济和社会分析的文章里，一般都采用阶级、收入和所有权的分析方法，例如，读者可参见多尔顿（1925），库兹涅茨（1961，1966，1973），莱达尔（Lydall，1966），阿特金森（1972，1975），瑟罗（Thurow，1975），爱德华兹、赖克和魏斯科普夫（Edwards，Reich and Weisskopf，1986），达伦多夫（1988）。当代对马克思的阶级分类方法进行的分析有霍布斯鲍姆（Hobsbawm，1964），米利班德（Miliband，1977），G. A. 科恩（1978，1988），科拉科夫斯基（1978），M. 科恩、内格尔和斯坎伦（1980），A. E. 布坎南（1982），罗默（1982），马格林（1984），埃尔斯特（1986），当然还有其他许多文献，在此不再一一列举。

的分配平等——有时候美其名曰“机会均等”——的情况下。[①] 在对政治、社会、经济进行总体分析时，要多处用到这种阶级分类方法，这一点不容否认。

阶级分析也是马克思的“剥削理论”的核心。多劳少得与少劳多得的对比使得社会不再单纯是对此现象进行道德批判，转而以不同方法来对此进行理论分析。当马克思在批判蒲鲁东的视资产阶级财产为“盗窃”的论断时，他即从“有效劳动时间”的角度运用大量篇幅去描述并揭示这种对比。[②] 但如果进一步对生产进行分析，就会发现，“剥削理论”实际上涉及的是对“谁生产了产
品的哪些部分”的确认的问题。因为“剥削”被视为一个人对另 119
一个人的劳动成果的占有。

在一个一体化的生产体系下，要确定到底“谁生产了产品的哪些部分”并不易。甚至后来的新古典经济学在尝试对某一产品进行“贡献分解”时也遇到了同样的困境。正如克拉克（J. B. Clark，1902）和彼得·鲍尔（1981）的著作所反映的那样，要对基于生产的收入“应得”（desert）做规范分析，分清每个人对产品的贡献就十分重要。尽管彼得·鲍尔对“不合理的平等幻

① 对“平等的机会”这个概念的模糊性分析，可参见瑟罗（1975），拉格兰德（1982），拜尔、卡普兰和丹尼尔（Bayer，Caplan and Daniels，1983），贝泰耶（1983a），韦巴等（1987）。对于在像美国这样的标榜标准的“机会均等”的国家里为什么会出现实现成就的限制这个问题的分析，可参见詹克斯（Jencks，1972）。

② 此即马克思“劳动价值论”的一个应用。事实上，19 世纪两大价值理论——劳动价值论和效用论——都更多地关注详尽描述而不是用来预言某个事物。可参见多布（Dobb，1937）、森（1980b）、罗默（1982，1986a）。

象”的批判有诸多不同特征，但其关键立论却是“生产者有权享有生产成果”。(正如他指出的，绝不应存在这样的问题：“为什么多劳多得是不公平的?”)①

实际上，要确认到底“谁生产了产品的哪些部分”在任何一个一体化的生产结构中都显得相当随意。生产是个相互依赖的过程，涉及对诸多资源的共同使用，而且总的说来，我们无法分清何种资源到底生产出何种产品。某种资源的“边际产品”的概念并不真正关注“谁生产了产品的哪些部分”，但可通过测定每增加 1 单位资源（在其他资源不变的情况下）会对产品有多大的贡献率来指导资源的分配。要从反事实的“边际”理论（即在其他要素不变的情况下，每增加 1 单位的资源有什么样的结果）去理解在总产品中到底“谁生产了产品的哪些部分”的问题，就要用到边际计算。②

对到底“谁生产了产品的哪些部分”的确认问题同样在马克思的剥削理论中得到了运用；或许在马克思那里更明显，因为非劳动的资源在他的理论里并不怎么受重视。对待马克思的理论，如果不是把它视为对生产过程的重要阐述（从人类劳动的角度出
120 发)③，而仅仅从一个人对另一个人产品的占有的角度去理解马克思的理论，则有很多问题无法解答。其实，马克思本人也并不总坚信这个看似确定无疑的分析。即使在很多情形下，他的确运用

① 参见鲍尔（1981：17）。在第 1 章里曾提过，尽管鲍尔明确站在反对平等主义的立场上，但他自己的理论仍坚持生产者有享有他们生产的产品的“平等权利”。这里我们并不详尽展开这个问题，只是关注鲍尔所追寻的这种类型的公平的实质内容。

② 我已讨论过这个问题，参见森（1985e）。

③ 参见多布（1937）对劳动理论的经典阐述。

了这种理论，但他还是不愿将其视为他的评价体系里的中心问题［详细的讨论可参见马克思《哥达纲领批判》(1875)］。

在分析经济机会与自由的关系时，传统的所谓马克思主义的阶级分类就显得明显不够。除了阶级差异，人类还有其他方面的差异，故而要研究与需要的满足程度相关的实现平等的方式或保证自由的方式就不能用纯粹的阶级分析方法。举例来说，即使消除了所有制的不平等，也仍有源于生产能力、个人需要及其他个体参数上的差异。

实际上，正是马克思本人在 1875 年的《哥达纲领批判》里没有完全拘泥于阶级分析。这是他批判德国工人党想当然地认为“劳动所得平等”与“需求满足平等”并不矛盾的论点而提出的：

> 但是，一个人在体力或智力上胜过另一个人，因此在同一时间内提供较多的劳动，或者能够劳动较长的时间；而劳动，要当做尺度来用，就必须按照它的时间或强度来确定，不然它就不成其为尺度了。这种平等的权利，对不同等的劳动来说是不平等的权利。①

在这里，马克思将同样的劳动获得同等的报酬（且先不考虑需要）的“平等的权利”仍视为“资产阶级权利”——如果只将人类视为劳动者。虽然马克思仍坚持阶级的分类方法，但工人阶级内部的差异性还是使得他寻求其他的相应分类方法。实际上，

① 参见马克思《哥达纲领批判》(1875：9)。引自马克思．哥达纲领批判．北京：人民出版社，2018：15.

生产能力上的差异只是马克思的关注点之一。他同样关注多方面的人际差异，包括需求差异，并由此导出他著名的口号："各尽所能，按需分配"。马克思的《哥达纲领批判》里的重要内容是关于"从一个特定的方面"去对待个人的问题，尤其是"把他们只**当作劳动者**，再不把他们看作别的什么，把其他一切都撇开了"。[1]

正如马克思还特意指出的一个事实：不同劳动者的家庭规模
121 不同。[2] 可以说，就父母而言，他们能够控制——至少部分地——子女的数量（这就涉及担负自己责任的问题）。当然这并不是说他们自己就没有权利生育子女。[3] 通过运用适当的规范化的方法和"等价规模"方法，由不同的家庭规模而来的不同需求在一定程度上就可以包含于基于收入的方法之中。[4] 但有关需求差异的更一般的问题就不能用类似的方法处理。收入——或者更一般的基本善或资源——平等并不能产生同等的需求满足程度，因为需求及利用资源来使需求得到满足的程度因人而异。如果要追求个体福利或需求满足的平等，我们就必须超越以收入来决定的分类方法及

---

① 参见马克思《哥达纲领批判》(1875：9)。关于这个差异，可参见 *OEI* 第 4 章。

② "其次，一个劳动者已经结婚，另一个则没有：一个劳动者的子女较多，另一个的子女较少，如此等等。"参见马克思《哥达纲领批判》(1875：9)。

③ 这并不是否认：有必要对人口数比较大的家庭提供更多的社会帮助，由此而来的人口政策也不应忽视。之所以会引出这个问题，恐怕是源于对居于不利地位且人口数又比较多的家庭的成员福利水平和能力的关注。

④ 参见巴滕（Barten，1964），米尔鲍尔（1974a，1974b，1987），波洛克和威尔士（Pollak and Wales，1979，1981），迪顿（1980，1988），迪顿和米尔鲍尔（1980，1986），布莱科比、唐纳森和奥斯伯格（1981），阿特金森（1983，1989），乔根森和施莱斯尼克（1983，1984a，1984b，1987），布莱科比和唐纳森（1984，1988），阿特金森和布吉尼翁（1987），布曼等（1988）等。

所谓的马克思主义阶级分类（正如马克思本人所宣称的阶级）。

准确地讲，上述观点实际上与前面讨论过的观点有些相似，即将收入、基本善和资源转化为自由（可做某些事情、扮演某种社会角色及按自己喜欢的方式去生活的自由）的转化率是不同的。人际相异性既是问题之源，又是这些问题之所以重要的原因。我们既承认并不时地考虑进阶级差别与所有权和职业三者之间的普遍联系，同时还必须考虑到其他方面的差异——影响到我们的生活和所享受的自由的差异。

有时，其他资源占有的差异也部分地与阶级有关，但各资源总在某些方面独立地发挥自己的影响。例如，在美国和英国，种族和肤色与阶级有很好的统计上的正相关关系，但仅仅因为是黑人就要受到剥夺的现象就不仅仅是与阶级有关了。在一个多种族的社会，一个人的社会地位往往深受其种族特征的影响，这种种族特征在很多情况下就成为了影响他的生活内容得以实现的障碍。尽管种姓等 122
级制也经常与阶级发生联系，但种姓制还是对社会生活产生自己的影响。[①] 种族或种姓等级制对于日常生活有着极深的影响——从保障就业、享受医疗服务到得到警察的公平对待。收入分配和所有权不平等只是有关不平等理论的比较有代表性的内容，但并非其全部内容。

8.2　性别与不平等

与本章尤为相关的一个基本类里的不平等就是性别不平等。

---

① 参见斯里尼法思（Srinivas，1962）、贝泰耶（1981，1983a，1987，1990）。

不同社会男性和女性所享有自由的差异不是单一的，而是系统性的。这些差异通常并不局限于收入和资源的差异，然而收入和回报率的差异却构成了大部分社会的性别差异的重要内容。当然也有其他差异，例如，家庭内部的劳动分工、受到医疗保健和教育的程度、不同的成员所享有的自由（liberty）等。①

的确，在谈到家庭内部时，很难将家庭总收入进行分解，分清谁是谁的。这种家庭收入共享很可能会采取不平等的形式，特别是关系到需求时。但这种需求又很难用不同的收入来表示。毕竟，在谈到家庭内部分工的问题时，如果仍用收入差异来表示就显得十分牵强。② 家庭内部的不平等既是资源利用的不平等，也是将“资源”转化为生活内容域里的能力的“转化率”的不同。无
123 论怎样修正家庭内部的“收入分配”概念，都无法描述这两种不平等(资源使用和转化率不平等)。

在大部分国家——如亚洲和非洲北部国家——的农村家庭，很多可观察到的证据都证明男性和女性所受到的待遇有差异，尤

① 关于“性别差距”的不同方面，可参见阿姆斯登（Amsden，1980）、奥金(Okin，1987，1989)、伯格曼（Bergmann，1986）、戈尔丁（Goldin，1989）、福尔布里(Folbre，1991)、努斯鲍姆（1991a，1991b）、R. A. 帕特（1991）、安纳斯（Annas，1992)、奥尼尔（1992）等。

② 运用“等价家庭规模”的方法可使我们进行家庭之间的比较。该方法最明显的一点是假定家庭内的无差别待遇，即使是通过有差别的分析对某些数字做了调整［可参见米尔鲍尔（1987)、迪顿（1988)、布莱科比和唐纳森（1988)］。但总的说来，在一定程度上，该方法的局限性在于它并没有直接包括实际的生活内容项（如营养不足或发病率)，相反只关注家庭的总消费状况和商品构成。不过，有时候由于获取有关生活内容项的数据会受限，不得已而求其次，该方法就是最佳选择了。

其是男孩和女孩之间。[①] 可观察到的发病率和死亡率可反映女性的受剥夺程度，程度虽然不同，但比例都相当高。

甚至各个国家或地区之间在总人口里女性与男性的大致人口比例也各不相同。在南亚、西亚、北非和中国，这个比例只在 0.93～0.96 之间。与此相对比，部分由于女性比男性具备的生理优势（假定所受到的待遇差不多），在欧洲和北美，总人口中的女性与男性的比率就高得多（1.05 左右）。当然，这极有可能是因为在这些富裕国家里男性的发病率高所致，这恰恰反映了非生理因素。[②] 譬如，在像美国这样的富国里，有大量证据表明男性由于暴力而死于非命的比例相当高。当然战争等因素也会导致男性的死亡率居高。但从生理结构看，女性确实有优势（假定男女受到的待遇相似）。[③] 在亚洲和非洲，妇女死亡率的差异反映了她们的短命跟预期的生理潜能有偏差，假定受到的待遇相同［关于这一点，

---

① 关于此问题的其他重要文献，可参见博斯拉普（Boserup，1970，1987，1990），廷克和布拉姆森（Tinker and Bramsen，1976），A. 米特拉（1980），米勒（Miller，1981），陈致和、胡克和 D. 迪苏扎（L. C. Chen，Huq and D'Souza，1981），罗森威格和舒尔茨（Rosenzweig and Schultz，1982），布芬尼克、利塞特和麦格里维（Buvinic，Lycette and McGreevey，1983），金奇和森（1983），森和 S. 森古达（1983），P. 巴德翰（1984，1987），森（1984，1985d，1988c，1990c），然和 N. 班纳吉（Jain and Banerjee，1985），金奇（1985），M. 陈（1986a，1986b），巴尼斯特（Banister，1987），哈里斯和沃森（Harriss and Watson，1987），M. 达斯格普塔（M. Dasgupta，1987），M. 沃恩（M. Vaughan，1987），A. 巴苏（A. Basu，1988），贝尔曼（Behrman，1988，1992），贝尔曼和德奥拉利卡（Behrman and Deolalikar，1988），B. G. 库马尔（1989），森（1989a，1990b），廷克（1990a），坎伯和哈达德（Kanbur and Haddad，1990），哈里斯（1990），怀特黑德（Whitehead，1990）。

② 关于文化因素对人口学上性别差异的影响问题，可参见约翰松（Johansson，1991）。

③ 关于这一点，可参见沃尔德龙（I. Waldron，1976，1983）。女性的这种生理优势甚至还体现在子宫上，这使得女婴的流产概率低于男婴。

可参见森（1989a）]。在这些国家里，女性的发病率和死亡率高于
124 男性，反映了严重的“结局不平等”，而不仅仅表现为明显的“差
数不平等”，这与生理潜能正好相反。①

对不少发展中国家而言，这些都是性别不平等的基本表现，也是其重要体现。要对这些性别不平等进行评估，就不能从任何人为构建的家庭**内部**的收入不平等的概念出发。这些性别不平等反映了生活内容的差异及相应的（免于本可避免的发病和死亡的）能力差异。这里我们且将这些性别不平等背后的诱致性因素放到一边②，先探讨一下对这种种不平等的本质的认定问题。其中重要的一步就

---

① 例如，假定印度的女性与男性人口比率不是实际的 0.93，而是同非洲一样，为 1.02（且先不假设为寿命更长的欧洲或北美那样的女男比率），则 20 世纪 80 年代印度的女性人口就会比男性多出 3 000 万［参见德雷兹和森（1989）］。为了对这些“消失的女性”有一个较准确的估计，可考虑采用合适的人口学的出生与死亡模型（对可能选择的反事实模型必须明确定义）。但即使是粗略的估计（以撒哈拉以南非洲的数据为基准），也动辄涉及几百万的人口，对此我们还是深感不安。对于这些“消失的女性”背后的不同经济、社会和文化因素的分析，可参见德雷兹和森（1989）。

② 我在其他地方讨论过这个问题，参见森（1984，1985d，1989a，1990c）。对这个问题的不同方面的分析，可参见博斯拉普（1970，1987，1990），J. 加德纳、希默尔魏特和麦金托什（Gardiner，Himmelweit and Mackintosh，1975），N. 班纳吉（1979，1982），卢特菲（Loutfi，1980），曼瑟和布朗（Manser and Brown，1980），麦克尔罗伊和霍尼（McElroy and Horney，1981），米勒（1981，1984），罗奇弗德（Rochford，1981），扬、沃尔科维茨和麦卡拉（Young，Wolkowitz and McCullagh，1981），贝内利亚（Beneria，1982），迪克逊（Dixon，1982，1983），罗森维格和舒尔茨（Rosenzweig and Schultz，1982），阿米德（Ahmed，1983），布芬尼克、利塞特和麦格里维（1983），金奇和森（1983），森和 S. 森古达（1983），P. 巴德翰（1984，1987），福尔布里（1984），K. 巴德翰（K. Bardhan，1985），然和 N. 班纳吉（1985），V. 马宗达（Mazumdar，1985），阿加瓦尔（Agarwal，1986，1991），M. 陈（1986a，1986b），巴尼斯特（1987），贝尔曼（1988），M. 达斯格普塔（1987），哈里斯和沃森（1987），A. 巴苏（1988），奥金（1989），哈里斯（1990），帕帕尼克（Papanek，1990），廷克（1990a），艾伦（1991），福尔布里等（1991）。

是从传统的收入分配视角转向对生活内容项和能力的直接计算。①

即使在发病率和死亡率方面的性别差异并不明显，也还是存在导致明显不平等的重要生活内容和能力的自由方面的差异。在营养供应方面的女性歧视、发病率和死亡率等方面并不明显的撒 125
哈拉以南的非洲国家②，也仍有其他能力方面的重大差异，如读书习字、可避免的身体残疾、自由地追求独立的职业或走上领导岗位。

从个人的诸多社会性的生活内容看，在像欧洲和北美这样的富裕地区，性别差异也极为重要，即使是从生存与死亡的角度看，女性在生理上具备相对优势（至少是先不从差数的角度看而只从结局角度看）。这里不可能深入讨论这个问题③，但我想说的是：在发达国家里，如果比较那些根本性的指标（例如，生活内容和能力），而不是仅仅看基本善或资源的实现方式，性别不平等问题

---

① 这并不是要否认下面的事实：女性与男性获取收入能力的差异会影响到妇女的地位［关于这个问题，可参见博斯拉普（1970）、P. 巴德翰（1984）、森（1984，1985d，1990c）、K. 巴德翰（1985）］，也不是要否认妇女在养育子女时要耗费的精力与金钱［参见罗森维格和舒尔茨（1982）］。这个问题异于对性别不平等的评价问题，是另外的一个问题，涉及对获取收入能力的作用的诱因分析。

② 关于非洲不少国家和地区的女孩比男孩受到更好的营养供给的问题，可参见斯维德伯格（Svedberg，1988，1990）。也可参见迪顿（1988）。

③ 我在其他地方是将有关性别不平等的一般性问题作为“合作冲突”的不平等后果来讨论的（根据不平等或权益及能力的更广阔视角）。可参见森（1981a，1985d，1990c），亦可参见金奇和森（1983）、森和 S. 森古达（1983）、布赖森（Bryceson，1985）、然和 N. 班纳吉（1985）、金奇（1985）、蒂莉（Tilly，1985）、M. 沃恩（1985，1987）、布兰宁和威尔逊（1987）、威尔逊（1987）、阿斯兰贝格和萨默菲尔德（Aslanbeigui and Summerfield，1989）、德雷兹和森（1989）、帕帕尼克（1990）、廷克（1990a）、联合国开发计划署（1990）、阿加瓦尔（1991）、M. 陈（1991）、阿曼德等（Ahmad et al.，1991）。

会很好理解。性别不平等问题最终只是自由差别问题的一个表现。

8.3 地区间的比较

在结束本章之前，我想从地区间比较的实证性例子来探讨一下从收入的角度来看待贫困和从可实现基本的生活内容的能力的角度来看待贫困的不同之处。

生活标准的某些最重要的生活内容——包括像寿命更长这样最基本的生活内容（没有夭折的威胁）——往往与以某种方法计算的人均收入结果有不一致之处。这一点可从通行的人均国民生产总值（GNP）和平均预期寿命看出。[①] 从人均 GNP 的角度看，
126 南非（2 470 美元）、巴西（2 540 美元）、加蓬（2 960 美元）和阿曼（5 520 美元）的人均 GNP 值均 6 倍（或更多）于中国（仅 350 美元）和斯里兰卡（430 美元）。但这些相对富裕的国家的未成年人的死亡率（平均预期寿命从 53 岁到 66 岁不等）却比中国和斯里兰卡（平均预期寿命是 70 岁或 70 岁以上）高得多。哥斯达黎加也被认为比上述四国更为贫穷，但其国民平均预期寿命不仅比四国（及其他中高等收入国家）高得多，而且比最富的欧洲和北美（其人均 GNP 至少 10 倍于哥斯达黎加）也低不了多少。具体来说，人均 GNP 为 20 910 美元的美国，国民平均预期寿命是 76 岁，而人均 GNP 只有 1 780 美元的哥斯达黎加人的平均预期寿命却已达到了 75 岁。

---

① 关于国际比较，可参见世界银行 1991 年的《世界发展年度报告：1991》(*World Development Report 1991*)。亦可参见联合国儿童基金会（UNICEF，1987，1992）、联合国开发计划署（1990，1991）的有关内容，其中的货币单位为美元。

当我们将关注点从商品和收入转到生活内容和能力时，结果就会全然不同。这种差异看来在很大程度上与社会的、教育的和传染病控制的条件等有关。中国、斯里兰卡、哥斯达黎加在提高人均预期寿命方面的成就与重视公共医疗服务、医疗保健和基础教育等有很大关系。[1] 这样，“收入剥夺”与获得基本的生活内容的“能力剥夺”之间的差异就与公共政策——既包括追求发展的公共政策，也包括反贫困和追求平等的政策——有关。[2]

在像印度这样的大国里也有类似的反差，这十分有趣。在印度各邦中，喀拉拉邦的人均实际收入比较低，但平均预期寿命几乎是印度各邦里最高的，超过 70 岁，而全印度的平均预期寿命只有 57 岁。[3] 而且，与之相应的，喀拉拉邦的婴儿死亡率也比全印 127
度的平均值低得多。[4] 喀拉拉邦的识字率也相当高，为 91%，而全

---

① 对中国而言，平均预期寿命的大幅提高和死亡率的大幅降低在 1978 年的经济改革之前就实现了，而且是在实际经济增长速度平缓、人均口粮极少的情况下取得的。与此相比，经济改革后的中国 GNP 增速加快，但在提高人均预期寿命方面似乎徘徊不前。关于这个问题及相关问题，可参见里斯金（C. Riskin，1987）、德雷兹和森（1989）。

② 当然，预期寿命、识字能力及“生活质量”的其他指标本身并不足以全面描述可实现有价值的生活内容的能力，但却是其重要的组成部分。

③ 1986—1988 年的抽样登记调查的数据是：喀拉拉邦女性平均寿命为 73.2 岁，男性平均寿命为 67.0 岁。

④ 然而，喀拉拉邦却存在比印度其他邦更高的自报发病率［关于这一点，可参见帕尼卡和萨曼（Panikar and Soman，1984）、B. G. 库马尔（1987，1989）、韦蒂亚纳坦（1987）］。这在一定程度上反映了喀拉拉邦人收入低及可能存在的营养不良。但在很大程度上，这种较高的自报发病率倒不如说是喀拉拉邦人的健康意识比较强，而这种意识与喀拉拉邦人较高的文化程度及享有更多的公共医疗服务有关。的确是这样，因为在印度，识字率最低的比哈尔邦和北方邦的自报发病率也是最低的。正如默里和陈致和（Murray and Chen，1990）在一篇近期的报告（运用类似于自报发病率的方法）里指出的那样，甚至在美国，已报告的发病率比喀拉拉邦还高。自报发病率与可观察到的发病率之间的这种逆向相关关系正好解释了只从自报发病率来评估个体福利所遇到的困境（见第 3 章的论述）。

印度的平均值只有52%；特别是女性的识字率高达87%，与此形成鲜明对比的是全印度的妇女平均识字率只有39%。① 的确，喀拉拉邦在很多重要的生活内容项上成就斐然，不仅比印度其他邦高很多，在某些领域——特别是妇女方面的成就——甚至比斯里兰卡还高。比如，中国和印度的女性与男性的比率比较低（为0.93），而在欧洲、北美和撒哈拉以南非洲，女性明显比男性多（如本章前面讨论过的）。而在喀拉拉邦，女性与男性的比率为1.04，这与欧洲和北美的女性和男性的比率（1.05）相当接近。②

当考虑到分配不平等时，就得"校正"人均GNP值，这样，从收入的角度才能说明问题。但即使是做了这种调整（亦即运用实际收入分配校正的测量方法），喀拉拉邦也仍是印度比较穷的邦。③ 分配上的调整看来并没有消除收入方法的缺陷，即收入方法并不能解释为什么喀拉拉邦控制未成年人死亡率的能力较强。仅靠平均收入值的方法来弥补收入方法的缺陷显然不够，尽管也考
128 虑到收入不平等和商品的持有状况。

要解释喀拉拉邦在重要的基本能力域的显著成就，恐怕还得从该邦公共政策的历史中去找寻答案。这些公共政策涉及教育

---

① 印度的比较数字来自联邦及印度登记注册总办公室和印度普查委员会的工作报告，包括《印度1991年普查：暂住人口总计》(*Census of India 1991: Provisional Population Totals*，新德里：印度政府印刷局，1991年）。该报告涉及的人口是7岁以上的人。

② 实际上，如果排除欧洲和北美过去战争所致的男性较高死亡率（虽然这个数字在欧洲和北美有些不同，但都很高）的影响，这些女性与男性的比率可能并不存在重大差异。

③ 参见森（1976b），巴塔查里亚、查特吉和帕尔（1988）。

（包括妇女的识字问题）和公共医疗服务的供给（包括公共的医疗保健），在一定程度上，还有食物分配政策（包括对农村地区及城市的食物消费提供公共支持）。这些都与印度其他邦形成对比。当然也有其他的因素，包括保障妇女在财产权和继承权上处于更为有利的地位（在喀拉拉邦，妇女占人口的多数，是一个有影响的群体），还有与教育运动及总的政治措施有关的更大规模的公共行为。喀拉拉邦的这种大规模公共行为的历史可追溯到 19 世纪，当时的特拉凡哥尔（Travancore）和科钦（Cochin）两个土邦曾推行过大规模的识字运动。

当然，本书并不打算深入讨论政策问题的细枝末节①，但强调下面这一点还是很重要：从能力方面的评估角度的确可将我们的注意力转向对这些政策问题的检验与详尽分析。同时也表明，有必要从更广阔的发展视角去看问题，而不仅仅局限于提高一国之产出和收入分配的狭隘藩篱。

---

① 这些事项（包括国际比较和印度国内各邦之间的比较）已在德雷兹和森（1989）那里讨论过，当然主要是从政策的角度讨论的。

第 9 章
对平等的诉求

9.1 平等问题

129 本书有两个互异但又互有联系的目标：其一是从方法论的角度讨论平等问题，其二则主要探讨平等问题的实质。

第一个“问题族”围绕着对平等主义者经常发问的“为什么要平等”和“什么要平等”这两个问题的相关性及问题所及范围而来。要回答这两个问题，记住下面两点很重要：一是人际相异性（人与人之间在生理特征和外部环境上存在差异的事实），二是据以评估平等的评估域的多样性［指的是这些变量——收入、财富、效用、自由（liberty）、基本善、能力——的多样性，依这些变量，都可对平等程度进行比较］。不同评估域里对平等的要求并不总是完全一致的，因为人际相异性是如此之大。这样，在一个评估域里的平等到了另一个评估域就可能变成不平等了。

第二个“运用丛”与探求达致平等的实质的方法相关。在本书里，我以方法论上的不平等探讨开始（见第 1 章），而全书的主体内容却是关注平等问题的实质。我认为探求平等的方法应当是：用**可获得成就的自由**（与**实际成就**结合在一起，但又超越于实际成就）来判定个体优势。在很多情况下，特别是涉及对个体的福利水平的评估时，就**可实现生活内容的能力**而言，随处可见这种评价思路（当然是与个体已取得的实际成就结合在一起，但又不仅仅是只关注实际成就）。“能力分析方法”总是建立在对可获得成就（包括实现相应生活内容的能力）的自由的关注上的。

“能力分析方法”一般用于考察个体可获得成就的自由，特别是考察可实现某项生活内容的能力。除了论述能力分析方法背后的动机外，我还致力于解决“如何诠释和界定这种视角”的困难 130
（见本书第 2 章和第 3 章）。接下的章节分别探讨了该方法如何用于评估自由和个体利益（第 4 章）、正义理论（第 5 章）、测量不平等的福利经济学（第 6 章）、如何评价富国和穷国的贫困问题（第 7 章）、分析与各种分类群体（如阶级、性别及其他分类方法）有关的不平等问题（第 8 章）。

在这最后一章里，我将对前面几章的分析的一般观点做一番回顾和评价。当然我并不是要对前面所讨论的内容做“总结”，也不是要为已得出的某些结论“列清单”。本章主要是关注方法论上的问题与实质上的问题之间的关系。

9.2　平等、评估域及人际相异性

我已在第 1 章里指出，经常问到的“为什么要平等”这个问题颇有误导性。每一种社会制度设计的辩护理论的合理性基础都在于：它们往往要求在某个“评估域”里的平等，要求在个体的某个重要方面（对那个理论来说极为重要的某个重要变量）对所有社会成员平等对待。所涉及的“评估域”依理论的不同而不同。举例来说，“激进自由主义者”关注平等的自由；“经济平等主义者”要求收入或财富平等；功利主义者则根据结果最大化坚持认为，为追求效用总和的结果的最大化，应为每个个体的效用赋予平等的权重。在每一个理论体系里，都包含对平等的诉求（当然是从各自的观点出发的）并作为其理论基石。要真正区别这些不同的理论，就要看它们对“什么要平等”这个问题的各自不同回答。“什么要平等”的问题的确是理解这些理论体系关于社会制度设计的不同的伦理出发点的关键所在。

我已说过，有充分的理由可以解释，为什么涉及有关社会的组织方式的重要伦理理论往往都要求在某个评估域里——在该理论中居于基本的重要地位的评估域里——追求平等。这是论证一个理论——以某种关键的方式（具体方式与那个理论框架有关）使全体社会成员能够平等享受到某种价值物的理论——的合理性的需要。① 但这并不是说我们就可以对“为什么要平等”这个问题
131 避而不谈。在任一评估域里，每一个平等理论都要求有辩护性的论据。但要理解和验证“为什么要平等”这个问题的实质、内容和要求等疑问，就必须与“什么要平等”这个中心问题联系起来。

对于我们称之为“基本平等”这个问题——即在一个特定的社会正义和政治伦理里被认为是基本的、个体特征上的某个方面的平等，每一种理论方法都对其各释其义。对“基本平等”这个问题的基本关注自然会引出如何解释对称性和公正性的要求问题，这样就会与在其他的评估域所主张的平等（按该理论方法，原评

① 我已讨论过该论点所涉及的一些问题，参见森（1985a）。

估域的所谓“基本”就不那么“基本”了）相冲突。举例来说，激进自由主义者把平等地享有他们所提出的广泛的权利视为一个社会组织的基本要求［正如诺齐克（1974）所主张的那样］。在这种情况下，他们就会不怎么坚持对收入、财富或效用等的平等诉求。同样，如果我们认为应实现收入平等，那我们就不会主张效用、权利或自由（liberty）的平等。一个坚定的目标往往为某一个强有力的理论做支持。

然而，理论上可能会出现的冲突未必就会在实践中出现。由于人际相异性（这些差异性在前几章已讨论得很充分了），对概念进行明确界定就显得极为重要，因而需优先解决这个概念上的问题。不同评估域里的平等诉求实际上往往相互冲突（不仅仅是在原则上）。这样，对各种“基本平等”含义的选择（即对各种主张守此弃彼）在实践中就显得极为重要。由于需要确保基本诉求——包括基本的平等——的满足，因此必须接纳那些远离中心的外围不平等。

9.3　多重性、不完备性与对平等的度量

由于对平等的诉求有各种各样的形式，于是在评估基本平等时，其关注焦点的多样性也就不可避免。这样，在“究竟满足什么条件才可完全（或‘充分’）地实现平等”这个问题上，答案就并不是清晰唯一的。更重要的是，这种含混性还表现在按不平等程度（各自离完全平等的“距离”）而来的几种可能结果的排序
上。这些问题出现的原因在于可称之为“内在的多重性”上，这 132

种多重性与以下两点有关：（1）定义基本平等的评估域的异质性；（2）测量“距离”的不同方法。甚至在同一评估变量下，对分配状况的不平等程度进行比较也有许多不同的方法。

在各自的理论框架里，其中的一些基本的变量当然有很强的异质性。① 举例来说，自由至上主义者所看重的自由总会涉及覆盖方方面面、表现形式各异（如“宣言”“豁免权”“权力”等形式）的不同类型的权利。② 同样，基本善也有不同的类型。甚至效用也是如此。③

对一个伦理理论来说，被认为是基本的伦理关注点中有可能包含不止一种变量。比如，我们可能既关心自由（liberty）也关心个体福利的水平。我们可能会很自然地既重视个体福利方面又重视主体性方面。我们也可能珍视自由和成就。④ 的确，正是非一元的建议与主张构成了实践伦理学的内容，即使对同一评估变量的不同表述的取舍，最终也要诉之于伦理哲学家（功利主义也不例外）。⑤

即使在相同的同质评估域里，也有不同类型的评估平等的方

---

① 这个问题已在有关生活内容的多样性的章节（本书第 3 章）里专门讨论过。

② 参见坎格（Kanger，1957，1972，1985）、林达尔（Lindahl，1977）、拉斯（Raz，1986）。

③ 不同的效用在人类的福利以及与社会的相关程度中作用并不相同这一观点可追溯到亚里士多德，穆勒（1859，1861）也强调过这一点。

④ 在前面的章节（第 2 章到第 4 章）里，我已分别（及相互对照地）讨论了这几对需要考虑的因素。

⑤ 多元伦理可省去很多强词夺理，这样的论断提出已久，至少可追溯到约翰·斯图尔特·穆勒。我已经试着讨论过这个问题，参见森（1985a）。其相关问题，参见威廉斯（1973a，1985）、内格尔（1979）、赫尔利（1989）。

式，即运用不同的方法来测量不平等。有关专著里已广泛地讨论了在一个给定的评估域里不平等指标的差异（如变差系数、基尼系数、对数标准差、熵测度等）。[①] 不同的测量方法背后所蕴含的思想也往往不同，在这些思想背后，都有其合理的理由，因而它们之间也经常发生冲突。

这样，在不同的评估域里，由于基本平等的特征不同，因而也就决定了不同的排序。有时，这些评估域的多重性也有可能会通过初始多重性里的某些要素的审慎排除而得到简化。当然，这 133
种多重性也可通过评估权衡从而对需要考虑的元素进行“组合”或“合并”而得到简化。但即使是简化了这种多重性，多重性的剩余部分还是存在的，其结果是平等排序及不平等排序的模糊性。

实际上，这种模糊性的存在是决定论和社会选择理论的核心问题，很多著作都讨论过这个问题。事实上，我本人也提出了几条用以解决那些理由充分的选择结果的要求的分析思路，尽管仍有不一致之处（或“未解决的矛盾之处”）。[②] 在不一致程度相对较小的情况下，一个简单明了的处理方法（可详见本人早期关于不平等的著作，如《论经济不平等》）是：重合的局部排序法（满足条件的所有特征的交集）。在“交集”局部排序中，有且只有当 x 满足条件的所有特征都高于 y，才能说 x 的确高于 y。

---

① 这也是我在 *OEI* 中论述的主题。其他有助于理解此问题的专著还可见诸考埃尔（1977）、福斯特（1985）、兰伯特（1989）。

② 所涉及的问题有些已在森（1970a，1982a）、铃村兴太郎（1983）、科瓦伊（1986）中讨论过。也可参见有关“模糊集”（fuzzy sets）和偏好的专著。

在能力分析方法下，关于对相关的不同生活内容项和能力的选择问题，前面曾讨论过（见第 3 章）。在对生活内容向量（及由这些向量组成的“能力集”）进行评估时虽然仍存在种种分析的和逻辑的问题，但“占优”策略和“交集”策略方法不仅逻辑一致、说服力强，而且很明显应用范围也极广。[1]

当然，“交集”策略的运用并不是说就不必详细审查每一个自称是“满足条件的特征”主张。但如果详细审查后的不同标准在对两个选项进行排序时仍发生冲突的话，这两个选项只好不予排序。有时做进一步分析或扩大信息基础后就会允许我们减少已接受的多重的“重数”。当完成这一步后，交集局部排序就会相应地扩展——前面提到的无法进行排序的事物现在也可以对其排序了。[2] 从这个意义上讲，交集局部排序就是典型的试探性的方法，很容易得到扩展——如果有理由砍掉相关的“重数”的话（通过细致审查后排除一些特征，或者经过权衡后对不同的特征进行合
134 并）。在第 3 章讨论过的“理论上的不完备性”和“实际应用中的不完备性”之间的区别与此有关。[3]

必须承认不平等测量中会遇到“不完备”的情况，这是不可避免的。对于为什么要明确指出那个问题而不是遮遮掩掩、勉强地承认那个问题，还要多说一点。“不完备”要么是源于冲突自身

① 我已讨论过“交集”策略的适用范围，参见森（1970a，1970b，1985b）。

② 对于这个更一般的问题，可参见森（1970a，1970b，1982a）。

③ 可参见本书第 3 章第 3.4 节。接受那些基本的不完备性的若干理由已在第 1～4 章里讨论过。

（比如，平等理念有可能与实质上的模糊性结合在一起），要么是源于信息的缺乏（比如，可进行比较的数据的不足），或者是对所涉及的不同论争理论的基本不一致表示尊重的需要（比如，可能部分地与接受多重性作为实现公平和正义的途径有关）。如果出于不拖泥带水或方便省事、或顺序明了、或其他有价值的关注点的目的而非要断然进行“完全的”局部排序，那就具有误导性。局部排序越不完全，就越应反对“勉强的”完备排序。总的说来，与其含混不清地说出那些确实尚不清晰或未定的事物，不如干脆保持缄默。

然而，在人际比较和评估平等时所采用的“局部排序”的一个结果就是，承认在很多情况下并不能清晰地判断甲情形下的平等程度就一定比乙情形更高。① 如果认为在每一个社会争论或政治论争里，平等都可以充当清晰明了、理直气壮、一言九鼎的仲裁者，那我们就会发现实际上并不如此乐观。我不想分享这种失望，至于原因我已讨论过（见本书第 1～4 章）。② 我并不认为任意做一个完全的局部排序就是公平地对待平等观念，或者——就此而论——有助于确保平等的诉求会引起注意，如果这种平等确实被清晰而又十分勉强地表达出来。如果要通过某个程序——尽量抓住每一个用某视角能观测到而换一种看似合理的视角就很难观测

① 然而，必须强调的是，在识别贫困和社会剥夺时，即使对被认为是最起码的能力水平的清单也必须说得详尽一些。当然，这并不是要求对诸如能力等的不同组合束进行排序等。关于这一点，可参见森（1984）、霍塞恩（1990）。

② 也可参见森（1970a，1973a）。

到的极小的不平等差距不放——来试图减少不平等，则这种对不平等的关注甚至有受到破坏的危险，尽管决心可嘉。只要我们不
135 再将这些不平等与更为动听的假设联系在一起，我们就可以构建一个更为坚实的基础以拒斥实质上的不平等，一个从各个视角都能看到的不平等。

9.4 数据、可观察的结果与有效自由

在实际运用中，数据限制成为计算的一个障碍，特别是对能力集的计算尤为困难，而可观察的生活内容成就则不然。的确，用于计算各自“能力集”的范围的数据并不存在，除了对选中的生活内容项进行合并并以此形成关于实际拥有的机会的观点外，别无选择。① 在很多情况下，我们在实际应用中不得不做出妥协，至少是部分地妥协。但即使程序上承认数据可获得性的限制并迫使我们在表述能力集时降低要求，继续关注其背后的动机也是很重要的。在受到限制的情况下，这种妥协实为不得已而求其次的次佳途径。

与此相关的是，在评估自由时，基于可观察的结果，与“作为控制的自由”相对的“有效自由”视角使得我们只能对自由（以反事实的选择的形式）进行有限的比较。这个观点在第 4 章里已阐述过，由于在提到自由时，有时也会出现诸如“免于饥馑的

① 当然，数据不可获得的程度可能会有不同，选择时也未必采取“非此即彼”的形式。

自由”“免于疟疾的自由”之类的表述，我在第 4 章里对此进行了辨析和辩护。关于自由的此类表述未必意味着自由这个概念漫无边际（虽然看上去是这样），因为自由这个重要概念实际上是包含于对自由的基于后果的判定之中的。如果接受该论断，则在某些情况下，可观察的生活内容就可以向我们传递出有关已实现的个体福利信息以及已享有的自由的信息。当然，就本书的主题而言，关于有效自由的观点与反事实的选择的观点之间的关联，许多人未必会接受（在我看来，这种联系扮演了虽然有限但很重要的角色）。但如果接受了这种联系，那么这种相关关系会比数据更能揭示自由和不平等概念的某些方面的内容。

9.5　总和、平等主义与效率

要在基本平等的要求之内理解“内在多重性”，就不能不认可 136
那些总体上的基本平等之外的主张。无论在哪个评估域里评估平等，总和考量（如只是增加个体的优势，而不管分配状况如何）与分配考量（如尽量降低优势分配的不平等）之间总有冲突。经济学里经常讨论的“效率”问题反映了总和考虑中的一个共同背景基础。[①] 如果将其表述为每个人的社会位置没有明显提高即是未达到目标，则从“总和”的道德情感来讲，这是无可争议的。

在经济学里，对效率的要求通常会采取“帕累托最优”的特

① 需要注意的是：即使存在所涉及的变量在个体之间无法进行比较（如个体间的效用就不可比），这部分的总和考量也仍是可用的。

定形式，将其定义在特定的效用域里。这是不可改进的一个弱条件，即所有人的效用都不可能继续得到改进的一种状态。① “帕累托效率”当然被作为标准广泛应用于现代福利经济学中。帕累托效率之所以被接受，就在于它看似完全无争论。关于是否应把帕累托效率作为社会最优状态的必要条件的争论与评估域的自身状况有关。② 人们极少质疑到底该接受哪个相关的评估域来实施这种明显改进（在该域里提高每个人的位置）。问题是效用能否构成相应的评估域。争论比较多的地方是帕累托效率所关注的效用（或
137 欲望满足）这个评估域的优先性，这就涉及是否有必要兼顾其他的考量因素，如权利或自由。③

一般说来，总和考量会使我们与平等的目标发生偏离。当我们将主要精力放在如何阐述基本平等的重要作用时，就不应忽视在平等之上的公共伦理的多重性。④ 在有关结果评估的专论里会经常讨论总和考量与分配考量之间的区别（比如，增加总收入与减

---

① 当然还有更宽泛的论述，即“强帕累托最优”，特别是在福利经济学里。它要求在不降低其他任何人的效用的情况下不可能使一个人的效用提高。

② 必须注意下面两种区分：把帕累托最优视为社会最优状态的一个必要条件的可接受性与把帕累托最优的充分（条件）性视为社会最低状态的一个标准的主张。即使帕累托最优有时会让人觉得同时意味着“充分性”，但帕累托最优更为普遍的和明确的立论是社会最优的必要性。假如完全漠视分配问题，则对帕累托最优而言，此时的“充分性”就很难接受［除非在极特殊的情况下，比如在双方都愿意的限制下。关于此问题可参见 J. M. 布坎南和塔洛克（1962)］。这里并不讨论用“充分性”来支持帕累托最优的明显局限，而是探讨被视为必要条件的帕累托最优的不充分性。

③ 关于此问题及相关问题，可参见森（1970a，1979a，1983a，1992a）。

④ 这种多重性超出了关注点的多重性，这些关注点可能是基本平等本身（“内在多重性”）的不可分割的重要部分，参见本章第 9.3 节的讨论。

少收入分配不公平之间的冲突，或者说是增加总效用与减少个体间差别的冲突）。而在其他评估域里也有类似的对比，当然可能会对结果不那么特别关注。例如，在提高总和权利（且不管分配状况）与寻求那些权利的更平等分配之间就会有冲突。确实，“总和”与“分配”之间的对立在社会评估中是个无处不在的问题。平等——不管定义得多么宽泛——在任何基本评估域里很难成为唯一的关注点，并且总和考量（包括对效率的要求）也是不能轻易舍弃的。

然而，将这两种不同的考量结合起来，我们就会注意到总和考量自身可能对（按它们所定义的）平等所起的关键性作用。在进行总计时，就会存在应包括什么及相对权重的问题。这里，平等通常被视为总和原则的一个要求。的确，正因为在功利主义的总和最大化过程中对每个人都赋予了相同的权重，才使得功利主义的立场带上了平等主义的色彩，正如功利主义者海萨尼（1955，1982）和黑尔（1963，1981，1982）所特别强调的。假定总效用最大化时每个人的效用有同等权重，这使得功利主义采取了形式上的——通过某种特定的方式——平等主义路径：不仅通过对特定评估域（如效用域）的选择，而且通过在那个评估域里平等的
诉求所采取的形式（在总和目标下，对所有人都赋予相等的权重，138
而不是提高效用大小的平等）来实现这一点。[①] 对平等的诉求会以

① 米德（1976）做了一个福利经济学的分析，主张在效用域里，要在效用最大值情况下平等对待个体及个体已有的效用平等，该主张颇受关注。还可参见米利斯（1971，1986）、费尔普斯（1973）、米勒（1979）、阿特金森和斯蒂格利茨（1980）、罗伯茨（1980a）、德雷兹和斯特恩（1987）、斯塔雷特（1988）。

不同的方式得到强调，即使在总计的步骤亦隐约可见其踪影。

这样，在很多情形下都有对平等的诉求，虽然形式不同。但很清楚的是，并非所有的问题仅仅通过对平等的诉求就可以得到解决，即使是多种方式都用上。举例来说，平等可能会影响总和目标的形式（如坚持用非加权的总计作为更合适的最大值），但追求总和目标最大化的要求本身并不是要求平等。我们虽然承认平等诉求的多样性和适用范围之广泛，但不需要在每一种考量中都加进平等诉求（即使在那种考量下根本无须要求平等）。

9.6 不平等的合理性：若干个辩护理由

在那些获得认可的社会制度设计中，由于面临总和考量的竞争，在很多时候要做出重大的妥协。承认这一点并不与我们一直坚持的和想要达到的平等主义的价值目标相矛盾。的确，对平等的追求只有在更广阔的视野里才能得到恰如其分的评估，在这样的广阔视野里平等才不至于被想当然地忽略。

在社会制度设计被认为是合理的背景下，如果要对以任一变量（如收入、能力）的角度而言的不平等进行辩护，其辩护的理由不外以下三种之一（一般说来，这三种主张并不否定社会制度设计里对平等的考量）：（1）“误域论”（“the wrong space” argument）；（2）“激励论”（“incentive” argument）；（3）“实际运行中的不对称论”（“operational asymmetry” argument）。

“误域论”认为，所讨论的变量（即收入、能力或其他变量）并不是应追求平等的那个变量。它没有明确点明要求平等的那个评估域，只是建议（而且往往是暗示）要在某个评估域主张平等。的确，在此类主张里，对平等的需求往往是在其他某个评估域内得到格外强调，例如，自由至上主义的权利的平等［诺齐克（1974）］、对自 139
己所“生产”的产品有平等的享有权［鲍尔（1981）］、从某些程序的角度看的平等而公正的对待［高蒂尔（1986）］、效用总和最大化下的平等权重［边沁（1789）、海萨尼（1955）、黑尔（1981）］，等等。由于这些诉求，包括对平等的诉求，是在其他评估域内出现的，在所讨论的特定的评估域（如收入域、能力域、效用水平，或“平等主义者”所看重的其他评估域）内无法主张平等。

关于“误域论”的实质及背后的隐义，本书前几章已广泛讨论过（见第 1 章及本章前部分的概述性内容），在这里就不展开了。这里我也不讨论为什么这些主张是有争论的。① 的确，从能力的角度评估平等这种主张的合理性，正是它反对在其他评估域里无条件地坚持平等的主张。

当在所谈论的评估域内引入非平等的考量时，其他两个辩护主张是相互联系的。这两种主张都质疑在某个评估域内追求平等的要求，但质疑的方式并不是宣扬另一个评估域的优先性，而是指出此评估域里平等与效率的冲突（从一般意义上讲）。此评估域内的不平等可能是件不好的事情，但可以部分地被效率优势抵消，这是可以接受的。消除不平等的努力有可能导致更坏的结果，

---

① 我在其他的文章里，已提出了对诺齐克（1974）、鲍尔（1981）及其他人的论点的反对意见，参见森（1982b，1985e）。

比如使所有人（或大多数人）的处境都恶化。

从效率的角度出发来对平等进行的批判至少有两种方式，如前所述，这些批评意见可归纳为两种不同类型的观点（也确实不同），即“激励论”和“实际运行中的不对称论”，在相关文献里，“激励论”问题已被讨论得不少了，它主要关注人们做被认为可促进某些目标实现的、正当的事情的动机需要。这样，不平等可能在鼓励工作、创业、投资方面发挥了极为重要的作用。[1]

140 这样一来，我们往往会想当然地认为，目标一定是“总和的”形式（提高个人成就，而不管分配状况，如寻求帕累托改进或使总数达到最大化）。但实际上对效率的诉求与任何目标——包括分配状况与总和状况——都是有联系的。[2] 在促进平等及其他目标时，都有效率的问题。[3] 将“激励论”用到个体身上就是说要给个体以鼓励和激励，使他们的选择行为有助于实现全面目标。[4] 这些目标可以是纯粹“总和”的形式，也可以是分配的形式。

很长时间以来，在是否应该直接主张平等的争论中，往往要援引“激励论”。平等主义的政策已招致批评，就在于它妨碍了对

---

① 不平等的结果很可能是与做出有风险但又有用的决定的意愿程度相联系的。然而，风险与收入分配不平等的关系比通常假设的更复杂。关于这一点可参见坎伯(1979)。

② 关于这个问题，可参见拉格兰德（1990，1991）。

③ 如果“效率”被理解为无浪费、目标生产率的提高（且不管目标是什么），则效率的主旨就包括促进平等本身——如果效率在被选中的目标里。但在要促进的目标里包含平等不是说就排除了这种可能性：一味追求平等可能会导致全面成就的降低。

④ 在有关最佳收入税的文章里经常可见简单明了而又可说明问题的关于分配关注与动机要求之间的冲突的例子，如米利斯（1971）、斯特恩（1976）、萨德卡（Sadka，1977）、西德（Seade，1977）。

社会目标的追求，甚至在这些社会目标包涵了平等的目标的情况下也会出现这种现象。最近几年，很多人开始拿“激励”问题来批判平等主义，其矛头直指诸多现实中的问题。比如，他们会讨论毛泽东时代的中国的平等主义政策到底错在哪里，或对“福利国家”的政策的再分配特征进行批评。①

第三个论点也和平等与效率的剑拔弩张的关系有关，但它更为关注总和目标和促进总和目标所必需的不平等的必要性。之所以如此，乃在于实际运行中的不对称的需要，而这种不对称的需要来自人们技术上和能力上的差异。比如，此论坚决主张对某些从事特殊工作的人（如政府管理、商业决策）给予更多的权力和
能力，使之更精干、更娴熟，这对所有人都有利。但这显然会伴 141
随着大量的权力与能力上的不平等。这种“实际运行中的不对称论”的主张特别适用于某些特定的评估域（如权力域、能力域等）里的不平等，与其他评估域（如效用域）则既可能直接相关，也可能不直接相关。②

另一种形式的“实际运行中的不对称论”关注的是由于不对

---

① 在决定着国家政策所追求的目标政治行为的过程中（包括立法和行政）也有个人动机的基本问题。关于这一点，可参见 J. M. 布坎南和塔洛克（1962）、J. M. 布坎南（1975，1985）。

② 的确，在效用评估域里，很多“实际运行中的不平等”论断都可能产生让人迷惑的结果：更高的生产率导致更低的总效用。如果有些人的生产效率比其他人要高，即相同的工作时间（及牺牲的闲暇时间相同）比别人有更多的产出，则使总效用最大化的制度就可能要求生产效率更高者应当加倍工作，其结果就是由于加倍工作和较少的闲暇时间而获得较少的效用。关于这个问题，可参见米利斯（1971，1974）、罗默（1985）、阿特金森和斯蒂格利茨（1980）、托马拉（1984，1990）。

称的社会角色而来的不对称待遇的需要的可能性（比如，在事务的实际运行中，有些人必须能够做出一些决定以避免混乱）。按照这个观点，实际运行中的效率目标就要求某些人有比别人更大的权威或权力。同样，经济机会的不可分性，即在给定的技术条件下的不可共享性，也可能导致总和目标上的运行的不对称。这种“实际运行中的不对称论”不一定会对个体的激励问题予以更多的关注，但肯定会关注不对称的社会角色。比如，这种不对称的社会角色往往与技能方面的差异有关，或与权威、纪律的需要有关，或与不可分原则有关。[①]

9.7 激励、人际相异性与平等主义

在有关资源分配的经济学论著里，“激励”问题已得到广泛研究。[②] 对人际相异性——本书反复出现的主题之一——的强调对
142 “激励论”会有什么影响呢？明确承认某些更深层次的人际相异性及这种相异性在不平等评估中的作用，会使激励问题的重要性降低，这是有一定道理的，至少，激励问题的表述方式会与常见的——尤其是流行的——表述不同。

---

① 当然，在其他情形下，也会涉及“不对称对待”的问题，并且还会涉及动机的问题（动机问题并不是可有可无的）。参见斯蒂格利茨（1982）对拥有与总和目标一起的“横向平等”的困难进行的讨论。他所分析的特殊的例子是功利主义，他考虑到“如果有相同偏好和相同禀赋的个体受到有差别的对待，则通过总效用来测量的社会福利就比较大”的例子（第2页）。

② 参见阿特金森和斯蒂格利茨（1980）、奥尔巴克和费尔德斯特（Auerbach and Feldstein，1987）、斯塔雷特（1988）。

在许多经济学模型里（特别是在福利经济学或公共财政里），不同个体间的成就差异很多是由于努力程度及其他决定变量的不同而造成的，而不是源自先前所提出的生产能力的差异（尽管还会有侧重点的不同，如应对风险或经济回报率）。这些差异与动机问题和机会问题有明显的关系，因而在那些文献里，“激励论”可以说到处可见。[①] 从这些分析中的确能受益不少。

另外，如果某特定方面的人际相异性——而不是做出的决策差异——是造成成就不平等或不平等的自由背后的一个重要因素，那么就不能以直截了当的方式运用激励论。举例来说，如果很大程度上，影响能力不平等的是性别或年龄，则相应的政策就应该是对受到由于性别或年龄原因而遭受更大剥夺程度的成员提供特别的援助。由于迅速改变一个人的年龄是不可能的，改变一个人的性别尤难，故这种特别对待政策不会激励人们为达到某个标准而努力。[②] 当然，谎报年龄与性别是有可能的，但谎报并不总是很容易也并不总是可信。总的说来，与标准的经济学模型（在此模型下往往假设：个体财富的多寡是由个体所选择的勤奋程度所决定的）相比，此例中，激励扭曲与平等主义政策没有多少关系。

同样，如果染病的个体得到了特殊的医疗服务或其他方面的服务或便利，激励问题就可能不那么重要了，因为通常人们并不

---

① 该论不仅针对市场机制，也是针对其他形式的制度安排下的资源配置而言的。至于为什么经济学里的资源配置做如是考虑，可参见帕特曼（Putterman，1986）。

② 关于此内容，可参见森（1973a）、阿克洛夫（1978，1984）、阿特金森（1991c）。

143 希望得病，即使他们能够享受到更多的医疗服务或其他名贵的器材器械的治疗。当然，如果医疗免费或治疗时可享受到高补贴，则人们在对待健康的行为上就不那么小心翼翼了，也就是说，这里也还是有“激励”因素的（因为这里的差异是由选择变量引起的，也就是说，由于不小心）。但大多数情况下，对于大多数的病种，大多数人都不愿仅仅由于医疗是免费或不昂贵而冒如此风险。疾病的不同的遗传风险和环境风险都可通过提供特别的医疗服务来化解，当然这里就不存在明显的激励问题。①

从激励的角度看，解决与人际相异性相联系的不平等的平等主义政策，要胜过试图解决由于个体之间的努力和勤奋程度差异所造成的不平等（很多有关“激励”的文章所关注之处）的政策。这样，在追求平等主义政策（尤其是在致力于减少基本能力的不平等）时，进行不平等测量就要考虑到人际相异性（本书许多的章节里多次提到了这个基本特征），这种人际相异性与激励问题的实质与价值有相当大的关系。这个问题并非无足轻重，要考虑到前定的多样性（如性别、年龄、阶级阶层）是隐藏在人们所生活世界的不平等的自由背后的核心因素。

---

① 对一个私营保险公司来说，利益的驱动会使它竭力去查出那些先天的更易患病的人，因为倘若将他们排除在外自然会增加利润。但如果容许就社会是否应该为那些先天的更易患病的人提供医疗保障的社会主张进行辩论，则这种政策创制就不会遇到激励问题的严重挑战和阻碍。本例中的“激励兼容”与下述情形明显不同，即个体之间的差异并非源自基本的人际相异性，而是主要由个体的行为选择造成的。

9.8　平等：社会关注之所在

本书主要关注和研究的是作为判定个体优势的立论基础的能力问题。我也强调过，能力视角不仅可用于评估平等，也可用于评估效率。能力域里对效率的要求是：不可能在其他人的能力值至少不变的情况下使任一人的能力值得到提高。[①] 144

在进行社会评价的过程中，将总和关注明确作为社会评估的一个必不可少的构成部分，对平等评估的方式确有影响。如果不考虑效率，就不能很好地解释或理解对平等的诉求。也就是说，不但平等诉求最终不得不同其他竞争性诉求放在一起权衡比较，而且，对平等诉求的解释必须接受来自其他已获承认的考量因素（如总和考量）的评估。对其他关注点的明确承认可避免让平等“负载”过多。关于这个一般观点可用两个例子来证实。

第一个例子是，正如本书前面所论（见第 6 章第 6.2 节），如果不重视总和考量，则与“差数平等”相对的“结局平等”就可能受到严重削弱。但在考虑了总和因素之后，这时致力于结局平等就值得赞许。设甲的潜能完全发挥，其成就可达到 x，而所有其他人的最大成就为 $2x$（这种差异可能与甲的一些体质特征有关系，

---

① 注意，这种效率定义考虑到了在为个体的能力排序时可能出现的“不完备性”。越是不完备，则使任何人的能力都下降这一要求就越容易实现。由于个体之间的能力值不可比较，其他人的变化并不能保证某个人在不降低能力的情况下使能力总值至少保持不变。这种特性差异在政策评估时特别重要，比如，可以从能力的视角来评估的竞争的市场均衡的效率。参见森（1992b）。

比如，甲身罹残疾），如果只将对平等的诉求作为唯一的考量因素，则往往要降低无身体残疾的其他所有人的水平至 x。在这种情况下，差数平等就显出了相对的优势，如果设定每个人的成就与各自最大成就之间的比值是相等的这一步骤，就不会显得那么极端了。

但是，“差数平等”的分析方法并没有提供明显合理的解决方案。甲由于身体劣势只能取得较低的最大成就，但为什么一定要
145 优先帮助甲尽可能地实现其最大成就 x——即使是以降低其他所有最大成就为 $2x$ 的人的成就实现程度（以百分比表示）为代价亦不足惜？这一点仍没有揭示清楚。在此情形下就要求尊重结局平等，不能漠视总和考量（包括效率要求）。如此，问题就可以这样解决：甲可优先得到帮助以实现其最大成就 x，而不将其他所有人的成就都从最大成就 $2x$ 拉低至 x。的确，平等所包含的内容太多了，而接纳总和考量和效率考量，也就分担了“平等”所包含的一项很重要的内容。同样重要的是，一旦这种结局平等与效率结合起来，结局平等的重要性就会凸显，从而发挥其应有之作用，其有专门用途的差数平等原则也会退回到它原本的用途上。①

第二个例子是，罗尔斯（1990）在他“作为公平的正义”理论里运用“基本善”的概念作为他的“差别原则”的立论基础。这是他用来专门回应我提出的“在判定个体优势时运用能力视角

① 对这个相当复杂的问题的更详细讨论，可见本书第 6 章第 6.2 节。

更公平一些”［森（1980a）］论断的。[①] 罗尔斯反对将人们的能力均等化的公共政策，并再次强调，有影响的部门的管理者要通过公开竞争选拔的制度实现公平和公正。[②] 每个人都有相同的机会去竞争这个对所有人都开放的职位（如此，在一定意义上，从机会的角度看是对这些基本善的相同拥有权），竞争的结果是以不平等的能力而告终。罗尔斯指出，由于个体在“道德和智力能力及技巧”上存在差异，则技术能力更强的人占据有影响的位置和部门就未尝不公正（或公平）了。[③] 这与上一节讨论过的“实际运行中的不对称论”有联系。

请允许我从姑且接受罗尔斯的“重要的职位和部门更垂青于技术能力更强者的选拔制度未尝不公平”这个实质结论开始。更重要的问题在于：为什么我们要同意该结论？我之所以姑且同意 146
该结论，并不是由于技能熟练者拥有某部门所要求的能力从而具有了本然的优先权。之所以姑且接受，乃在于这种以技术能力等优势来定位的官员（及有影响的职位）选拔制度最终与该制度的效率相联系。天生智力水平低（从而导致社会地位较低）并非过错，其原因恰如罗尔斯本人所指出的。的确，如果我们可平等地

① 也可参见本书第5章。

② 罗尔斯（1971）也主张基本善的分配要平等，除非不平等的分配对所有人都有利。但他对基本善的详尽描述往往是围绕着“机会”进行的（例如，“使所有职务和地位向所有人开放”，第61页）。“所有社会价值——自由和机会、收入和财富、自尊的基础——都要平等地分配，除非对其中的一种价值或所有价值的不平等的分配合乎每个人的利益”（第62页）。

③ 参见罗尔斯（1990）的《基本善与人际比较》（*Primary Goods and Interpersonal Comparisons*）第五章第三节。

进入那些有影响的部门及职位而不会出现无效率和总体上的损失，那么我也会如此主张，因为“正义”要求我们考虑选择这种状态。此例所涉及的不平等之所以可以接受，恰在于这种假设的情形是不可能实现的。

在社会制度设计中，的确存在重大不平等——从不同的人最终拥有的能力和权力的角度去理解的不平等。上面提到的、也是罗尔斯所主张的不平等是可以接受的，从效率优势的角度能最好地理解这一点，而不是通过否定这里确实存在的不平等来理解，因为每个人都有同等的机会来竞争该职位。首先是承认这种重大的不平等，然后再看是否如所宣称的那样合理。要论证上面所讨论的这种能力不平等的合理性，只需采用反证法即可。即如果消除了这种不平等，则可能会大大拉低很多人的能力并导致无效率，因而是不可接受的。此种情况下的合理性依赖于总和考量。

因此，罗尔斯所捍卫的这种社会制度设计有的时候可以接受，并不是说在判定个人优势时从基本善的视角就比从能力视角更公平或结果更好。该论真正带给我们的启示应该是：个体优势的平等诉求应该与可带来这些优势的效率因素综合考虑。

罗尔斯本人在他的第二个正义原则中提出了有必要考虑效率诉求。但他对效率这个考量因素的运用却稍稍受限于他所坚持的“给处境最不利的人以绝对的优先权以保障他们的利益”①。这种优先考虑使得通过总和考量来论证不平等的合理性更为困难，因为根据

---

① 参见森（1970a，1977b）。

词典式排序，关注的焦点只是处境最不利者。如果我们用基本善的拥有状况来表示个体优势的话，则罗尔斯的使最小值实现最大化原则很容易满足。但这样一来，仅从基本善的拥有状况无法反映出不平等——而如果到了能力域就会反映出这种不平等。由于不能反映出不平等，这就使得政治的审查由于缺少必要的信息而变得更为困难。恰恰相反，有必要审查能力方面的重大不平等，并且也有必要用效率的理由来检视这种不平等的合理性。 147

写到这里，我还没有反驳罗尔斯主张的实质，即只要每个人都有相同的受教育机会和竞争机会，通过公开竞争来分配职位（结果是技能更熟练的人被选中）就不会有不公平（或非正义）。这是将不平等的合理性明确地建立在效率优势的基础上，这就使得我们有必要去探究为什么要与效率论相联系。我不怀疑在很多情况下，罗尔斯所持的（及我前面曾姑且接受的）论证过程经证明确实为真。然而，如果一项“精英主义”制度（将重要的岗位和职位授予在公开选拔中表现优异的实力主义制度）的结果是效率低下，精英在行使职权时未能平等地对待弱势群体，则这种合理性将不复存在。

20 世纪 90 年代的印度曾对前总理 V. P. 辛格提出的一项建议进行过激烈的政治争论，争论的结果是：辛格的议案在议会最终没有获得多数并导致了辛格政府的下台。该议案是：将政府里的公共服务部门一半以上有影响的职位留给在种姓等级制中处于较低地位的种姓及其他处于相对劣势的群体。而我们通常所设想的通过公开竞争来选拔政府人员的效率优势在这里受到严重质疑。

这里我不打算讨论辛格对效率优势是否应该持怀疑态度，只是想说，这种公开竞争的制度安排的公正性与此问题密切相关。问题并不能通过对基本善的分配状况的某种固定优先安排的方式（例如，任何职位都不为社会习惯所认为的无特权者预留）来解决。合理的制度设计应该是：不同的具体制度形式既要充分考虑到其对人们有效自由和能力的“总和”的影响，又要考虑到其对人们有效自由和能力的分配状况的影响。这样的分析方法就完全支持了罗尔斯的主张。如果确实那样做了，则又成了罗尔斯主张的一个强有力的理由。

9.9 责任与公平

148 约翰·罗尔斯（1971）及其他现代正义论者［如罗纳德·德沃金（1981）］往往都强调有必要将每个人视为可控事件的责任主体。反之，不应将他无力改变的一些事情（如父母腰缠万贯或一贫如洗、具备或缺少先天禀赋）的责任也归因于他本人。这些论理方法有时不容易描述，但对此所做的区分的确有一定的合理成分。本书所做的分析在很多地方就用到了这种差异。

的确，我们之所以从能力的角度对罗尔斯的“作为公平的正义”理论进行批判，部分是由于我们对个体在将基本善转化为可获得成就的实际自由中遇到的（先天的或社会的）困难的直接关注（见第5章）。一个将基本善转化为自由的能力较差或禀赋较低的人（比如，由于体质或智力上的残疾，或体弱多病，或男女生理上的差别，或社会形成的性别限制）与将基本善转化为自由的能力较强的人相比就处于劣势，即使是持有相等的基本善束。我已说过，正义理论一定要对那种差异予以充分考虑。正是由于这个原因，这里所用的分析路径就是“以子之矛，攻子之盾”，利用罗尔斯的理论来批判罗尔斯的理论，即利用罗尔斯对公平和责任的分析方法来批判他的理论本身：罗尔斯的理论只是建立在对基本善的持有（而不是每个个体所享有的自由和能力）的基础上。

在考虑另一个容易引起争论的问题——即到底是用“成就”还是用“自由”来判定个体在社会中的相对位置——时，这种差别就显得很重要。对于有责任能力的成人而言，从**可获得成就的自由**的角度——而不是**实际成就**——来看待社会中的个体的要求（或平等及正义的要求）就更合适一些。如果一个有责任、有能力的成人所享有的自由（从“能力集”比较的角度看）并不比别人少，但却浪费了不少机会，并最终沦落到比别人处境差得不能再差的地步，则据此而来的社会制度设计可能就不会出现“不公正”的不平等。如果接受上述看法，我们就很容易理解：这个问题与（已实现的生活内容相对的）能力直接相关。

然而，有必要弄清楚上述论断的适用条件。首先，由于存在
不确定性，这个问题也会有不同的表现形式。由于本人无法控制 149
的不幸而导致的窘境在个体责任的认定里很少被剔除掉。

如果一个人愿意承担风险但最终失利，则责任视角在此就更适用一些，因为还有更多的机会担负起他的责任。但在一个充满风险的环境里要获得足够多的信息从而使个体做出明智的决定并不容易，于是情况就变得复杂了。举例来说，某知名保险公司或

银行倒闭了，这时就不能以受害者已经选择了该保险公司或银行为理由而将其强行打发掉。[①] 实际上，聚焦于可获得成就的自由而不是实际获得的成就，在很大程度上取决于个体对他所面临的多重选择方案的理解及从中做出明智选择的知识和能力。

与此问题密切相关的是：在计算能力时，究竟以何种方式将人们实际上享有的真实的自由（而不是“原则上”应有的）状况考虑进来？如果社会条件使得一个人缺少做出选择的勇气（甚至缺少表达对确有价值但又不可企及的事情的需求的勇气），那么如果根据他确实做出的有效的选择来进行伦理评判就有失公允了。这就是为什么要聚焦于实际享有的真实的自由，要考虑进所有的障碍，包括那些来自“社会规训”造成的障碍。

的确，过于依赖人们的“心理愿望”是功利主义伦理观的一个局限，这种伦理观尤其忽视了那些受到极大压制或伤害而没有勇气去追求个人愿望的人们的呼声。[②] 尤为不幸的是，功利主义伦理观又犯了一个错误：每个人的能力的计算方式是一致的。然而，
150 这是本可以不犯的错误，因为所考虑的能力是人们实际拥有的能力（而不是将本可以获得的能力——如果他们少受“社会规训”的影响——也考虑进去）。在如何看待“固化的不平等”——这种不平等主要是受害者对相对剥夺的有条件接受（如妇女对传统的

① 有趣的是，英美两国的民众对这种倒闭反应相当不同：美国已通过提供为数不少的保护措施来应对存贷款危机，而在英国则是向破产了的英国信贷及国际商业银行（BCCI）的那些不幸的储户提供数量相对较少的补偿金。甚至两国保护储户的法律框架也极为不同，因而所涉及的责任认定也就极为不同。

② 我已讨论过这个问题，参见森（1985a）。

那种受压制的社会制度设计的接受）——这个问题上，这一点显得尤为重要。[①]

9.10　能力、自由和动机

在进行个体福利和自由的评估时，往往会用到“能力分析方法”。我们先看一下能力分析方法与个体福利评估的联系。能力分析方法对个体福利的评估在两个方面都异于传统的以经济财富（表现为实际收入、消费水平等）来判定个体福利的研究思路：其一是，焦点已从以商品和“资源”形式出现的手段域转向生活内容域（生活内容本身即被视为个体福利的一个构成要素）；其二是，它会考虑进——尽管不是必需的——个体可从中进行选择的生活内容向量集。“能力集”可视为个体可享受的、追求其自身福利的全面自由。

如果说在若干个极重要的选择项里能够做出选择就被视为过上有价值的生活，那么“能力集”就具更深意义上的作用：它可直接影响到个体福利的水平。如此，其他可供选择的生活内容项组合 x 也就意味着与可从 x 所属的集合 S 中进行选择的自由。如果一个人在做事中获得的福利取决于他的行事方式，则其个体福利不仅取决于 x，也取决于从集合 S 选出 x 的方式。[②]

当涉及这些问题时，仍存在不少复杂的问题（如第 3 章和

---

① 关于这个问题，可参见金奇和森（1983）、森（1985d，1990c）、拉当（Laden，1991b）。

② 如此，对个体福利的分析就与 x 和 S（x，S）均有关，而不仅仅与 x 有关。

第4章所讨论的)。谈到个体福利时，问题的关键是，可做出选择的自由究竟仅仅是工具性的，还是说其本身就是重要的？实际上，
151 对可做出选择的自由的这两种不同看法固然针锋相对，但同时也互有联系。不管是将可做出选择的自由看作工具性的还是本身就是重要的，都不妨碍用可做出选择的自由来描述个体福利，同样也不妨碍用能力分析方法来看待个体福利。

需要强调的是，即使是可进行选择的自由在决定个体福利时仅仅起工具性作用，但每个人所享受的自由的程度对一个良性运行的社会还是有直接的重要性。的确，不论个体的福利中是否包含自由，个体自由还是被视为社会良善的一个建构性因素，而这样的社会正是我们所孜孜以求的。①

如此，我们会要求平等地享有自由，这与不同的评估基础有关。本书里，我并没有特别关注这些不同的伦理基点的相对长处②，但我们有理由重视自由方面的平等，关注这些不同的基本理由仍有必要。能力分析方法所提供的视角通常用于分析和评估(与这些不同动机中的每一个都相关的）自由的平等状况。

同样的多重性也适用于将贫困视为能力缺失的分析方法。这也与基本的关注目标（如保证最基本的个体福利或提供最基本的

---

① 与伦理分析有关但又不同的分析线索主张将个体自由作为社会制度设计的“正当性”的主要内容，而无须援引任何先前的“社会的善”的理念。这种看待问题的方式明显源于康德主义哲学（康德，1788)。关于康德主义哲学对这些问题及相关问题的分析基础，尤可参见罗尔斯（1971，1988a)。亦可参见奥尼尔（1989，1992)、科斯高(Korsgaard，1992)。

② 当然，感兴趣的话可参见森（1982b，1985a)。

个体自由）相联系，而这些关注目标又与良善的或正当的社会制度设计的更基本的要求有关。对贫困问题的分析从收入低到基本能力不足的重新定位的例子也与这几个基本的关注目标有关。

不论我们选择的基本框架有多么精准，从以收入为中心的视角到以能力为中心的视角的重新定位使得我们能更好地理解贫困的难题到底涉及哪些东西。[①] 这就为制定反贫困政策时常遇到的“究竟应当优先考虑什么”提供了更清晰的指导，这一点也有助于我们更好地理解乍看上去似乎不可能出现的贫困（如在富如欧洲 152
和美国这样的地区和国家里的贫困）是如何产生的。将贫困视为缺少自由的方法与很多基本关注点是一致的。

本书一直致力于对平等的本质和如何达到平等的要求进行探讨。这样的分析主要是在概念的层面上展开的，但也总与实际中的关注点有直接的关系，正是这种与现实之间的联系大大激发了我的研究兴趣。

---

① 1990 年由斯科凯特（Schokkaert）和范奥蒂根（van Ootegem）对巴尔干地区的失业者进行的实证性调查研究表明：他们的失业可真正视为实质自由的匮乏，这有助于对“贫困”概念的理解。

参考文献

ACKERMAN, B. A. (1980). *Social Justice in the Liberal State* (New Haven, Conn.: Yale University Press).

—— (1984). 'The Storrs Lectures: Discovering the Constitution', *Yale Law Journal*, 93.

—— (1988). 'Neutralities,' mimeographed, Yale Law School.

ADELMAN, I. (1975). 'Development Economics—A Reassessment of Goals,' *American Economic Review*, Papers and Proceedings, 65.

—— and MORRIS, C. T. (1973). *Economic Growth and Social Equity in Developing Countries* (Stanford, Calif.: Stanford University Press).

AGARWAL, B. (1986). 'Women, Poverty and Agricultural Growth in India', *Journal of Peasant Studies*, 13.

—— (1991). 'Social Security and the Family: Coping with Seasonality and Calamity in Rural India', in Ahmad *et al.* (1991).

AHLUWALIA, M. S. (1974). 'Income Inequality: Some Dimensions of the Problem', in Chenery *et al.* (1974).

—— (1978). 'Rural Poverty and Agricultural Performance in India', *Journal of Development Studies*, 14.

AHMAD, E., and HUSSAIN, A. (1991). 'Social Security in China: A Historical Perspective', in Ahmad *et al.* (1991).

—— Drèze, J., Hills, J., and SEN, A. (1991) (eds.). *Social Security in Developing Countries* (Oxford: Clarendon Press).

AHMED, I. (1983). 'Technology and Rural Women in the Third World', *International Labour Review*, 122.

AHOOJA-PATEL, K. (1980) (ed.). *Women at Work* (Geneva: ILO).

AIGNER, D. J., and HEINS, A. J. (1967). 'A Social Welfare View of the Measurement of Income Inequality', *Review of Income and Wealth*, 13.

AKERLOF, G. (1978). 'The Economics of "Tagging"', *American Economic Review*, 68.

—— (1984). *An Economic Theorist's Book of Tales* (Cambridge: Cambridge University Press).

ALAMGIR, M. (1978). *Bangladesh: A Case of Below Poverty Level Equilibrium Trap* (Dhaka: Bangladesh Institute of Development Studies).

—— (1980). *Famine in South Asia—The Political Economy of Mass Starvation in Bangladesh* (Cambridge, Mass.: Oelgeschlager, Gunn and Hain).

ALDRICH, J. (1977). 'The Dilemma of a Paretian Liberal: Some Consequences of Sen's Theory', *Public Choice*, 30.

ALLARDT, E. (1981). 'Experiences from the Comparative Scandinavian Welfare Study, with a Bibliography of the Project', *European Journal of Political Research*, 9.

ALLARDT, E. (1992). 'Having, Loving, Being: An Alternative to the Swedish Model of Welfare Research', in Nussbaum and Sen (1992).

ALLEN, T. (1988). 'The Impossibility of the Paretian Liberal and its Relevance to Welfare Economics', *Theory and Decision*, 24.

—— (1991). 'Economic Development and the Feminization of Poverty', in Folbre *et al.* (1991).

AMIEL, Y., and COWELL, F. (1989). 'Measurement of Income Inequality: Experimental Test vs. Questionnaire', Discussion Paper TIDI/140, STICERD, London School of Economics.

AMSDEN, A. H. (1980) (ed.). *The Economics of Women and Work* (Harmondsworth: Penguin).

ANAND, S. (1977). 'Aspects of Poverty in Malaysia', *Review of Income and Wealth*, 23.

—— (1983). *Inequality and Poverty in Malaysia* (New York: Oxford University Press).

—— and HARRIS, C. (1990). 'Food and Standard of Living: An Analysis Based on Sri Lankan Data', in Drèze and Sen (1990), vol. 1.

—— —— (1992). 'Issues in the Measurement of Undernutrition', in Osmani (1992*a*).

—— and KANBUR, R. (1984). 'Inequality and Development: A Reconsideration', in Nissen (1984).

—— —— (1986). 'Inequality and Development: A Critique', mimeographed, St Catherine's College, Oxford, and Warwick University.

—— —— (1990). 'Public Policy and Basic Needs Provision: Intervention and Achievement in Sri Lanka', in Drèze and Sen (1990), vol. 3.

ANCKAR, D., and BERNDTSON, E. (1984) (eds.). *Essays on Democratic Theory* (Tampere: Finnpublishers).

ANNAS, J. (1992). 'Women and the Quality of Life: Two Norms or One?', in Nussbaum and Sen (1992).

APFFEL MARGLIN, F., and MARGLIN, S. A. (1990) (eds.). *Dominating Knowledge: Development, Culture, Resistance* (Oxford: Clarendon Press).

ARCHIBALD, G. C., and DONALDSON, D. (1979). 'Notes on Economic Inequality', *Journal of Public Economics*, 12.

ARISTOTLE. *The Nicomachean Ethics*, English trans. in Ross (1980).

ARNESON, R. (1989*a*). 'Equality and Equality of Opportunity for Welfare', *Philosophical Studies*, 56.

—— (1989*b*). 'Paternalism, Utility and Fairness', *Revue Internationale de Philosophie*, 43.

—— (1990*a*). 'Liberalism, Distributive Subjectivism, and Equal Opportunity for Welfare', *Philosophy and Public Affairs*, 19.

—— (1990*b*). 'Primary Goods Reconsidered', *Nous*, 24.

—— (1990*c*). 'Neutrality and Utility', *Canadian Journal of Philosophy*, 20.

—— (1991). 'A Defence of Equal Opportunity for Welfare', forthcoming in *Philosophical Studies*.

ARROW, K. J. (1951). *Social Choice and Individual Values* (New York: Wiley).

—— (1963). *Social Choice and Individual Values*, 2nd extended edn. (New York: Wiley).

—— (1977). 'Extended Sympathy and the Possibility of Social Choice', *American Economic Review*, 67.

—— (1982*a*). 'Risk Perception in Psychology and Economics', *Economic Inquiry*, 20.

—— (1982*b*). 'Why People Go Hungry', *New York Review of Books*, 29 (15 July).

—— (1983). 'Behaviour under Uncertainty and its Implications for Policy', in B. P. Stigum and F. Wenstop (eds.), *Foundations of Utility and Risk Theory with Applications* (Dordrecht: Reidel).

—— (1991) (ed.). *Markets and Welfare* (London: Macmillan).

—— and INTRILIGATOR, M. (1986). *Handbook of Mathematical Economics*, iii (Amsterdam: North-Holland).

ARTICLE 19 (1990). *Starving in Silence: A Report on Famine and Censorship*, ed. Frances D'Souza (London: Article 19).

ASAHI, J. (1987). 'On Professor Sen's Capability Theory', mimeographed, Tokyo.

ASLANBEIGUI, N., and SUMMERFIELD, G. (1989). 'Impact of the Responsibility System on Women in Rural China: An Application of Sen's Theory of Entitlements', *World Development*, 17.

ASPREMONT, C. D' (1985). 'Axioms for Social Welfare Ordering', in Hurwicz, Schmeidler, and Sonnenschein (1985).

—— and GEVERS, L. (1977). 'Equity and the Informational Basis of Collective Choice', *Review of Economic Studies*, 46.

AHTISAARI, M. (1991). 'Amartya Sen's Capability Approach to the Standard of Living', Jonathan Lieberson Memorial Prize Essay, mimeographed, Columbia University.

ATKINSON, A. B. (1970*a*). *Poverty in Britain and the Reform of Social Security* (Cambridge: Cambridge University Press).

—— (1970*b*). 'On the Measurement of Inequality', *Journal of Economic Theory*, 2. (Repr. in Atkinson 1983.)

—— (1972). *Unequal Shares* (London: Allen Lane, The Penguin Press).

—— (1975). *The Economics of Inequality* (Oxford: Clarendon Press).

—— (1983). *Social Justice and Public Policy* (Brighton: Wheatsheaf and Cambridge, Mass.: MIT Press).

—— (1987). 'On the Measurement of Poverty', *Econometrica*, 5.

—— (1989). *Poverty and Social Security* (New York: Harvester Wheatsheaf).

—— (1991*a*). 'The Social Safety Net', mimeographed, STICERD, London School of Economics.

—— (1991*b*). 'What is Happening to the Distribution of Income in the

UK?', Keynes Lecture, British Academy.
—— (1991*c*). 'On Targeting', mimeographed, STICERD, London School of Economics.

ATKINSON A. B. and BOURGUIGNON, F. (1982). 'The Comparison of Multi-dimensional Distributions of Economic Status', *Review of Economic Studies*, 49.

—— —— (1987). 'Income Distribution and Differences in Needs', in Feiwel (1987).

—— and STIGLITZ, J. E. (1980). *Lectures on Public Economics* (London: McGraw-Hill).

AUERBACH, A., and FELDSTEIN, M. (1987). *Handbook of Public Economics* (Amsterdam: North-Holland).

AUSTEN-SMITH, D. (1979). 'Fair Rights', *Economic Letters*, 4.

—— (1982). 'Restricted Pareto and Rights', *Journal of Economic Theory*, 26.

BABU, S. C. (1986). 'Identifying the Poor—A Development Approach: Case Study of a South Indian Village', unpub. manuscript, Iowa State University.

BALL, S. W. (1987). 'Choosing between Choice Models of Ethics: Rawlsian Equality, Utilitarianism, and the Concept of Persons', *Theory and Decision*, 22: 3.

BANERJEE, N. (1979). 'Women in Urban Labour Market', *Labour Capital and Society*, 12.

—— (1982). *Unorganised Women Workers: The Calcutta Experience* (Calcutta: Centre for Studies in Social Sciences).

BANISTER, J. (1987). *China's Changing Population* (Stanford, Calif.: Stanford University Press).

BARDHAN, K. (1985). 'Women's Work, Welfare and Status', *Economic and Political Weekly*, 20 (21–8 Dec.).

BARDHAN, P. (1974*a*). 'On the Incidence of Poverty in Rural India in the Sixties', in Srinivasan and Bardhan (1974).

—— (1974*b*). 'On Life and Death Questions', *Economic and Political Weekly*, 9 (Special Number).

—— (1984). *Land Labour and Rural Poverty: Essays in Development Economics* (New York: Columbia University Press).

—— (1987). 'On the Economic Geography of Sex Disparity in Child Survival in India', mimeographed, University of California, Berkeley.

—— (1988). 'Sex Disparity in Child Survival in Rural India', in Srinivasan and Bardhan (1988).

BARNES, J. (1980). 'Freedom, Rationality and Paradox', *Canadian Journal of Philosophy*, 10.

BARRY, B. (1986). 'Lady Chatterly's Lover and Doctor Fischer's Bomb Party: Liberalism, Pareto Optimality and the Problem of Objectional Preferences', in Elster and Hylland (1986).

BARTEN, A. P. (1964). 'Family Composition, Prices and Expenditure Patterns', in P. Hart *et al.* (eds.), *Econometric Analysis for National Economic Planning* (London: Butterworth).

BASU, A. (1988). *Culture, the Status of Women and Demographic Behaviour* (New Delhi: National Council of Applied Economic Research).

—— *et al.* (1986). 'Sex Bias in Intrahousehold Food Distribution: Roles of Ethnic and Socioeconomic Characteristics', *Current Anthropology*, 27.

BASU, K. (1979). *Revealed Preference of Governments* (Cambridge: Cambridge University Press).

—— (1984). 'The Right to Give Up Rights', *Economica*, 51.

—— (1987*a*). 'Achievements, Capabilities and the Concept of Well-Being', *Social Choice and Welfare*, 4.

—— (1987*b*). 'Axioms for Fuzzy Measures of Inequality', *Mathematical Social Sciences*, 14.

—— (1989). 'A Theory of Association: Social Status, Prices and Markets', *Oxford Economic Papers*, 41.

BATRA, R., and PATTANAIK, P. (1972). 'On Some Suggestions for Having Non-Binary Social Choice Functions', *Theory and Decision*, 3.1–11.

BAUER, P. T. (1981). *Equality, the Third World and Economic Delusion* (Cambridge, Mass.: Harvard University Press).

BAUMOL, W. J. (1986). *Superfairness* (Cambridge, MA: MIT Press).

BAYER, R., CAPLAN, A. L., and DANIELS, N. (1983) (eds.). *In Search of Equity: Health Needs and the Health Care System* (New York: Plenum Press).

BECKER, G. S. (1965). 'A Theory of the Allocation of Time', *Economic Journal*, 75.

—— (1981). *A Treatise on the Family* (Cambridge, Mass.: Harvard University Press).

BECKERMAN, W. (1979). *The Impact of Income Maintenance Programmes on Poverty in Four Developing Countries* (Geneva: ILO).

—— and CLARK, S. (1982). *Poverty and Social Security in Britain since 1961* (Oxford: Clarendon Press).

BEDAU, H. A. (1971) (ed.). *Justice and Equality* (Englewood Cliffs, NJ: Prentice-Hall).

BEHRMAN, J. R. (1988). 'Intrahousehold Allocation of Nutrients in Rural India: Are Boys Favoured? Do Parents Exhibit Inequality Aversion?' *Oxford Economic Papers*, 40.

—— (1992). 'Intrahousehold Allocation of Nutrients and Gender Effects: A Survey of Structural and Reduced-form Estimates', in Osmani (1992*a*).

—— and DEOLALIKAR, A. B. (1988). 'Health and Nutrition', in Chenery and Srinivasan (1988).

—— POLLAK, R., and TAUBMAN, P. (1989). 'Family Resources, Family Size, and Access to Financing for College Education', *Journal of Political Economy*, 97.

Beitz, C. R. (1986). 'Amartya Sen's *Resources, Values and Development*', *Economics and Philosophy*, 2.

Bellman, R. E., and Zadeh, L. A. (1970). 'Decision Making in a Fuzzy Environment', *Management Science*, 17.

Beneria, O. (1982) (ed.). *Women and Development: The Sexual Division of Labour in Rural Societies* (New York: Praeger).

Bentham, J. (1789). *An Introduction to the Principles of Morals and Legislation* (London: Payne). (Republished Oxford: Clarendon Press, 1907.)

Bentzel, R. (1970). 'The Social Significance of Income Distribution Statistics', *Review of Income and Wealth*, 16.

Bergman, B. (1986). *The Economic Emergence of Women* (New York: Basic Books).

Bergson, A. (1938). 'A Reformulation of Certain Aspects of Welfare Economics', *Quarterly Journal of Economics*, 52.

—— (1966). *Essays in Normative Economics* (Cambridge, Mass.: Harvard University Press).

Berlin, I. (1955–6). 'Equality as an Ideal', *Proceedings of the Aristotelian Society*, 56.

—— (1969). *Four Essays on Liberty*, 2nd edn. (London: Oxford University Press).

Bernholz, P. (1974). 'Is a Paretian Liberal Really Impossible?', *Public Choice*, 19.

—— (1980). 'A General Social Dilemma: Profitable Exchange and Intransitive Group Preferences', *Zeitschrift für Nationalökonomie*, 40.

Besley, T. (1989). 'Ex Ante Evaluation of Health Status and the Provision for Ill-Health', *Economic Journal*, 99.

—— and Kanbur, R. (1988). 'Food Subsidies and Poverty Alleviation', *Economic Journal*, 98.

Béteille, A. (1969) (ed.). *Social Inequality* (Harmondsworth: Penguin Books).

—— (1977). *Inequality among Men* (Oxford: Blackwell).

—— (1981). *The Backward Classes and the New Social Order* (Delhi: Oxford University Press).

—— (1983*a*). *The Idea of Natural Inequality and Other Essays* (Delhi: Oxford University Press).

—— (1983*b*) (ed.). *Equality and Inequality* (Delhi: Oxford University Press).

—— (1987). 'Equality as a Right and as a Policy', *LSE Quarterly*, 1.

—— (1990). 'Distributive Justice and Institutional Well-Being', text of V. T. Krishnamachari Lecture, mimeographed, Delhi School of Economics.

Beus, J. de (1989). *Markt, Democratie en Vrijhe* (Market, Democracy and Freedom) (Amsterdam: Tjeenk Willink, Zwolle), in Dutch.

Bezembinder, Th., and van Acker, P. (1979). 'A Note on Sen's Partial

Comparability Model', mimeographed, Department of Psychology, Katholieke Universiteit, Nijmegen.

——— (1986). 'Factual versus Representational Utilities and their Interdimensional Comparisons', mimeographed, Department of Psychology, Katholieke Universiteit, Nijmegen.

Bhargava, A. (1991). 'Malnutrition and the Role of Individual Variation with Evidence from India and the Phillippines', mimeographed, Department of Economics, University of Houston.

Bhattacharya, N., and Chatterjee, G. S. (1988). 'A Further Note on Between-States Variation in Level of Living in Rural India', in Srinivasan and Bardhan (1988).

—— and Pal, P. (1988). 'Variations in Levels of Living across Regions and Social Groups', in Srinivasan and Bardhan (1988).

Bhatty, I. Z. (1974). 'Inequality and Poverty in Rural India', in Srinivasan and Bardhan (1974).

Bhatty, Z. (1980). 'Economic Role and the Status of Women: A Case Study of Women in the Beedi Industry in Allahabad', ILO working paper.

Bhuiya, A., *et al.* (1986). 'Socioeconomic Determinants of Child's Nutritional Status: Boys versus Girls', *Food and Nutrition Bulletin*, 8.

Bigman, D. (1985). 'Aggregate Poverty Measures and the Aggregation of Individual Poverty: A Reconsideration of Sen's Axiomatic Approach', unpub. manuscript, The Hebrew University of Jerusalem.

—— (1986). 'On the Measurement of Poverty and Deprivation', Working Paper No. 8602, The Center for Agricultural Economics Research, The Hebrew University of Jerusalem.

Binmore, K., and Dasgupta, P. (1987) (eds.). *The Economics of Bargaining* (Oxford: Blackwell).

Biswas, T. (1987). 'Distributive Justice and Allocation by the Market: On the Characterization of a Fair Market Economy', *Mathematical Social Sciences*, 14.

Blackorby, C. (1975). 'Degrees of Cardinality and Aggregate Partial Ordering', *Econometrica*, 43.

—— and Donaldson, D. (1977). 'Utility versus Equity: Some Plausible Quasi-Orderings', *Journal of Public Economics*, 7.

——— (1978). 'Measures of Relative Equality and their Meaning in Terms of Social Welfare', *Journal of Economic Theory*, 18.

——— (1980). 'Ethical Indices for the Measurement of Poverty', *Econometrica*, 48.

——— (1984). 'Ethically Significant Ordinal Indexes of Relative Inequality', *Advances in Econometrics*, 3.

——— (1988). 'Adult-Equivalence Scales and the Economic Implementation of Interpersonal Comparisons of Well-Being', mimeographed, University of British Columbia.

——— and Auersperg, M. (1981). 'A New Procedure for the Measurement of Inequality within and among Population Subgroups', *Canadian Journal of Economics*, 14.

Blackorby, C., Donaldson, D., and Weymark, J. (1984). 'Social Choice with Interpersonal Utility Comparisons: A Diagrammatic Introduction', *International Economic Review*, 25.

——— (1990). 'A Welfarist Proof of Arrow's Theorem', *Recherches économiques de Louvain*, 56.

Blair, D. H. (1988). 'The Primary-Goods Indexation Problem in Rawls' *Theory of Justice*', *Theory and Decision*, 24.

Blau, J. H. (1975). 'Liberal Values and Independence', *Review of Economic Studies*, 42.

Blaxter, K., and Waterlow, J. C. (1985) (eds.). *Nutritional Adaptation in Man* (London: John Libbey).

Bliss, C. J. (1992). 'Life-Style and the Standard of Living', in Nussbaum and Sen (1992).

Borda, J. C. (1781). 'Mémoire sur les élections au scrutin', *Mémoires des l'Académie Royale des Sciences*, English trans. by A. de Grazia, *Isis*, 44 (1953).

Bos, D., Rose, M., and Seidl, C. (1986) (eds.). *Welfare and Efficiency in Public Economics* (Berlin: Springer-Verlag).

Boserup, E. (1970). *Women's Role in Economic Development* (London: Allen and Unwin).

—— (1987). 'Inequality between the Sexes', in J. Eatwell, M. Milgate, and P. Newman (eds.), *The New Palgrave: A Dictionary of Economics*, ii (London: Macmillan).

—— (1990). 'Economic Change and the Roles of Women', in Tinker (1990*a*).

Bourguignon, F. (1979). 'Decomposable Income Inequality Measures', *Econometrica*, 47.

—— (1990). 'Growth and Inequality in the Dual Model of Development', *Review of Economic Studies*, 57.

—— and Fields, G. (1990). 'Poverty Measures and Anti-Poverty Policy', *Recherches économiques de Louvain*, 56.

Braithwaite, R. B. (1955). *Theory of Games as a Tool for the Moral Philosopher* (Cambridge: Cambridge University Press).

Brandt, R. B. (1979). *A Theory of the Good and the Right* (Oxford: Clarendon Press).

Brannen, J., and Wilson, G. (1987) (eds.). *Give and Take in Families* (London: Allen and Unwin).

Brenkert, C. G. (1980). 'Freedom and Private Property in Marx', in M. Cohen, Nagel, and Scanlon (1980).

—— (1983). *Marx's Ethics of Freedom* (London: Routledge).

Breyer, F. (1977). 'The Liberal Paradox, Decisiveness over Issues, and Domain Restrictions', *Zeitschrift für Nationalökonomie*, 37.

—— and GARDNER, R. (1980). 'Liberal Paradox, Game Equilibrium and Gibbard Optimum', *Public Choice*, 35.

—— and GIGLIOTTI, G. A. (1980). 'Empathy and the Respect for the Right of Others', *Zeitschrift für Nationalökonomie*, 40.

BROCK, D. (1992). 'Quality of Life Measures in Health Care and Medical Ethics', in Nussbaum and Sen (1992).

BRODER, I. E., and MORRIS, C. T. (1983). 'Socially Weighted Real Income Comparisons: An Application to India', *World Development*, 11.

BROOME, J. (1978). 'Choice and Value in Economics', *Oxford Economic Papers*, 30.

—— (1987). 'What's the Good of Equality?' in J. Hey (ed.), *Current Issues in Macroeconomics* (London: Macmillan).

—— (1988). 'What is Wrong with Poverty', *London Review of Books*, 10 (19 May).

BROWN, M., and CHUANG, C. F. (1980). 'Intra-Household Power and Demand for Shared Goods', mimeographed, SUNY, Buffalo.

BRYCESON, D. F. (1985). *Women and Technology in Developing Countries* (Santo Domingo: United Nations).

BUCHANAN, A. E. (1982). *Marx and Justice* (London: Methuen).

BUCHANAN, J. M. (1975). *The Limits of Liberty* (Chicago: University of Chicago Press).

—— (1984). 'On the Ethical Limits of Taxation', *Scandinavian Journal of Economics*, 86.

—— (1986). *Liberty, Market and the State* (Brighton: Wheatsheaf Books).

—— and TULLOCK, G. (1962). *The Calculus of Consent* (Ann Arbor, Mich.: University of Michigan Press).

BUHMANN, B., RAINWATER, L., SCHMAUS, G., and SMEEDING, T. M. (1988). 'Equivalence Scales, Well-Being, Inequality and Poverty: Sensitivity Estimates across Ten Countries using the Luxembourg Income Study Data Base', *Review of Income and Wealth*, 34.

BURMAN, S. (1979) (ed.). *Fit Work for Women* (London: Croom Helm).

BUVINIC, M., LYCETTE, M., and MCGREEVEY, W. (1983) (eds.). *Women and Poverty in the Third World* (Baltimore: Johns Hopkins Press).

CAMPBELL, D. E. (1976). 'Democratic Preference Functions', *Journal of Economic Theory*, 12.

—— (1989). 'Equilibrium and Efficiency with Property Rights and Local Consumption Externalities', *Social Choice and Welfare*, 6.

CASE, A., and KATZ, L. (1990). 'The Company You Keep: Effects on Family and Neighborhood on Disadvantaged Youth', mimeographed, Harvard University.

CASSEN, R. (1978). *India: Population, Economy, Society* (London: Macmillan).

CHAKRAVARTY, L. (1986). 'Poverty Studies in the Context of Agricultural Growth and Demographic Pressure (Case of Post-Independence India)', mimeographed, Indraprastha College, Delhi University.

CHAKRAVARTY, S. (1969). *Capital and Development Planning* (Cambridge, Mass.: MIT Press).

CHAKRAVARTY, S. R. (1981). 'On Measurement of Income Inequality and Poverty', Ph.D. thesis (Indian Statistical Institute, Calcutta).

—— (1983*a*). 'Ethically Flexible Measures of Poverty', *Canadian Journal of Economics*, 16.

—— (1983*b*). 'Measures of Poverty Based on Income Gap', *Sankhya*, 45.

—— (1984). 'Normative Indices for Measuring Social Mobility', *Economics Letters*, 15.

—— (1988). 'Extended Gini Indices of Inequality', *International Economic Review*, 29.

—— (1990). 'Distributional Implications of Minimum Sacrifice Principle', mimeographed, Indian Statistical Institute.

—— and CHAKRABORTY, A. B. (1984). 'On Indices of Relative Deprivation', *Economics Letters*, 14.

—— and DUTTA, B. (1987). 'A Note on Measures of Distance between Income Distributions', *Journal of Economic Theory*, 41.

—— and ROY, T. (1985). 'Measurement of Fuzziness: A General Approach', *Theory and Decision*, 19.

—— DUTTA, B., and WEYMARK, D. (1985). 'Ethical Indices of Income Mobility', *Social Choice and Welfare*, 2.

CHAPMAN, B. (1983). 'Rights as Constraints: Nozick vs. Sen', *Theory and Decision*, 15.

CHEN, L. C. (1986). 'Primary Health Care in Developing Countries: Overcoming Operational, Technical and Social Barriers', *Lancet*, 2.

—— HUQ, E., and D'SOUZA, D. (1981). 'Sex Bias in the Family Allocation of Food and Health Care in Rural Bangladesh', *Population and Development Review*, 7.

CHEN, M. (1986*a*). *A Quiet Revolution: Women in Transition in Rural Bangladesh* (Dhaka: BRAC).

—— (1986*b*). 'Poverty, Gender and Work in Bangladesh', *Economic and Political Weekly*, 21 (1 Feb.).

—— (1991). 'A Matter of Survival: Women's Right to Work in India and Bangladesh', paper presented at the WIDER conference on 'Human Capabilities: Women, Men and Equality', 14–16 August.

CHENERY, H. B., and SRINIVASAN, T. N. (1988) (eds.). *Handbook of Development Economics*, i (Amsterdam: North-Holland).

—— AHLUWALIA, M. S., BELL, C. L. G., DULOY, J. H., and JOLLY, R. (1974) (eds.). *Redistribution with Growth* (Oxford: Clarendon Press).

CHICHILNISKY, G. (1980). 'Basic Needs and Global Models', *Alternatives*, 6.

CHIPMAN, J. (1985). 'The Theory of Measurement of Income Distribution', *Advances in Econometrics*, 4.

CLARK, J. B. (1902). *Distribution of Wealth* (London: Macmillan).
CLARK, S., and HEMMING, R. (1981). 'Aspects of Household Poverty in Britain', *Social Policy and Administration*, 15.
—— —— and ULPH, D. (1981). 'On Indices for the Measurement of Poverty', *Economic Journal*, 91.
CLEMHOUT, A. (1979). 'A Life-Cycle Theory of Marriage and Divorce: A Pareto Optimal Differential Game Model', in P. Liu and J. F. Sutinen (eds.), *Control Theory in Mathematical Economics* (New York: Marcel Dekker).
CLEMHOUT, S., and WAN, H. Y., JR. (1979). 'Symmetric Marriage, Household Decision Making and Impact on Fertility', Working Paper 152, Cornell University.
COHEN, G. A. (1978).
—— (1986). 'Self-Ownership, World Ownership, and Equality', *Social Philosophy and Policy*, 3.
—— (1988). *History, Labour and Freedom: Themes from Marx* (Oxford: Clarendon Press).
—— (1989). 'On the Currency of Egalitarian Justice', *Ethics*, 99.
—— (1990). 'Equality of What? On Welfare, Goods and Capabilities', *Recherches économiques de Louvain*, 56.
—— (1992). 'Equality of What? On Welfare, Resources and Capabilities', in Nussbaum and Sen (1992).
COHEN, M., NAGEL, T. and SCANLON, T. (1980) (eds.). *Marx, Justice and History* (Princeton, NJ: Princeton University Press).
COLANDER, D. (1984) (ed.). *Neoclassical Political Economy* (Boston: Ballinger Press).
COOPER, T. C. (1971). 'Poverty', unpub. manuscript, St Hugh's College, Oxford.
COUGHLIN, P. C. (1986). 'Libertarian Concessions of the Private Pareto Rule', *Economica*, 53.
COWELL, F. A. (1977). *Measuring Inequality* (New York: Wiley).
—— (1980). 'On the Structure of Additive Inequality Measures', *Review of Economic Studies*, 47.
—— (1985). 'Measures of Distributional Change: An Axiomatic Approach', *Review of Economic Studies*, 52.
—— (1986). 'Poverty Measures, Inequality and Decomposability', in Bos, Rose, and Seidl (1986).
—— (1988). 'Social Welfare Functions and Income Inequality', London School of Economics.
—— and KUGA, K. (1981). 'Inequality Measurement: An Axiomatic Approach', *European Economic Review*, 15.
CROCKER, D. A. (1983). *Praxis and Democratic Socialism* (Brighton: Harvester Press).
—— (1991*a*). 'Toward Development Ethics', *World Development*, 19.

—— (1991*b*). 'Functioning and Capability: The Foundations of Sen's Development Ethic', IDEA Montclair Workshop, mimeographed, Colorado State University.

CROCKER, L. (1980). *Positive Liberty* (London: Martinus Nijhoff).

CULYER, A. J. (1986). 'The Scope and Limits of Health Economics', in Gérard Gäfgen (ed.), *Ökonomie des Gesundheitswesens* (Berlin: Dunker and Humbolt).

DAHLBY, B. G. (1987). 'Interpreting Inequality Measures in a Harsanyi Framework', *Theory and Decision*, 22.

DAHRENDORF, R. (1988). *The Modern Social Conflict: An Essay on the Politics of Liberty* (London: Weidenfeld & Nicolson).

DALTON, H. (1920). 'The Measurement of the Inequality of Incomes', *Economic Journal*, 30.

—— (1925). *Inequality of Incomes* (London: Routledge).

DANIELS, H. (1983). 'Health Care Needs and Distributive Justice', in Bayer, Caplan, and Daniels (1983).

DANIELS, N. (1975) (ed.). *Reading Rawls* (Oxford: Blackwell).

DANZIGER, S. H., and WEINBERG, D. H. (1986). *Fighting Poverty: What Works and What Doesn't* (Cambridge, Mass.: Harvard University Press).

DAS, V., and NICHOLAS, R. (1981). '"Welfare" and "Well-Being" in South Asian Societies', ACLS–SSRC Joint Committee on South Asia (New York: SSRC).

DAS GUPTA, M. (1987). 'Selective Discrimination against Female Children in Rural Punjab, India', *Population and Development Review*, 13.

DASGUPTA, B. (1977). *Village Society and Labour Use* (Delhi: Oxford University Press).

DASGUPTA, P. (1980). 'Decentralization and Rights', *Economica*, 47.

—— (1982). *The Control of Resources* (Oxford: Blackwell).

—— (1986). 'Positive Freedom, Markets and the Welfare State', *Oxford Review of Economic Policy*, 2.

—— (1988). 'Lives and Well-Being', *Social Choice and Welfare*, 5.

—— (1989). 'Power and Control in the Good Polity', in A. Hamlin and Pettit (1989).

—— (1990). 'Well-Being and the Extent of its Realization in Poor Countries', *Economic Journal*, 100.

—— and HAMMOND, P. (1980). 'Fully Progressive Taxation', *Journal of Public Economics*, 13.

—— and HEAL, G. (1979). *Economic Theory and Exhaustible Resources* (London: James Nisbet and Cambridge: Cambridge University Press).

—— and RAY, D. (1990). 'Adapting to Undernutrition: Clinical Evidence and its Implications', in Drèze and Sen (1990), vol. 1.

—— SEN, A. K., and STARRETT, D. (1973). 'Notes on the Measurement of Inequality', *Journal of Economic Theory*, 6.

DAVIDSON, D. (1986). 'Judging Interpersonal Interests', in Elster and Hylland (1986).

DEATON, A. (1980). 'The Measurement of Welfare: Theory and Practical Guidelines', LSMS Working Paper 7, The World Bank.

—— (1987). 'The Allocation of Goods within the Household: Adults, Children and Gender', mimeographed, Princeton University.

—— (1988). 'Household Behavior in Developing Countries', Occasional Paper No. 1, Economic Growth Center, Yale University.

—— and MUELLBAUER, J. (1980). *Economics and Consumer Behaviour* (Cambridge: Cambridge University Press).

—— —— (1986). 'On Measuring Child Costs with Applications to Poor Countries', *Journal of Political Economy*, 94.

DEB, R. (1989). 'Rights as Alternative Game Forms: Is There a Difference of Consequence', mimeographed, Southern Methodist University.

DELBONO, F. (1986). Review article on *Commodities and Capabilities*, *Economic Notes* (Siena), 15.

DE LEONARDO, O., MAURIE, D., and ROTELLI, F. (1986). 'Deinstitutionalization, Another Way: The Italian Mental Health Reform', *Health Promotion*, 1.

DEN HARTOG, A. P. (1973). 'Unequal Distribution of Food within the Household', *FAO Newsletter*, 10: 4 (Oct.–Dec.).

DESAI, M. J. (1984). 'A General Theory of Poverty', *Indian Economic Review*, 19.

—— (1988). 'The Economics of Famine', in Harrison (1988).

—— (1990). 'Poverty and Capability: Towards an Empirically Implementable Measure', mimeographed, London School of Economics.

—— and SHAH, A. (1988). 'An Econometric Approach to the Measurement of Poverty', *Oxford Economic Papers*, 40.

—— BOLTVINNIK, J., and SEN, A. K. (1991). *Social Progress Index* (Bogota: UNDP).

DIEWERT, W., and MONTMARQUETTE, C. (1983) (eds.). *Price Level Measurement* (Ottawa: Statistics Canada).

DIXON, R. (1982). 'Mobilizing Women for Rural Employment in South Asia: Issues of Class, Caste and Patronage', *Economic Development and Cultural Change*, 30.

—— (1983). 'Land Labour and the Sex Composition of the Agricultural Labour Force: An International Comparison', *Development and Change*, 14.

DOBB, M. H. (1937). *Political Economy of Capitalism* (London: Routledge).

DONALDSON, D., and ROEMER, J. E. (1987). 'Social Choice in Economic Environments with Dimensional Variation', *Social Choice and Welfare*, 4.

—— and WEYMARK, J. A. (1980). 'A Single-Parameter Generalization of the Gini Indices of Inequality', *Journal of Economic Theory*, 22.

—— —— (1986). 'Properties of Fixed-Population Poverty Indices', *International Economic Review*, 27.

DREWNOWSKI, J. (1978). 'The Affluence Line', *Social Indicators Research*, 5.

DRÈZE, J., and SEN, A. (1989). *Hunger and Public Action* (Oxford: Clarendon Press).

—— —— (1990). *The Political Economy of Hunger*, 3 vols. (Oxford: Clarendon Press).

—— and STERN, N. H. (1987). 'The Theory of Cost Benefit Analysis', in Auerbach and Feldstein (1987).

D'SOUZA, F. (1988). 'Famine: Social Security and an Analysis of Vulnerability', in Harrison (1988).

—— (1990). 'Preface', in Article 19 (1990).

DUTTA, B. (1978). 'On the Measurement of Poverty in Rural India', *Indian Economic Review*, 15.

—— (1980). 'Intersectoral Disparities and Income Distribution in India: 1960–61 to 1973–74', *Indian Economic Review*, 15.

—— and RAY, D. (1989). 'A Concept of Egalitarianism under Participation Constraints', *Econometrica*, 57.

DWORKIN, G. (1982). 'Is More Choice Better than Less?' *Midwest Studies in Philosophy*, 7.

DWORKIN, R. (1978). *Taking Rights Seriously*, 2nd edn. (London: Duckworth).

—— (1981). 'What is Equality? Part 1: Equality of Welfare', and 'What is Equality? Part 2: Equality of Resources', *Philosophy and Public Affairs*, 10.

—— (1985). *A Matter of Principle* (Cambridge, Mass.: Harvard University Press).

—— (1987). 'What is Equality? III: The Place of Liberty', *Iowa Law Review*, 73.

DYSON, T. (1987). 'Excess Female Mortality in India: Uncertain Evidence on a Narrowing Differential', mimeographed, London School of Economics.

EBERT, U. (1987). 'Size and Distribution of Incomes as Determinants of Social Welfare', *Journal of Economic Theory*, 41.

—— (1988). 'Measurement of Inequality: An Attempt at Unification and Generalization', *Social Choice and Welfare*, 5.

EDGEWORTH, F. Y. (1881). *Mathematical Psychics* (London: Kegan Paul).

EDWARDS, R. C., REICH, M., and WEISSKOPF, T. (1986) (eds.). *The Capitalist System* (Englewood Cliffs, NJ: Prentice-Hall).

EICHHORN, W. (1988*a*) (ed.). *Measurement in Economics: Theory and Applications in Economic Indices* (Heidelberg: Physica-Verlag).

—— (1988*b*). 'On a Class of Inequality Measures', *Social Choice and Welfare*, 5.

—— and GEHRIG, W. (1982). 'Measurement of Inequality in Economics', in B. Korte (ed.), *Modern Applied Mathematics—Optimization and Operations Research* (Amsterdam: North-Holland).

ELSTER, J. (1979). *Ulysses and the Sirens* (Cambridge: Cambridge University Press).

—— (1986). *Making Sense of Marx* (Cambridge: Cambridge University Press).

—— and HYLLAND, A. (1986) (eds). *Foundations of Social Choice Theory* (Cambridge: Cambridge University Press).

ERIKSON, R. (1992). 'Descriptions of Inequality: The Swedish Approach to Welfare Research', in Nussbaum and Sen (1992).

—— and ABERG, R. (1987). *Welfare in Transition: A Survey of Living Conditions in Sweden (1968–81)* (Oxford: Clarendon Press).

—— HANSEN, E. J., RINGEN, S., and UUSITALO, H. (1986). *The Scandinavian Model: The Welfare State and Welfare Research* (New York: Sharpe).

EVANS, M. (1982) (ed.). *The Woman Question: Readings on the Subordination of Women* (London: Fontana).

FARMER, A. (1988). *The Developing World* (Dublin: Development Education Support Centre).

FARRELL, M. J. (1976). 'Liberalism in the Theory of Social Choice', *Review of Economic Studies*, 43.

FEIWEL, G. R. (1987) (ed.). *Arrow and the Foundations of the Theory of Economic Policy* (London: Macmillan).

FEREJOHN, J. A. (1978). 'The Distribution of Rights in Society', in Gottinger and Leinfellner (1978).

FIELDS, G. S. (1979). 'A Welfare Economic Approach to Growth and Distribution in the Dual Economy', *Quarterly Journal of Economics*, 93.

—— (1980*a*). *Poverty, Inequality and Development* (Cambridge: Cambridge University Press).

—— (1980*b*). 'Reply', *American Economic Review*, 70.

—— (1990). 'Do Inequality Measures Measure Inequality?' mimeographed, Cornell University.

—— and FEI, J. C. H. (1978). 'On Inequality Comparisons', *Econometrica*, 46.

—— and JAKUBSON, G. H. (1990). 'The Inequality–Development Relationship in Developing Countries', mimeographed, Cornell University.

FINE, B. J. (1975*a*). 'A Note on Interpersonal Aggregation and Partial Comparability', *Econometrica*, 43.

—— (1975*b*). 'Individual Liberalism in a Paretian Society', *Journal of Political Economy*, 83.

—— (1985). 'A Note on the Measurement of Inequality and Interpersonal Comparability', *Social Choice and Welfare*, 1.

FISHER, F. M. (1956). 'Income Distribution, Value Judgments and Welfare', *Quarterly Journal of Economics*, 70.

—— (1986). 'Household Equivalence Scales and Interpersonal Comparisons', mimeographed, MIT.

—— (1987). 'Household Equivalence Scales and Interpersonal Comparisons', *Review of Economic Studies*, 54.

—— and SHELL, K. (1972). *The Economic Theory of Price Indices* (New York: Academic Press).

FISHKIN, J. S. (1983). 'Can There Be a Neutral Theory of Justice?' *Ethics*, 93.

FISHLOW, A. (1980). 'Who Benefits from Economic Development? Comment', *American Economic Review*, 70.

FLOUD, R. (1992). 'Anthropometric Measures of Nutritional Status in Industrial Societies: Europe and North America since 1750', in Osmani (1992*a*).

—— and WACHTER, K. W. (1982). 'Poverty and Physical Stature: Evidence on the Standard of Living of London Boys 1770–1870', *Social Science History*, 6.

FOGEL, R. W. (1986). 'Nutrition and the Decline in Mortality since 1700: Some Additional Preliminary Findings', Working Paper 182, National Bureau of Economic Research, Cambridge, Mass.

—— (1992). 'Second Thoughts on the European Escape from Hunger: Crop Yields, Price Elasticities, Entitlements and Mortality Rates', in Osmani (1992*a*).

—— ENGERMAN, S. L., and TRUSSELL, J. (1982). 'Exploring the Use of Data on Height: The Analysis of Long Term Trends in Nutrition, Labour Welfare and Labour Productivity', *Social Science History*, 6.

FOLBRE, N. (1984). 'Cleaning House: New Perspectives on Household and Economic Development', mimeographed, New School for Social Research.

—— BERGMANN, B., AGARWAL, B., and FLORO, M. (1991) (eds.). *Women's Work in the World Economy* (London: Macmillan).

FOLEY, D. (1967). 'Resource Allocation in the Public Sector', *Yale Economic Essays*, 7.

FOSTER, J. (1984). 'On Economic Poverty: A Survey of Aggregate Measures', *Advances in Econometrics*, 3.

—— (1985). 'Inequality Measurement', in H. P. Young (ed.), *Fair Allocation* (Providence, RI: American Mathematical Society).

—— GREER, J., and THORBECKE, E. (1984). 'A Class of Decomposable Poverty Measurement', *Econometrica*, 42.

—— MAJUMDAR, M. K., and MITRA, T. (1988). 'Inequality and Welfare in Exchange Economies', CAE Discussion Paper No. 88–09, Cornell University.

—— and SHORROCKS, A. F. (1988*a*). 'Poverty Orderings', *Econometrica*, 56.

—— —— (1988*b*). 'Poverty Orderings and Welfare Dominance', *Social Choice and Welfare*, 5.

—— —— (1991). 'Subgroup Consistent Poverty Indices', *Econometrica*, 59.

FOUNTAIN, J. (1980). 'Bowley's Analysis of Bilateral Monopoly and Sen's Liberal Paradox in Collective Choice Theory: A Note', *Quarterly Journal of Economics*, 95.

FOXLEY, A., and RACZYNSKI, D. (1984). 'Vulnerable Groups in Recessionary Situations: The Case of Children and the Young in Chile', *World Development*, 12.

FRANK, R. H. (1985). *Choosing the Right Pond: Human Behavior and the Quest for Status* (New York: Oxford University Press).

FRANKFURT, H. (1987). 'Equality as a Moral Ideal', *Ethics*, 98.

FRIED, C. (1978). *Right and Wrong* (Cambridge, Mass.: Harvard University Press).

FUCHS, V. R. (1983). *How We Live: An Economic Perspective on Americans from Birth to Death* (Cambridge, Mass.: Harvard University Press).

GAERTNER, W. (1985). 'Justice Constrained Libertarian Claims and Pareto Efficient Collective Decisions', *Erkenntnis*, 23.

—— (1986). 'Pareto, Independent Rights Exercising and Strategic Behavior'. *Journal of Economics*, 46.

—— (1988). 'Review of Commodities and Capabilities', *Journal of Economics*, 48.

—— (1992). 'Comment on Cohen and Sen', in Nussbaum and Sen (1992).

—— and KRÜGER, L. (1981). 'Self-Supporting Preferences and Individual Rights: The Possibility of Paretian Liberalism', *Economica*, 48.

—— —— (1983). 'Alternative Libertarian Claims and Sen's Paradox', *Theory and Decision*, 15.

—— PATTANAIK, P., and SUZUMURA, K. (1992). 'Individual Rights Revisited', forthcoming in *Economica*.

GAIHA, R. (1985). 'Poverty, Technology and Infrastructure in Rural India', *Cambridge Journal of Economics*, 9.

—— and KAZMI, N. A. (1981). 'Aspects of Poverty in Rural India', *Economics of Planning*, 17.

GALBRAITH, J. K. (1952). *American Capitalism: The Concept of Countervailing Power* (Cambridge, Mass.: Riverside Press).

—— (1958). *The Affluent Society* (Boston: Houghton Mifflin).

—— (1967). *The New Industrial State* (Boston: Houghton Mifflin).

GAMBETTA, D. (1987) (ed.). *Trust and Agency* (Oxford: Blackwell).

GÄRDENFORS, P. (1981). 'Rights, Games and Social Choice', *Nous*, 15.

—— and PETTIT, P. (1989). 'The Impossibility of a Paretian Loyalist', *Theory and Decision*, 27.

GARDINER, J., HIMMELWEIT, S., and MACKINTOSH, M. (1975). 'Women's Domestic Labour', *Bulletin of the Conference of Socialist Economists*.

GARDNER, R. (1980). 'The Strategic Inconsistency of Paretian Liberalism', *Public Choice*, 35.

GASTWIRTH, J. L. (1975). 'The Estimation of a Family of Measures of Economic Inequality', *Journal of Econometrics*, 3.

GAUTHIER, D. (1986). *Morals by Agreement* (Oxford: Clarendon Press).

GEVERS, L. (1979). 'On Interpersonal Comparability and Social Welfare Orderings', *Econometrica*, 47.

GIBBARD, A. (1974). 'A Pareto-Consistent Libertarian Claim', *Journal of Economic Theory*, 7.

—— (1979). 'Disparate Goods and Rawls's Difference Principle: A Social Choice Theoretic Treatment', *Theory and Decision*, 11.

—— (1986). 'Interpersonal Comparisons: Preference, Good, and the Intrinsic Reward of a Life', in Elster and Hylland (1986).

GIGLIOTTI, G. A. (1988). 'The Conflict between Naive and Sophisticated Choice as a Form of the "Liberal Paradox"', *Theory and Decision*, 24.

GLANTZ, M. H. (1976). *The Political Economy of Natural Disaster* (New York: Praeger).

GLOVER, J. (1977). *Causing Death and Saving Lives* (Harmondsworth: Penguin Books).

GOLDIN, C. (1989). *Understanding the Gender Gap: An Economic History of American Women* (New York: Oxford University Press).

GOLDSCHMIDT-CLERMONT, L. (1982). *Unpaid Work in the Household* (Geneva: ILO).

GOODIN, R. E. (1982). *Political Theory and Public Policy* (Chicago: University of Chicago Press).

—— (1985). *Protecting the Vulnerable* (Chicago: University of Chicago Press).

—— (1986). 'Laundering Preferences', in Elster and Hylland (1986).

—— (1987). 'Egalitarianism, Fetishistic and Otherwise', *Ethics*, 98.

—— (1988). *Reasons for Welfare: The Political Theory of the Welfare State* (Princeton, NJ: Princeton University Press).

GOPALAN, C. (1983). 'Measurement of Undernutrition: Biological Considerations', *Economic and Political Weekly*, 19 (9 Apr.).

GORMAN, W. M. (1956). 'The Demand for Related Goods', Journal Paper J 3129, Iowa Experimental Station, Ames, Ia.

—— (1976). 'Tricks with Utility Functions', in M. J. Artis and A. R. Nobay (eds.), *Essays in Economic Analysis* (Cambridge: Cambridge University Press).

GOSLING, J. C. B. (1969). *Pleasure and Desire* (Oxford: Clarendon Press).

GOTTINGER, H. W., and LEINFELLNER, W. (1978) (eds.). *Decision Theory and Social Ethics* (Dordrecht: Reidel).

GOUGUEN, J. A. (1967). 'L-Fuzzy Sets', *Journal of Mathematical Analysis and Applications*.

GRAAFF, J. DE V. (1946). 'Fluctuations in Income Concentration', *South African Journal of Economics*, 14.

—— (1957). *Theoretical Welfare Economics* (Cambridge: Cambridge University Press).

—— (1977). 'Equity and Efficiency as Components of General Welfare', *South African Journal of Economics*, 45.

—— (1979). 'Tastes, Values and the Foundations of Normative Economics', paper read at the 6th Interlaken Seminar on Analysis and Ideology.

—— (1985). 'Normative Measurement Theory', unpub. manuscript.

GRANT, J. P. (1978). *Disparity Reduction Rates in Social Indicators* (Washington, DC: Overseas Development Council).

GRAY, J. (1983). *John Stuart Mill's Doctrine of Liberty: A Defence* (London: Routledge and Kegan Paul).

GREEN, E. T. (1980). 'Libertarian Aggregation of Preferences: What the "Coase Theorem" Might Have Said', Social Science Working Paper No. 315, California Institute of Technology.

GRIFFIN, J. (1981). 'Equality: On Sen's Weak Equity Axiom', *Mind*, 50.

—— (1982). 'Modern Utilitarianism', *Revue internationale de philosophie*, 36.

—— (1986). *Well-Being* (Oxford: Clarendon Press).

GRIFFIN, K. (1978). *International Inequality and National Poverty* (London: Macmillan).

—— and KNIGHT, J. (1989) (eds.). *Human Development in the 1980s and Beyond, Journal of Development Planning*, 19 (Special Number).

GUTMANN, A. (1980). *Liberal Equality* (Cambridge: Cambridge University Press).

—— (1983). 'For and Against Equal Access to Health Care', in Bayer, Caplan, and Daniels (1983).

GUTTAMACHER, A. F. (1957). *Pregnancy and Birth* (New York: Viking Press).

GWATKIN, D. R., WILCOX, J. R., and WRAY, J. D. (1980). 'The Policy Implications of Field Experience in Primary Health and Nutrition', *Social Science and Medicine*, 14C.

HAGENAARS, A. J. M., and DE VOS, K. (1989). 'A Comparison between the Poverty Concepts of Sen and Townsend', mimeographed.

—— and VAN PRAAG, B. M. S. (1983). 'A Synthesis of Poverty Line Definitions', Report P3.01, Center for Research in Public Economics, Leiden University.

HAHN, F. H. (1971). 'Equilibrium with Transaction Costs', *Econometrica*, 39.

—— and HOLLIS, M. (1979) (eds.). *Philosophy and Economic Theory* (Oxford: Clarendon Press).

HAKSAR, V. (1979). *Equality, Liberty and Perfectionism* (Oxford: Clarendon Press).

HAMADA, K., and TAKAYAMA, N. (1978). 'Censored Income Distributions and the Measurement of Poverty', *Bulletin of International Statistical Institute*, 47.

HAMLIN, A. (1986). *Ethics, Economics and the State* (Brighton: Wheatsheaf Books).

—— (1989). 'Rights, Indirect Utilitarianism, and Contractarianism', *Economics and Philosophy*, 5.

—— and PETTIT, P. (1989) (eds.). *The Good Polity: Normative Analysis of the State* (Oxford: Blackwell).

HAMMOND, P. J. (1976*a*). 'Equity, Arrow's Conditions and Rawls' Difference Principle', *Econometrica*, 44.

—— (1976*b*). 'Why Ethical Measures of Inequality Need Interpersonal Comparisons', *Theory and Decision*, 7.

—— (1977). 'Dual Interpersonal Comparisons of Utility and the Welfare Economics of Income Distribution', *Journal of Public Economics*, 6.

—— (1978). 'Economic Welfare with Rank Order Price Weighting', *Review of Economic Studies*, 45.

—— (1981). 'Liberalism, Independent Rights and the Pareto Principle', in J. Cohen (ed.), *Proceedings of the 6th International Congress of Logic, Methodology and Philosophy of Science* (Dordrecht: Reidel).

—— (1982). 'Utilitarianism, Uncertainty and Information', in Sen and Williams (1982).

—— (1985). 'Welfare Economics', in G. Feiwel (ed.), *Issues in Contemporary Microeconomics and Welfare* (Albany, NY: SUNY Press).

—— (1986). 'Consequentialist Social Norms for Public Decisions', in Heller, Starr, and Starrett (1986).

HAMMOND, R. J. (1951). *History of the Second World War: Food* (London: HMSO).

HAMPSHIRE, S. (1982). 'Morality and Convention', in Sen and Williams (1982).

HANSSON, B. (1977). 'The Measurement of Social Inequality', in R. Butts and J. Hintikka (eds.), *Foundational Problems in the Special Sciences* (Dordrecht: Reidel).

HANSSON, S. O. (1988). 'Rights and the Liberal Paradoxes', *Social Choice and Welfare*, 5.

HARE, R. M. (1952). *The Language of Morals* (Oxford: Clarendon Press).

—— (1963). *Freedom and Reason* (Oxford: Clarendon Press).

—— (1981). *Moral Thinking: Its Levels, Methods and Point* (Oxford: Clarendon Press).

—— (1982). 'Ethical Theory and Utilitarianism', in Sen and Williams (1982).

HAREL, A., and NITZAN, S. (1987). 'The Libertarian Resolution of the Paretian Liberal Paradox', *Journal of Economics*, 47.

HARMAN, G. (1977). *The Nature of Morality* (New York: Oxford University Press).

HARRISON, G. A. (1988). *Famines* (Oxford: Clarendon Press).

HARRISS, B. (1977). 'Paddy Milling: Problems in Policy and Choice of Technology', in B. F. Farmer (ed.), *The Green Revolution* (London: Billing).

—— (1990). 'The Intrafamily Distribution of Hunger in South Asia', in Drèze and Sen (1990), vol. 1.

—— and WATSON, E. (1987). 'The Sex-Ratio in South Asia', in J. H. Momsen and J. Townsend (eds.), *Geography of Gender in the Third World* (London: Hutchinson).

Harsanyi, J. C. (1955). 'Cardinal Welfare, Individualistic Ethics and Interpersonal Comparisons of Utility', *Journal of Political Economy*, 63.

—— (1982). 'Morality and the Theory of Rational Behaviour', in Sen and Williams (1982).

Hart, H. L. A. (1961). *The Concept of Law* (Oxford: Clarendon Press).

—— (1973). 'Rawls on Liberty and its Priority', *University of Chicago Law Review*, 40. (Repr. in Daniels 1975.)

Hart, K. (1987). 'Commoditization and the Standard of Living', in Sen *et al.* (1987).

Hausman, D. M., and McPherson, M. S. (1991). 'Taking Morality Seriously: Economics and Contemporary Moral Philosophy', mimeographed, University of Wisconsin and Williams College.

Hawthorn, G. (1987). 'Introduction', in Sen *et al.* (1987).

Hayek, F. A. (1960). *The Constitution of Liberty* (London: Routledge and Kegan Paul).

—— (1967). *Studies in Philosophy, Politics, and Economics* (Chicago: University of Chicago Press).

Heller, W. P., Starr, R. M., and Starrett, D. A. (1986) (eds.). *Social Choice and Public Decision Making: Essays in Honor of Kenneth J. Arrow* (Cambridge: Cambridge University Press).

Helm, D. (1986). 'The Assessment: The Economic Borders of the State', *Oxford Review of Economic Policy*, 2.

Helpman, E., and Sadka, E. (1978). 'Optimal Taxation of Full Income', *International Economic Review*, 19.

Hemmell, V., and Sindbjerg, P. (1984). *Women in Rural China: Policy towards Women before and after the Cultural Revolution* (Copenhagen: Scandinavian Institute of Social Studies and Humanities Press).

Hemming, R. (1984). *Poverty and Incentives: The Economics of Social Security* (Oxford: Clarendon Press).

Hicks, J. R. (1939). *Value and Capital* (Oxford: Clarendon Press).

—— (1940). 'The Valuation of the Social Income', *Economica*, 7.

Hilpinen, R. (1971) (ed.). *Deontic Logic: Introductory and Systematic Readings* (Dordrecht: Reidel).

Himmelfarb, G. (1984). *The Idea of Poverty* (London: Faber & Faber).

Hirsch, F. (1977). *Social Limits to Growth* (London: Routledge).

Hirschman, A. O. (1958). *The Strategy of Economic Development* (New Haven, Conn.: Yale University Press).

—— (1982). *Shifting Involvement* (Princeton, NJ: Princeton University Press).

Hobsbawm, E. (1964). *Labouring Men* (London: Weidenfeld and Nicolson).

—— (1989). *Politics for a Rational Left* (London: Verso).

Honderich, T. (1985) (ed.). *Morality and Objectivity: A Tribute to J. L. Mackie* (London: Routledge and Kegan Paul).

Hossain, I. (1990). *Poverty as Capability Failure* (Helsinki: Swedish School of Economics).

Houthakker, H. S. (1950). 'Revealed Preference and the Utility Function', *Economica*, 17.

Hull, C. H. (1899) (ed.). *The Economic Writings of Sir William Petty* (Cambridge: Cambridge University Press).

Hurley, S. (1985). 'Objectivity and Disagreement', in Honderich (1985).

—— (1989). *Natural Reasons* (Oxford: Clarendon Press).

Hurwicz, L., Schmeidler, D., and Sonnenschein, H. (1985) (eds.). *Social Goals and Social Organisation: Essays in Memory of Elisha Pazner* (Cambridge: Cambridge University Press).

Hussain, A., Liu, H., and Liu, X. (1989). 'Compendium of Literature on the Chinese Social Security System', mimeographed, London School of Economics.

Hutchens, R. M. (1986). 'Segregation Curves, Lorenz Curves and Inequality in the Distribution of People across Groups', New York School of Industrial and Labor Relations, Cornell University.

Hylland, A. (1986). 'The Purpose and Significance of Social Choice Theory: Some General Remarks and Application to the "Lady Chatterley Problem"', in Elster and Hylland (1986).

Isenman, P. (1980). 'Basic Needs: The Case of Sri Lanka', *World Development*, 7.

Iyengar, N. S. (1989). 'Recent Studies of Poverty in India', *Journal of Quantitative Economics*, 5.

Jain, D. (1985). 'The Household Trap: Report on a Field Survey of Female Activity Patterns', in Jain and Banerjee (1985).

—— and Banerjee, N. (1985). *Tyranny of the Household: Investigative Essays on Women's Work* (New Delhi: Vikas).

Jasso, G. (1981). 'Who Gains and Who Loses under Alternative Income Distribution Regimes that have Identical Magnitudes of the Gini Coefficient', *Proceedings of the Social Statistics Section of the American Statistical Association*, 1981.

Jayawardena, K. (1986). *Feminism and Nationalism in the Third World* (London: Zed Books).

Jayawardena, L. (1974). 'Sri Lanka', in Chenery *et al.* (1974).

Jencks, C. (1972). *Inequality* (New York: Basic Books).

Johansson, S. R. (1991). 'Mortality, Welfare and Gender: Continuity and Change in Explanations for Male/Female Mortality Differences over Three Centuries', *Continuity and Change*.

Jorgenson, D. W., and Slesnick, D. T. (1983). 'Individual and Social Cost of Living Indexes', in Diewert and Montmarquette (1983).

———— (1984*a*). 'Inequality in the Distribution of Individual Welfare', *Advances in Econometrics*, 3.

——— (1984*b*). 'Aggregate Consumer Behaviour and the Measurement of Inequality', *Review of Economic Studies*, 51.
——— (1986). 'Redistribution Policy and the Elimination of Poverty', discussion paper, Harvard Institute of Economic Research.
——— (1987). 'Aggregate Consumer Behaviour and Household Equivalence Scales', *Journal of Business and Economic Statistics*, 5.
—— LAU, L. J., and STOKER, T. M. (1980). 'Welfare Comparison under Exact Aggregation', *American Economic Review*, 70.
KAKWANI, N. (1980*a*). *Income, Inequality and Poverty* (New York: Oxford University Press).
—— (1980*b*). 'On a Class of Poverty Measures', *Econometrica*, 48.
—— (1981). 'Welfare Measures: An International Comparison', *Journal of Development Economics*, 8.
—— (1986). *Analysing Redistribution Policies* (Cambridge: Cambridge University Press).
—— (1988). 'Income Inequality, Welfare and Poverty in a Developing Economy with Applications to Sri Lanka', *Social Choice and Welfare*, 5.
—— (1992). 'Measuring Undernutrition with Variable Calorie Requirements', in Osmani (1992*a*).
—— and SUBBARAO, K. (1990). 'Rural Poverty in India, 1973–86', Working Paper WPS 526, The World Bank.
KALAI, E., and SMORDINSKY, M. (1975). 'Other Solutions to Nash's Bargaining Problem', *Econometrica*, 43.
KANBUR, R. [S. M. R.] (1979). 'Of Risk Taking and Personal Distribution of Income', *Journal of Political Economy*, 87.
—— (1982*a*). 'Entrepreneurial Risk Taking, Inequality and Public Policy', *Journal of Political Economy*, 87.
—— (1982*b*). 'The Measurement and Decomposition of Inequality and Poverty: A Selective Survey', in F. van der Ploeg (ed.), *Handbook of Applicable Mathematics: Economics* (Chichester: John Wiley and Sons).
—— (1987). 'The Standard of Living: Uncertainty, Inequality and Opportunity', in Sen *et al.* (1987).
—— and HADDAD, L. (1990). 'How Serious is the Neglect of Intrahousehold Inequality', *Economic Journal*, 100.
—— and STROMBERG, J. O. (1986). 'Income Transitions and Income Distribution Dominance', *Journal of Economic Theory*, 96.
KANEKO, M., and NAKAMURA, M. (1979). 'The Nash Social Welfare Function', *Econometrica*, 47.
KANGER, S. (1957). *New Foundations for Ethical Theory* (Stockholm). (Repr. in Hilpinen 1971.)
—— (1972). 'Law and Logic', *Theoria*, 32.
—— (1985). 'On Realization of Human Rights', *Acta Philosophica Fennica*, 38.

KANT, I. (1785). *Fundamental Principles of Metaphysics of Ethics*, English trans. by T. K. Abbott (London: Longmans, 1907).

—— (1788). *Critique of Practical Reason*, English trans. by L. W. Beck (New York: Liberal Arts Press, 1956).

KAPTEYN, A., and VAN PRAAG, B. M. S. (1976). 'A New Approach to the Construction of Family Equivalent Scales', *European Economic Review*, 7.

KARNI, E. (1978). 'Collective Rationality, Unanimity and Liberal Ethics', *Review of Economic Studies*, 45.

KELLY, J. S. (1976*a*). 'The Impossibility of a Just Liberal', *Economica*, 43.

—— (1976*b*). 'Rights-Exercising and a Pareto-Consistent Libertarian Claim', *Journal of Economic Theory*, 13.

—— (1978). *Arrow Impossibility Theorems* (New York: Academic Press).

KELSEY, D. (1985). 'The Liberal Paradox: A Generalization', *Social Choice and Welfare*, 1.

KELSEY, D. (1988). 'What is Responsible for the "Paretian Epidemic"', *Social Choice and Welfare*, 5.

KERN, L. (1978). 'Comparative Distribution Ethics: An Extension of Sen's Examination of the Pure Distribution Problem', in Gottinger and Leinfellner (1978).

KHAN, Q. M. (1985). 'A Model of Endowment Constrained Demand for Food in an Agricultural Economy with Empirical Application to Bangladesh', *World Development*, 13.

KOLAKOWSKI, L. (1978). *Main Currents of Marxism: Its Origin, Growth and Dissolution* (Oxford: Clarendon Press).

KOLM, S. CH. (1969). 'The Optimal Production of Social Justice', in Margolis and Guitton (1969).

—— (1976). 'Unequal Inequalities', *Journal of Economic Theory*, 12.

—— (1977). 'Multidimensional Egalitarianism', *Quarterly Journal of Economics*, 91.

KOOPMANS, T. C. (1964). 'On the Flexibility of Future Preferences', in M. W. Shelley and J. L. Bryan (eds.), *Human Judgments and Optimality* (New York: Wiley).

KORNAI, J. (1988). 'Individual Freedom and the Reform of Socialist Economy', *European Economic Review*, 32.

KORSGAARD, C. (1992). 'Comments on Cohen and Sen', in Nussbaum and Sen (1992).

KRELLE, W., and SHORROCKS, A. F. (1978) (eds.). *Personal Income Distribution* (Amsterdam: North-Holland).

KREPS, D. (1979). 'A Representation Theorem for "Preference for Flexibility"', *Econometrica*, 47.

KRISHNAJI, N. (1987). 'Poverty and the Sex Ratio: Some Data and Speculations', *Economic and Political Weekly*, 22.

KUMAR, B. G. (1987). 'Poverty and Public Policy: Government Intervention and Levels of Living in Kerala, India', D.Phil. thesis (Oxford).

—— (1989). 'Gender, Differential Mortality and Development: The Experience of Kerala', *Cambridge Journal of Economics*, 13.

KUMAR, A. K. S. (1992). 'Maternal Capabilities and Child Survival in Low Income Regions: Economic Analysis of Infant Mortality Differentials in India', Ph.D. dissertation, Harvard University.

KUNDU, A., and SMITH, T. E. (1983). 'An Impossibility Theorem on Poverty Indices', *International Economic Review*, 24.

KUZNETS, S. (1961). *Six Lectures on Economic Growth* (New York: Free Press of Glencoe).

—— (1966). *Modern Economic Growth* (New Haven, Conn.: Yale University Press).

—— (1973). *Population, Capital and Growth: Selected Essays* (London: Heinemann).

KYNCH, J. (1985). 'How Many Women are Enough? Sex Ratios and the Right to Life', *Third World Affairs 1985* (London: Third World Foundation).

—— and SEN, A. K. (1983). 'Indian Women: Well-Being and Survival', *Cambridge Journal of Economics*, 7.

LADEN, T. (1991*a*). 'Games, Fairness and Rawls's *A Theory of Justice*, *Philosophy and Public Affairs*, 20.

—— (1991*b*). 'Freedom, Preference and Objectivity: Women and the Capability Approach', mimeographed, Department of Philosophy, Harvard University.

LAMBERT, P. J. (1985). 'Social Welfare and the Gini Coefficient Revisited', *Mathematical Social Sciences*, 9.

—— (1989). *The Distribution and Redistribution of Income* (Oxford: Basil Blackwell).

—— and WEALE, A. (1981). 'Equality, Risk-Aversion and Contractarian Social Choice', *Theory and Decision*, 13.

LANCASTER, K. J. (1966). 'A New Approach to Consumer Theory', *Journal of Political Economy*, 74.

—— (1971). *Consumer Demand: A New Approach* (New York: Columbia University Press).

LARMORE, C. (1987). *Patterns of Moral Complexity* (Cambridge: Cambridge University Press).

LASLETT, P. (1991). *A Fresh Map of Life: The Emergence of the Third Age* (Cambridge, Mass.: Harvard University Press).

LE BRETON, K., and TRANNOY, A. (1987). 'Measures of Inequality as an Aggregation of Individual Preferences about Income Distribution: The Arrowian Case', *Journal of Economic Theory*, 41.

—— —— and URIARTE, J. R. (1985). 'Topological Aggregation of Inequality Preorders', *Social Choice and Welfare*, 2.

LE GRAND, J. (1982). *The Strategy of Equality: Redistribution and the Social Services* (London: Allen and Unwin).

—— (1984). 'Equity as an Economic Objective', *Journal of Applied Philosophy*, 1.

—— (1990). 'Equity versus Efficiency: The Elusive Trade-off', *Ethics*, 10.

—— (1991). *Equity and Choice* (London: Harper Collins).

LEHNING, P. B. (1989). 'Liberalism and Capabilities: Some Remarks on the Neutrality Debate', mimeographed, Rotterdam University.

LETWIN, W. (1983) (ed.). *Against Equality* (London: Macmillan).

LEVI, I. (1982). 'Liberty and Welfare', in Sen and Williams (1982).

—— (1986). *Hard Choices* (Cambridge: Cambridge University Press).

LEWIS, G. W., and ULPH, D. T. (1987). 'Poverty, Inequality and Welfare', Discussion Paper 87/188, University of Bristol.

LINDAHL, L. (1977). *Position and Change: A Study of Law and Logic* (Dordrecht: Reidel).

LINDBECK, A. (1988). 'Individual Freedom and Welfare State Policy', *European Economic Review*, 32.

LIPTON, M. (1983). 'Poverty, Undernutrition and Hunger', World Bank Staff Working Paper (Washington, DC: The World Bank).

—— (1985). 'A Problem in Poverty Measurement', *Mathematical Social Sciences*, 10.

LITTLE, I. M. D. (1950). *A Critique of Welfare Economics* (Oxford: Clarendon Press).

LOPEZ, A. D., and RUZICKA, L. T. (1983) (eds.). *Sex Differences in Mortality* (Canberra: Department of Demography, Australian National University).

LOURY, G. (1987). 'Why Should We Care about Group Inequality?' *Social Philosophy and Policy*, 5.

LOUTFI, M. F. (1980). *Rural Women: Unequal Partners in Development* (Geneva: ILO).

LUCAS, G. R. (1990). 'African Famine: New Economic and Ethical Perspectives', *Journal of Philosophy*, 87.

LUCAS, J. R. (1965). 'Against Equality', *Philosophy*, 40.

—— (1980). *On Justice* (Oxford: Clarendon Press).

LUCE, R. D., and RAIFFA, H. (1957). *Games and Decisions* (New York: Wiley).

LUKER, W. (1986). 'Welfare Economics, Positivist Idealism and Quasi-Experimental Methodology', mimeographed, University of Texas at Austin.

LUKES, S. (1985). *Marxism and Morality* (Oxford: Clarendon Press).

—— (1990). 'Equality and Liberty: Must They Conflict?', mimeographed, European University Institute.

LYDALL, H. F. (1966). *The Structure of Earnings* (Oxford: Clarendon Press).

MAASOUMI, E. (1986). 'The Measurement and Decomposition of Multidimensional Inequality', *Econometrica*, 54.

—— (1989). 'Continuously Distributed Attributes and Measures of Multivariate Inequality', *Journal of Econometrics*, 42.

McCord, C., and Freeman, H. P. (1990). 'Excess Mortality in Harlem', *New England Journal of Medicine*, 322 (18 Jan.).

McDowell, J. (1981). 'Non-Cognitivism and Rule Following', in S. H. Holtzman and C. M. Leigh (eds.), *Wittgenstein: To Follow a Rule* (London: Routledge and Kegan Paul).

—— (1985). 'Values and Secondary Qualities', in Honderich (1985).

McElroy, M. B., and Horney, M. J. (1981). 'Nash-Bargained Household Decisions: Toward a Generalization of the Theory of Demand', *International Economic Review*, 22.

MacIntyre, I. D. A. (1987). '"The Liberal Paradox: A Generalisation" by D. Kelsey', *Social Choice and Welfare*, 4.

—— (1988). 'Justice, Liberty, Unanimity and the Axioms of Identity', *Theory and Decision*, 24.

Mack, J., and Lansley, S. (1985). *Poor Britain* (London: Allen and Unwin).

Mackie, J. L. (1978*a*). *Ethics: Inventing Right and Wrong* (Harmondsworth: Penguin).

—— (1978*b*). 'Can There be a Rights-Based Moral Theory?' *Midwest Studies in Philosophy*, 3.

—— (1986). 'The Combination of Partially-Ordered Preferences', in J. L. Mackie, *Persons and Values* (Oxford: Clarendon Press).

McLean, I. (1980). 'Liberty, Equality and the Pareto Principle', *Analysis*, 40.

MacLeod, A. M. (1984). 'Distributive Justice, Contract and Equality', *Journal of Philosophy*, 81.

McMurrin, S. M. (1980) (ed.). *Tanner Lectures on Human Values*, i (Salt Lake City: University of Utah Press and Cambridge: Cambridge University Press).

McPherson, M. S. (1982). 'Mill's Moral Theory and the Problem of Preference Change', *Ethics*, 92.

—— (1984). 'Limits of Self-Seeking: The Role of Morality in Economic Life', in Colander (1984).

Majumdar, T. (1969). 'Revealed Preference and the Demand Theorem in a Not Necessarily Competitive Market', *Quarterly Journal of Economics*, 83.

Manser, M., and Brown, M. (1980). 'Marriage and Household Decision Making: A Bargaining Analysis', *International Economic Review*, 21.

Marcus, R. B. (1980). 'Moral Dilemmas and Consistency', *Journal of Philosophy*, 1977.

Marglin, S. A. (1984). *Growth, Distribution and Prices* (Cambridge, Mass.: Harvard University Press).

Margolis, J., and Guitton, H. (1969) (eds.). *Public Economics* (London: Macmillan).

Marx, K. (1844). *The Economic and Philosophic Manuscript of 1844*, English trans. (London: Lawrence and Wishart).

Marx, K. (with F. Engels) (1845–46). *The German Ideology*, English trans. (New York: International Publishers, 1947).
—— (1857–58). *Grundrisse: Foundations of the Critique of Political Economy*, English trans. by M. Nicolaus (Harmondsworth: Penguin Books, 1973).
—— (1867). *Capital*, vol. i, English trans. (London: Allen and Unwin, 1938).
—— (1875). *Critique of the Gotha Program*, English trans. (New York: International Publishers, 1938).
Maskin, E. (1978). 'A Theorem on Utilitarianism', *Review of Economic Studies*, 45.
—— (1979). 'Decision-Making under Ignorance with Implications for Social Choice', *Theory and Decision*, 11.
Mazumdar, V. (1985). *Emergence of Women's Questions in India and the Role of Women's Studies* (New Delhi: Centre for Women's Development Studies).
Meade, J. E. (1955). *Trade and Welfare* (Oxford: Oxford University Press).
—— (1965). *Efficiency, Equity and the Ownership of Property* (Cambridge, Mass.: Harvard University Press).
—— (1976). *The Just Economy* (London: Allen and Unwin).
Meeks, G. (1991) (ed.). *Thoughtful Economic Man* (Cambridge: Cambridge University Press).
Mehran, F. (1976). 'Linear Measures of Economic Equality', *Econometrica*, 44.
Meyer, M. (1987). 'Multidimensional Correlation and the Measurement of Ex-Post Inequality under Uncertainty', unpub. manuscript, St John's College, Oxford.
Mezzetti, C. (1987). 'Paretian Efficiency, Rawlsian Justice and the Nozick Theory of Right', *Social Choice and Welfare*, 4.
Mies, M. (1982). *The Lace Makers of Nasrapur: Indian Housewives Produce for the World Market* (London: Zed Press).
Miliband, R. (1977). *Marxism and Politics* (Oxford: Clarendon Press).
Mill, J. S. (1859). *On Liberty* (London). (Republished Harmondsworth: Penguin, 1974.)
—— (1861). *Utilitarianism* (London).
Miller, B. (1981). *The Endangered Sex: Neglect of Female Children in Rural North India* (Ithaca, NY: Cornell University Press).
—— (1982). 'Female Labor Participation and Female Seclusion in Rural India: A Regional View', *Economic Development and Cultural Change*, 30.
—— (1984). 'Child Survival and Sex Differential in the Treatment of Children', *Medical Anthropology*, 8.
Mincer, J. (1962). 'Labor Force Participation of Married Women', in H. G. Lewis (ed.), *Aspects of Labour Economics* (Princeton, NJ: Princeton University Press). (Repr. in Amsden 1980.)

—— and POLOCHEK, S. (1974). 'Family Investments in Human Capital Earnings of Women', *Journal of Political Economy*, 82. (Repr. in Amsden 1980.)

MIRRLEES, J. (1971). 'An Exploration in the Theory of Optimum Income Taxation', *Review of Economic Studies*, 38.

—— (1974). 'Notes on Welfare Economics, Information and Uncertainty', in M. Baleh, D. McFadden, and S. Wu (eds.), *Essays on Economic Behaviour under Uncertainty* (Amsterdam: North-Holland).

—— (1982). 'The Economic Uses of Utilitarianism', in Sen and Williams (1982).

—— (1986). 'The Theory of Optimal Taxation', in Arrow and Intriligator (1986).

MITRA, A. (1980). *Implications of Declining Sex Ratio in India's Population* (Bombay: Allied Publishers).

MOOKHERJEE, D., and SHORROCKS, A. (1982). 'A Decomposition Analysis of the Trends in UK Income Inequality', *Economic Journal*, 92.

MORRIS, M. D. (1979). *Measuring the Conditions of the World's Poor: The Physical Quality of Life Index* (Oxford: Pergamon Press).

MOULIN, H. (1989). 'Welfare Bounds and Fair Allocation of Private Goods', mimeographed, Virginia Polytechnic Institute.

—— (1990). 'Interpreting Common Ownership', *Recherches économiques de Louvain*, 56.

MUELLBAUER, J. (1974*a*). 'Household Composition, Engel Curves and Welfare Comparisons between Households: A Duality Approach', *European Economic Review*, 5.

—— (1974*b*). 'Inequality Measures, Prices and Household Composition', *Review of Economic Studies*, 41.

—— (1978). 'Distributional Aspects of Price Comparisons', in R. Stone and W. Peterson (eds.), *Economic Contributions to Public Policy* (London: Macmillan).

—— (1987). 'Professor Sen on the Standard of Living', in Sen *et al.* (1987).

MUELLER, D. C. (1979). *Public Choice* (Cambridge: Cambridge University Press).

MURRAY, C. and CHEN, L. (1990). 'Health Transitions: Patterns and Dynamics', mimeographed, Center for Population Studies, Harvard University.

MUSGRAVE, R. (1959). *The Theory of Public Finance* (New York: McGraw-Hill).

NAGEL, T. (1979). *Mortal Questions* (Cambridge: Cambridge University Press).

—— (1980). 'The Limits of Objectivity', in McMurrin (1980).

—— (1986). *The View from Nowhere* (New York: Oxford University Press).

NASH, J. F. (1950). 'The Bargaining Problem', *Econometrica*, 18.

NEWBERY, D. M. G. (1970). 'A Theorem on the Measurement of Inequality', *Journal of Economic Theory*, 2.

NG, Y.-K. (1971). 'The Possibility of a Paretian Liberal: Impossibility Theorems and Cardinal Utility', *Journal of Political Economy*, 79.
—— (1979). *Welfare Economics* (London: Macmillan).
NISSEN, H. P. (1984) (ed.). *Towards Income Distribution Policies* (Tilburg: European Association of Development Research and Training Institute).
NORDHAUS, W., and TOBIN, J. (1972). 'Is Growth Obsolete?', in *National Bureau of Economic Research, Economic Growth: Fiftieth Anniversary Colloquium* (New York: NBER).
NOZICK, R. (1973). 'Distributive Justice', *Philosophy and Public Affairs*, 3.
—— (1974). *Anarchy, State and Utopia* (Oxford: Blackwell).
—— (1989). *The Examined Life* (New York: Simon & Schuster).
NURMI, H. (1984). 'On Taking Preferences Seriously', in Anckar and Berndtson (1984).
—— (1987). *Comparing Voting Systems* (Dordrecht: Reidel).
NUSSBAUM, M. C. (1985). *Fragility of Goodness: Luck and Ethics in Greek Tragedy and Philosophy* (Cambridge: Cambridge University Press).
—— (1988*a*). 'Nature, Function, and Capability: Aristotle on Political Distribution', *Oxford Studies in Ancient Philosophy* (supplementary volume).
—— (1988*b*). 'Non-Relative Virtues: An Aristotelian Approach', *Midwest Studies in Philosophy*, 13; revised version in Nussbaum and Sen (1991).
—— (1991*a*). 'Human Functioning and Social Justice: In Defence of Aristotelian Essentialism', paper presented at the WIDER conference on 'Human Capabilities: Women, Men and Equality', 14–16 Aug.
—— (1991*b*). 'Emotions and Women's Capabilities', paper presented at the WIDER conference on 'Human Capabilities: Women, Men and Equality', 14–16 Aug.
—— and SEN, A. K. (1992) (eds.). *The Quality of Life* (Oxford: Clarendon Press).
NYGRAD, F., and SANDSTROM, A. (1981). *Measuring Income Inequality* (Stockholm: Almqvist and Wiksell International).
OKIN, S. M. (1987). 'Justice and Gender', *Philosophy and Public Affairs*, 16 (Winter).
—— (1989). *Justice, Gender and Family* (New York: Basic Books).
OKUN, A. (1975). *Equality and Efficiency: The Big Tradeoff* (Washington: Brookings).
O'NEILL, O. (1986). *Faces of Hunger* (London: Allen and Unwin).
—— (1989). *Constructions of Reason: Explorations of Kant's Practical Philosophy* (Cambridge: Cambridge University Press).
—— (1992). 'Justice, Gender and International Boundaries', in Nussbaum and Sen (1992).
OSMANI, S. R. (1978). 'On the Normative Measurement of Inequality', *Bangladesh Development Studies*, 6.
—— (1982). *Economic Inequality and Group Welfare* (Oxford: Clarendon Press).

—— (1990*a*). 'Nutrition and the Economics of Food: Implications of Some Recent Controversies', in Drèze and Sen (1990), vol. 1.

—— (1990*b*). 'Freedom and the Choice of Space', mimeographed, WIDER, Helsinki.

—— (1992*a*) (ed.). *Nutrition and Poverty* (Oxford: Clarendon Press), forthcoming.

—— (1992*b*). 'Undernutrition: Measurement and Implications', in Osmani (1992*a*).

—— (1992*c*). 'Comments', in Nussbaum and Sen (1992).

OTTEN, M. W., TEUTSCH, S. M., WILLIAMSON, D. F., and MARKS, J. S. (1990). 'The Effect of Known Risk Factors in the Excess Mortality of Black Adults in the United States', *Journal of the American Medical Association*, 263 (9 Feb.).

PADMANABHA, P. (1982). 'Trends in Morality', *Economic and Political Weekly*, 17 (7 Aug.).

PALMER, J., SMEEDING, T., and TORREY, B. (1988). *The Vulnerable: America's Young and Old in the Industrial World* (Washington, DC: Urban Institute Press).

PANIKAR, P. G. K., and SOMAN, C. R. (1984). *Health Status of Kerala* (Trivandrum: Centre for Development Studies).

PANT, P., *et al.* (1962). *Perspective of Development 1961–1976. Implications of Planning for a Minimum Level of Living* (New Delhi: Planning Commission of India).

PANTULU, Y. V. (1980). 'On Sen's Measure of Poverty', mimeographed, Sardar Patel Institute of Economic and Social Research.

PAPANEK, H. (1990). 'To each less than she needs, from each more than she can do: Allocations, Entitlements and Value', in Tinker (1990*a*).

PARFIT, D. (1984). *Reasons and Persons* (Oxford: Clarendon Press).

PATTANAIK, P. K. (1988). 'On the Consistency of Libertarian Values', *Economica*, 55.

—— and SENGUPTA, M. (1991). 'A Note on Sen's Normalization Axiom for a Poverty Measure', mimeographed.

—— and XU, Y. (1990). 'On Ranking Opportunity Sets in Terms of Freedom of Choice', *Recherches économiques de Louvain*, 56.

PAYNE, P. R. (1985). 'Nutritional Adoption in Man: Social Adjustments and their Nutritional Implications' in Blaxter and Waterlow (1985).

—— and LIPTON, M., with LONGHURST, R., NORTH, J., and TREAGUST, S. (1988). 'How Third World Rural Households Adapt to Dietary Energy Stress', mimeographed, International Food Policy Research Institute, Washington, DC.

PAZNER, E. A., and SCHMEIDLER, D. (1974). 'A Difficulty in the Concept of Fairness', *Review of Economic Studies*, 41.

PEACOCK, A. T., and ROWLEY, C. K. (1972). 'Welfare Economics and the

Public Regulation of Natural Monopoly', *Journal of Political Economy*, 80.

PEN, J. (1971). *Income Distribution: Facts, Theories, Policies* (New York: Praeger).

PERELLI-MINETTI, C. R. (1977). 'Nozick on Sen: A Misunderstanding', *Theory and Decision*, 8.

PETTY, W. (1676). *Political Arithmetick*. (Republished in Hull 1899.)

PHELPS, E. S. (1973) (ed.). *Economic Justice* (Harmondsworth: Penguin).

—— (1977). 'Recent Developments in Welfare Economics: Justice et équité', in M. D. Intriligator, *Frontiers of Quantitative Economics*, iii (Amsterdam: North-Holland). (Repr. in Phelps 1980.)

—— (1980). *Studies in Macroeconomic Theory*, ii. *Redistribution and Growth* (New York: Academic Press).

PIGOU, A. C. (1952). *The Economics of Welfare*, 4th edn. with eight new appendices (London: Macmillan).

PLOTT, C. (1978). 'Rawls' Theory of Justice: An Impossibility Result', in Gottinger and Leinfellner (1978).

POGGE, T. W. (1989). *Realizing Rawls* (Ithaca, NY: Cornell University Press).

POLLAK, R. A., and WALES, T. J. (1979). 'Welfare Comparisons and Equivalent Scales', *American Economic Review*, 69.

—— —— (1981). 'Demographic Variables in Demand Analysis', *Econometrica*, 49.

PRESTON, S., KEYFITZ, N., and SCHOEN, R. (1972). *Causes of Death: Life Tables of National Populations* (New York: Seminar Press).

PUTNAM, H. (1987). *The Many Faces of Realism* (La Salle, Ill.: Open Court).

—— (1992). 'Objectivity and the Science/Ethics Distinction', in Nussbaum and Sen (1992).

PUTNAM, R. A. (1991). 'Why Not a Feminist Theory of Justice?' paper presented at the WIDER conference on 'Human Capabilities: Women, Men and Equality', 14–16 Aug.

PUTTERMAN, L. (1986). *Peasants, Collectives, and Choice* (Greenwich, Conn.: JAI Press).

PYATT, G. (1976). 'On the Interpretation and Disaggregation of Gini Coefficients', *Economic Journal*, 86.

—— (1987). 'Measuring Welfare, Poverty and Inequality', *Economic Journal*, 97.

RAE, D. (1981). *Equalities* (Cambridge, Mass.: Harvard University Press).

RAM, N. (1990). 'An Independent Press and Anti-Hunger Strategies: The Indian Experience', in Drèze and Sen (1990), vol. 1.

RAMACHANDRAN, V. K. (1990). *Wage Labour and Unfreedom in Agriculture* (Oxford: Clarendon Press).

RAMSEY, F. P. (1928). 'A Mathematical Theory of Saving', *Economic Journal*, 38.

—— (1978). *Foundations: Essays in Philosophy, Logic, Mathematics and Economics* (London: Routledge).
RAVALLION, M. (1987). *Markets and Famines* (Oxford: Clarendon Press).
—— and VAN DE WALLE, D. (1988). 'Poverty Orderings of Food Pricing Reforms', Discussion Paper 86, Development Economics Research Centre, University of Warwick.
RAWLS, J. (1958). 'Justice as Fairness', *Philosophical Review*, 67.
—— (1971). *A Theory of Justice* (Cambridge, Mass.: Harvard University Press).
—— (1982). 'Social Unity and Primary Goods', in Sen and Williams (1982).
—— (1985). 'Justice as Fairness: Political not Metaphysical', *Philosophy and Public Affairs*, 14.
—— (1987). 'The Idea of an Overlapping Consensus', *Oxford Journal of Legal Studies*, 7.
—— (1988*a*). 'Priority of Right and Ideas of the Good', *Philosophy and Public Affairs*, 17.
—— (1988*b*). 'Reply to Sen', mimeographed, Harvard University.
—— (1988*c*). 'The Domain of the Political and Overlapping Consensus', mimeographed, Harvard University.
—— (1990). 'Political Liberalism', to be published by Columbia University Press.
—— FRIED, C., SEN, A., and SCHELLING, T. (1987). *Liberty, Equality, and Law*, ed. S. McMurrin (Cambridge: Cambridge University Press; and Salt Lake City: University of Utah Press).
RAY, R. (1984*a*). 'A Class of Decomposable Poverty Measures: A Correction and a Modified Poverty Measure', unpub. manuscript, University of Manchester.
—— (1984*b*). 'On Measuring Poverty in India: A Synthesis of Alternative Measures', unpub. manuscript, University of Manchester.
RAZ, J. (1986). *The Morality of Freedom* (Oxford: Clarendon Press).
REDDY, S. (1988). 'An Independent Press Working against Famine: The Nigerian Experience', *Journal of Modern African Studies*, 26.
REGAN, D. H. (1983). 'Against Evaluator Relativity: A Response to Sen', *Philosophy and Public Affairs*, 12.
RILEY, J. (1986). 'Generalized Social Welfare Functionals: Welfarism, Morality and Liberty', *Social Choice and Welfare*, 3.
—— (1987). *Liberal Utilitarianism: Social Choice Theory and J. S. Mill's Philosophy* (Cambridge: Cambridge University Press).
—— (1989*a*). 'Rights to Liberty in Purely Private Matters: Part I', *Economics and Philosophy*, 5.
—— (1989*b*). 'Rights to Liberty in Purely Private Matters: Part II', *Economics and Philosophy*, 6.
RINGEN, S. (1984). 'Towards a Third Stage in the Measurement of Poverty',

unpub. manuscript, The Swedish Institute for Social Research, University of Stockholm.

—— (1987). *The Possibility of Politics: A Study of the Economy of the Welfare State* (Oxford: Clarendon Press).

RISKIN, C. (1987). *China's Political Economy* (Oxford: Clarendon Press).

RISKIN, D. (1988). 'Reform: Where is China Going?' mimeographed, Queens University, New York, and East Asia Center, Columbia University.

ROBBINS, L. (1932). *An Essay on the Nature and Significance of Economic Science* (London: Allen & Unwin).

—— (1938). 'Interpersonal Comparisons of Utility', *Economic Journal*, 48.

ROBERTS, K. W. S. (1980*a*). 'Interpersonal Comparability and Social Choice Theory', *Review of Economic Studies*, 47.

—— (1980*b*). 'Price Independent Welfare Prescriptions', *Journal of Public Economics*, 13.

ROCHFORD, S. C. (1981). 'Nash-Bargained Household Decision Making in a Peasant Economy', mimeographed.

—— (1982). 'General Results of Stable Pairwise-Bargained Allocations in a Marriage Market', mimeographed.

ROEMER, J. (1982). *A General Theory of Exploitation and Class* (Cambridge, Mass.: Harvard University Press).

—— (1985). 'Equality of Talent', *Economics and Philosophy*, 1.

—— (1986*a*). 'An Historical Materialist Alternative to Welfarism', in Elster and Hylland (1986).

—— (1986*b*). 'Equality of Resources Implies Equality of Welfare', *Quarterly Journal of Economics*, 101.

—— (1988). *Free to Lose: An Introduction to Marxist Economic Philosophy* (Cambridge, Mass.: Harvard University Press).

—— (1990). 'Welfarism and Axiomatic Bargaining Theory', *Recherches économiques de Louvain*, 56.

—— (1992). 'Distributing Health: The Allocation of Resources by an International Agency', in Nussbaum and Sen (1992).

ROGERS, B. (1980). *The Domestication of Women* (London: Tavistock).

ROSENZWEIG, M. R., and SCHULTZ, T. P. (1982). 'Market Opportunities, Genetic Endowments, and Intra-Family Resource Distribution: Child Survival in Rural India', *American Economic Review*, 72.

ROSS, D. (1980) (ed.). *Aristotle: The Nicomachean Ethics* (Oxford: Clarendon Press).

ROTBERG, R. I., and RABB, T. K. (1985). *Hunger and History* (Cambridge: Cambridge University Press).

ROTH, A. E. (1979). *Axiomatic Models of Bargaining* (Berlin: Springer-Verlag).

ROTHSCHILD, M., and STIGLITZ, J. (1973). 'Some Further Results in the Measurement of Inequality', *Journal of Economic Theory*, 6.

ROWNTREE, B. S. (1901). *Poverty: A Study of Town Life* (London: Longmans).
—— (1941). *Poverty and Progress* (London: Longmans).
RYAN, A. (1979) (ed.). *The Idea of Freedom: Essays in Honour of Isaiah Berlin* (Oxford: Clarendon Press).
SADKA, E. (1977). 'On Progressive Income Taxation', *American Economic Review*, 67.
SAMUELSON, P. A. (1938). 'A Note on the Pure Theory of Consumer Behaviour', *Economica*, 5.
—— (1947). *Foundations of Economic Analysis* (Cambridge, Mass.: Harvard University Press).
—— (1956). 'Social Indifference Curves', *Quarterly Journal of Economics*, 70.
SASTRY, S. A. R. (1977). 'Poverty, Inequality and Development: A Study of Rural Andhra Pradesh', *Anvesak*, 7.
—— (1980*a*). 'A Survey of Literature on Poverty Income Distribution and Development', *Artha Vijnana*, 22.
—— (1980*b*). 'Poverty: Concepts and Measurement', *Indian Journal of Economics*, 61.
SAWHILL, I. V. (1988). 'Poverty in the U.S.: Why is it so Persistent?', *Journal of Economic Literature*, 26.
SCANLON, T. M. (1975). 'Preference and Urgency', *Journal of Philosophy*, 72.
—— (1982). 'Contractualism and Utilitarianism', in Sen and Williams (1982).
—— (1988*a*). 'The Significance of Choice', in *Tanner Lectures on Human Values*, viii (Salt Lake City: University of Utah Press).
—— (1988*b*). 'Notes on Equality', mimeographed, Harvard University.
—— (1990). 'The Moral Basis of Interpersonal Comparisons', mimeographed, forthcoming in J. Elster and J. Roemer (eds.), *Interpersonal Comparability*.
—— (1992). 'Value, Desire and Quality of Life', in Nussbaum and Sen (1992).
SCHEFFLER, S. (1982). *The Rejection of Consequentialism* (Oxford: Clarendon Press).
—— (1988) (ed.). *Consequentialism and Its Critics* (Oxford: Oxford University Press).
SCHELLING, T. C. (1960). *The Strategy of Conflict* (Cambridge, Mass.: Harvard University Press).
SCHELLING, T. (1984). *Choice and Consequences* (Cambridge, MA: Harvard University Press).
SCHOKKAERT, E., and VAN OOTEGEM, L. (1990). 'Sen's Concept of the Living Standard Applied to the Belgian Unemployed', *Recherches économiques de Louvain*, 56.
School of Public Health, Harvard University (1985). *Hunger in America: The Growing Epidemic* (Cambridge, Mass.: School of Public Health, Harvard University).

SCHOTTER, A. (1985). *Free Market Economics: A Critical Appraisal* (New York: St Martin's Press).

SCHWARTZ, T. (1981). 'The Universal Instability Theorem', *Public Choice*, 37.

—— (1986). *The Logic of Collective Choice* (New York: Columbia University Press).

SCRIMSHAW, N. (1987). 'Biological Adaptation in the Maintenance of Nutrition and Health', mimeographed, MIT.

—— TAYLOR, C. E., and GOPALAN, J. E. (1968). *Interactions of Nutrition and Infection* (Geneva: World Health Organization).

SEABRIGHT, P. (1989). 'Social Choice and Social Theories', *Philosophy and Public Affairs*, 18.

—— (1992). 'Pluralism and the Standard of Living', in Nussbaum and Sen (1992).

SEADE, J. (1977). 'On the Shape of Optimal Tax Schedules', *Journal of Public Economics*, 7.

SEASTRAND, F., and DIWAN, R. (1975). 'Measurement and Comparison of Poverty and Inequality in the United States', presented at the Third World Econometric Congress, Toronto.

SEIDL, C. (1975). 'On Liberal Values', *Zeitschrift für Nationalökonomie*, 35.

—— (1986*a*). 'Poverty Measures: A Survey', in Bos, Rose, and Seidl (1986).

—— (1986*b*). 'The Impossibility of Nondictatorial Tolerance', *Journal of Economics: Zeitschrift für Nationalökonomie*, 46.

—— (1990). 'On the Impossibility of a Generalization of the Libertarian Resolution of the Liberal Paradox', *Journal of Economics*, 51.

SEN, A. K. (1970*a*). *Collective Choice and Social Welfare* (San Francisco: Holden-Day). (Republished Amsterdam: North-Holland, 1979.)

—— (1970*b*). 'Interpersonal Aggregation and Partial Comparability', *Econometrica*, 38. (Repr. in Sen 1982*a*.) ('A Correction', *Econometrica*, 40, 1972.)

——(1970*c*). 'The Impossibility of a Paretian Liberal' *Journal of Political Economy*, 78. (Repr. in Hahn and Hollis 1979 and Sen 1982*a*.)

——(1973*a*). *On Economic Inequality* (Oxford: Clarendon Press and New York: Norton). (Also referred to in the text as *OEI*.)

——(1973*b*). 'Behaviour and the Concept of Preference', *Economica*, 40. (Repr. in Sen 1982*a*.)

——(1973*c*). 'Poverty, Inequality and Unemployment: Some Conceptual Issues in Measurement', *Economic and Political Weekly*, 8.

——(1973*d*). 'On the Development of Basic Economic Indicators to Supplement GNP Measures', *United Nations Economic Bulletin for Asia and the Far East*, 24.

——(1974). 'Informational Bases of Alternative Welfare Approaches: Aggregation and Income Distribution', *Journal of Public Economics*, 4.

——(1976*a*). 'Poverty: An Ordinal Approach to Measurements', *Econometrica*, 44. (Repr. in Sen 1982*a*.)

—— (1976*b*). 'Real National Income', *Review of Economic Studies*, 43. (Repr. in Sen 1982*a*.)
—— (1976*c*). 'Liberty, Unanimity and Rights', *Economica*, 43. (Repr. in Sen 1982*a*.)
—— (1977*a*). 'Social Choice Theory: A Re-Examination', *Econometrica*, 45. (Repr. in Sen 1982*a*.)
—— (1977*b*). 'On Weights and Measures: Informational Constraints in Social Welfare Analysis', *Econometrica*, 45. (Repr. in Sen 1982*a*.)
—— (1977*c*). 'Rational Fools: A Critique of the Behavioural Foundations of Economic Theory', *Philosophy and Public Affairs*, 6. (Repr. in Sen 1982*a*.)
—— (1978*a*). 'On the Labour Theory of Value: Some Methodological Issues', *Cambridge Journal of Economics*, 2.
—— (1978*b*). 'Ethical Measurement of Inequality: Some Difficulties', in Krelle and Shorrocks (1978). (Repr. in Sen 1982*a*.)
—— (1979*a*). 'Personal Utilities and Public Judgements: or What's Wrong with Welfare Economics?' *Economic Journal*, 89. (Repr. in Sen 1982*a*.)
—— (1979*b*). 'Utilitarianism and Welfarism', *Journal of Philosophy*, 76.
—— (1979*c*). 'The Welfare Basis of Real Income Comparisons', *Journal of Economic Literature*, 1. (Repr. in Sen 1984.)
—— (1979*d*). 'Informational Analysis of Moral Principles', in R. Harrison (ed.), *Rational Action* (Cambridge: Cambridge University Press).
—— (1979*e*). 'Issues in the Measurement of Poverty', *Scandinavian Journal of Economics*, 81.
—— (1980*a*). 'Equality of What?' in McMurrin (1980). (Repr. in Sen 1982*a*; and in Rawls *et al.* 1987.)
—— (1980*b*). 'Description as Choice', *Oxford Economic Papers*, 32. (Repr. in Sen 1982*a*.)
—— (1980–81). 'Plural Utility', *Proceedings of the Aristotelian Society*, 80.
—— (1981*a*). *Poverty and Famines: An Essay on Entitlement and Deprivation* (Oxford: Clarendon Press).
—— (1981*b*). 'Public Action and the Quality of Life in Developing Countries', *Oxford Bulletin of Economics and Statistics*, 43.
—— (1982*a*). *Choice, Welfare and Measurement* (Oxford: Blackwell and Cambridge, Mass.: MIT Press).
—— (1982*b*). 'Rights and Agency', *Philosophy and Public Affairs*, 11. (Repr. in Scheffler 1988.)
—— (1982*c*). 'Liberty as Control: An Appraisal', *Midwest Studies in Philosophy*, 7.
—— (1983*a*). 'Liberty and Social Choice', *Journal of Philosophy*, 80.
—— (1983*b*). 'Evaluator Relativity and Consequential Evaluation', *Philosophy and Public Affairs*, 12.
—— (1983*c*). 'Development: Which Way Now', *Economic Journal*, 93.

—— (1983*d*). 'Poor, Relatively Speaking', *Oxford Economic Papers*, 35.

—— (1984). *Resources, Values and Development* (Oxford: Blackwell and Cambridge, Mass.: Harvard University Press).

—— (1985*a*). 'Well-being, Agency and Freedom: The Dewey Lectures 1984', *Journal of Philosophy*, 82.

—— (1985*b*). *Commodities and Capabilities* (Amsterdam: North-Holland).

—— (1985*c*). 'A Reply to Professor Townsend', *Oxford Economic Papers*, 37.

—— (1985*d*). 'Women, Technology and Sexual Divisions', *Trade and Development*, 6.

—— (1985*e*). 'The Moral Standing of the Market', *Social Philosophy and Policy*, 2.

—— (1986*a*). 'Social Choice Theory', in Arrow and Intriligator (1986).

—— (1986*b*). 'Information and Invariance in Normative Choice', in Heller, Starr, and Starrett (1986).

—— (1987). *On Ethics and Economics* (Oxford: Blackwell).

—— (1988*a*). 'Freedom of Choice: Concept and Content', *European Economic Review*, 32.

—— (1988*b*). 'The Concept of Development', in Chenery and Srinivasan (1988), vol. 1.

—— (1988*c*). 'Africa and India: What do we have to Learn from Each Other?' C. N. Vakil Memorial Lecture, 8th World Congress of the International Economic Association; published in K. J. Arrow (ed.), *The Balance between Industry and Agriculture in Economic Development* (London: Macmillan).

—— (1989*a*). 'Women's Survival as a Development Problem', *Bulletin of the American Academy of Arts and Sciences*, 43 (Nov.). (A revised version published in *New York Review of Books*, Christmas Number, 1990.)

—— (1989*b*). 'Economic Methodology: Heterogeneity and Relevance', *Social Research*, 56.

—— (1990*a*). 'Welfare, Freedom and Social Choice: A Reply', *Recherches économiques de Louvain*, 56.

—— (1990*b*). 'Justice: Means versus Freedoms', *Philosophy and Public Affairs*, 19.

—— (1990*c*). 'Gender and Cooperative Conflicts', in Tinker (1990*a*).

—— (1991*a*). 'Welfare, Preference and Freedom', forthcoming in *Journal of Econometrics*.

—— (1991*b*). 'Well-Being and Capability', forthcoming in Nussbaum and Sen (1992).

—— (1991*c*). 'The Nature of Inequality', in Arrow (1991).

—— (1992*a*). 'Minimal Liberty', forthcoming in *Economica*.

—— (1992*b*). 'Markets and Freedoms', text of John Hicks Lecture, forthcoming in *Oxford Economic Papers*.

—— (1992*c*). 'On Indexing Primary Goods and Capabilities', mimeographed, Harvard University.

—— and SENGUPTA, S. (1983). 'Malnutrition of Rural Indian Children and the Sex Bias', *Economic and Political Weekly*, 19 (Annual Number).

—— and WILLIAMS, B. (1982) (eds.). *Utilitarianism and Beyond* (Cambridge: Cambridge University Press).

—— MUELLBAUER, J., KANBUR, R., HART, K., and WILLIAMS, B. (1987). *The Standard of Living* (Cambridge: Cambridge University Press).

SEN, P. K. (1986). 'The Gini Coefficient and Poverty Indexes: Some Reconciliations', *Journal of the American Statistical Association*, 81.

SERAGELDIN, I. (1989). *Poverty, Adjustment and Growth in Africa* (Washington, DC: The World Bank).

SHARMA, U. (1980). *Women, Work and Property in North-West India* (London: Tavistock).

SHESHINSKI, E. (1972). 'Relation between a Social Welfare Function and the Gini Index of Inequality', *Journal of Economic Theory*, 4.

SHKLAR, J. (1990). *The Faces of Injustice* (New Haven: Yale University Press).

SHORROCKS, A. F. (1980). 'The Class of Additively Decomposable Inequality Measures', *Econometrica*, 48.

—— (1982). 'Inequality Decomposition by Factor Components', *Econometrica*, 50.

—— (1983). 'Ranking Income Distributions', *Economica*, 50.

—— (1984). 'Inequality Decomposition by Population Subgroups', *Econometrica*, 52.

—— (1988). 'Aggregation Issues in Inequality Measurement', in Eichhorn (1988*a*).

—— and FOSTER, J. E. (1987). 'Transfer Sensitive Inequality Measures', *Review of Economic Studies*, 54.

SIDGWICK, H. (1874). *The Method of Ethics* (London: Macmillan).

SILBER, J. (1983). 'ELL (Equivalent Length of Life) or Another Attempt at Measuring Development', *World Development*, 11.

SLOTTJE, D. J. (1984). 'An Analysis of the Impact of Relative Price Changes on Inequality in Size Distribution of Various Components of Income: A Multidimensional Approach', Southern Methodist University, Dallas.

SMART, J. J. C., and WILLIAMS, B. (1973). *Utilitarianism: For and Against* (Cambridge: Cambridge University Press).

SMEEDING, T., RAINWATER, L., and O'HIGGINS, M. (1988). *Poverty, Inequality, and the Distribution of Income in an International Context* (Brighton: Wheatsheaf).

SMITH, ADAM, (1776). *An Inquiry into the Nature and Causes of the Wealth of Nations*. (Republished London: Home University, 1910.)

—— (1790). *The Theory of Moral Sentiments*, revised edn. (Republished Oxford: Clarendon Press, 1975.)

SOLOW, R. M. (1984). 'Relative Deprivation?' *Partisan Review*, 51.

SONSTEGAARD, M. (1987). 'A Reply to Perelli-Minetti', *Theory and Decision*, 22: 3.

SPARROW, J. (1977). *Too Much of a Good Thing* (Chicago: University of Chicago Press).

SRINIVAS, M. S. (1962). *Caste in Modern India and Other Essays* (Bombay: Asia Publishing House).

SRINIVASAN, T. N. (1981). 'Malnutrition: Some Measurement and Policy Issues', *Journal of Development Economics*, 8.

—— (1992). 'Undernutrition: Concepts, Measurements, and Policy Implications', in Osmani (1992*a*).

—— and BARDHAN, P. (1974) (eds.). *Poverty and Income Distribution in India* (Calcutta: Statistical Publishing Society).

—— —— (1988) (eds.). *Rural Poverty in South Asia* (New York: Columbia University Press).

STARRETT, D. A. (1988). *Foundations of Public Economics* (Cambridge: Cambridge University Press).

STEINER, H. (1982). 'Individual Liberty', *Proceedings of the Aristotelian Society*, 82.

—— (1990). 'Putting Rights in their Place', *Recherches économiques de Louvain*, 56.

STERN, N. H. (1976). 'On the Specification of Models of Optimum Income Taxation', *Journal of Public Economics*, 6.

STEVENS, D., and FOSTER, J. (1978). 'The Possibility of Democratic Pluralism', *Economica*, 45.

STEWART, F. (1985). *Planning to Meet Basic Needs* (London: Macmillan).

—— (1988). 'Basic Needs Strategies, Human Rights and the Right to Development', Development Studies Working Paper No. 2, Queen Elizabeth House.

STIGLITZ, J. E. (1982). 'Utilitarianism and Horizontal Equity: The Case for Random Taxation', *Journal of Public Economics*, 18.

STOCKER, M. (1990). *Plural and Conflicting Values* (Oxford: Clarendon Press).

STRASNICK, S. (1976). 'Social Choice Theory and the Derivation of Rawls' Difference Principle', *Journal of Philosophy*, 73.

STREETEN, P. (1981). *Development Perspectives* (London: Macmillan).

—— (1984). 'Basic Needs: Some Unsettled Questions', *World Development*, 12.

—— with BURKI, S. J., HAQ, MAHBUBQUL, HICKS, N., and STEWART, F. (1981). *First Things First: Meeting Basic Needs in Developing Countries* (London: Oxford University Press).

SUBRAMANIAN, S. (1987). 'The Liberal Paradox with Fuzzy Preferences', *Social Choice and Welfare*, 4.

SUGDEN, R. (1981). *The Political Economy of Public Choice* (Oxford: Martin Robertson).

—— (1985). 'Liberty, Preference and Choice', *Economics and Philosophy*, 1.

—— (1986). 'Review of *Commodities and Capabilities*', *Economic Journal*, 96.

—— (1989). 'Maximizing Social Welfare. Is it the Government's Business?' in A. Hamlin and Pettit (1989).

SUKHATME, P. V. (1977). *Nutrition and Poverty* (New Delhi: Indian Agricultural Research Institute).

—— (1982). 'Autoregulatory Homeostatic Nature of Energy Balance', *American Journal of Clinical Nutrition*, 35.

SUNDARAM, K., and TENDULKAR, S. D. (1981). 'Poverty Reduction in the Sixth Plan', Working Paper 233, Delhi School of Economics.

SUPPES, P. (1966). 'Some Formal Models of Grading Principles', *Synthese*, 6.

—— (1977). 'The Distributive Justice of Income Inequality', *Erkenntnis*, 11.

—— (1987). 'Maximizing Freedom of Decision: An Axiomatic Analysis', in Feiwel (1987).

—— (1988). 'Lorenz Curves for Various Processes: A Pluralistic Approach to Equity', *Social Choice and Welfare*, 5.

SUZUMURA, K. (1978). 'On the Consistency of Libertarian Claims', *Review of Economic Studies*, 45. ('A Correction', 46.)

—— (1980). 'Liberal Paradox and the Voluntary Exchange of Rights-Exercising', *Journal of Economic Theory*, 22.

—— (1983). *Rational Choice, Collective Decisions and Social Welfare* (Cambridge: Cambridge University Press).

—— (1988). 'Introduction' to the Japanese trans. of *Commodities and Capabilities* (Tokyo: Iwanami).

—— (1991). 'Alternative Approaches to Libertarian Rights', in Arrow (1991).

SVEDBERG, P. (1988). 'Undernutrition in Sub-Saharan Africa: Is there a Sex Bias?' Working Paper 46, WIDER, Helsinki.

—— (1990). 'Undernutrition in Sub-Saharan Africa: A Critical Assessment of the Evidence', in Drèze and Sen (1990), vol. 3.

SWAMINATHAN, M. (1988). 'Inequality and Economic Mobility', D.Phil. dissertation, Oxford University.

SZAL, R. J. (1977). 'Poverty Measurement and Analysis', ILO Working Paper WEP 2-23/WP60.

SZPIRO, G. G. (1987). 'Hirschman versus Herfindahl: Some Topological Properties for the Use of Concentration Indexes', *Mathematical Social Sciences*, 14.

SZRETER, S. (1986). 'The Importance of Social Intervention in Britain's Mortality Decline *c.*1850–1914: A Reinterpretation', Discussion Paper 121, Centre for Economic Policy Research, London.

TAKAYAMA, N. (1979). 'Poverty, Income Inequality and their Measures: Professor Sen's Axiomatic Approach Reconsidered', *Econometrica*, 47.

TAWNEY, R. H. (1931). *Equality* (London: Allen & Unwin).

TAYLOR, C. (1979). 'What's Wrong with Negative Liberty?', in Ryan (1979).

—— (1982). 'The Diversity of Goods', in Sen and Williams (1982).

TAYLOR, L. (1977). 'Research Directions in Income Distribution, Nutrition and the Economics of Food', *Food Research Institute Studies*, 15.
TEMKIN, L. S. (1986). 'Inequality', *Philosophy and Public Affairs*, 15.
—— (1989). 'Inequality', D.Phil. thesis (Oxford); revised version to be published by Clarendon Press, Oxford.
THEIL, H. (1967). *Economics and Information Theory* (Amsterdam: North-Holland).
THOMSON, W., and VARIAN, H. (1985). 'Theories of Justice Based on Symmetry', in Hurwicz, Schmeidler, and Sonnenschein (1985).
THON, D. (1979). 'On Measuring Poverty', *Review of Income and Wealth*, 25.
THON, D. (1982). 'An Axiomatization of the Gini Coefficient', *Mathematical Social Sciences*, 2.
THUROW, L. D. (1975). *Generating Inequality* (New York: Basic Books).
—— (1987). 'A Surge in Inequality', *Scientific American*, 256.
TILLY, L. A. (1983). 'Food Entitlement, Famine and Conflict', in Rotberg and Rabb (1985).
—— (1985). 'Sex and Occupation in Comparative Perspectives', mimeographed, New School for Social Research, New York.
TINBERGEN, J. (1970). 'A Positive and Normative Theory of Income Distribution', *Review of Income and Wealth*, 16.
TINKER, I. (1990*a*) (ed.). *Persistent Inequalities* (New York: Oxford University Press).
—— (1990*b*). 'A Context for the Field and for the Book', in Tinker (1990*a*).
—— and BRAMSEN, M. B. (1976). *Women and World Development* (Washington, DC: Overseas Development Council).
TOWNSEND, P. (1979). *Poverty in the United Kingdom* (Harmondsworth: Penguin).
—— (1985). 'A Sociological Approach to the Measurement of Poverty: A Rejoinder to Prof. Amartya Sen', *Oxford Economic Papers*, 37.
TSAKLOGLOU, P. (1988). 'A Family of Decomposable Poverty Indices', unpub. manuscript, University of Bristol.
TUOMALA, M. (1984). 'On the Optimal Income Taxation: Some Further Numerical Results', *Journal of Public Economics*, 17.
—— (1990). *Optimal Income Tax and Redistribution* (Oxford: Clarendon Press).
UNDP (1990). *The Human Development Report 1990* (New York: United Nations Development Programme).
—— (1991). *The Human Development Report 1991* (New York: United Nations Development Programme).
UNICEF (1987). *The State of the World's Children 1987* (Oxford: Oxford University Press).
UNICEF (1992). *The State of the World's Children 1992* (Oxford: Oxford University Press).

USHER, D. (1968). *The Price Mechanism and the Meaning of National Income Statistics* (Oxford: Clarendon Press).

VAIDYANATHAN, A. (1985). 'Food Consumption and the Size of People: Some Indian Evidence', *Economic and Political Weekly*, 20.

—— (1987). 'Poverty and Economy: The Regional Dimension', mimeographed, paper presented at the Workshop on Poverty in India, Queen Elizabeth House, Oxford.

VALLENTYNE, P. (1989). 'How to Combine Pareto Optimality with Liberty Considerations', *Theory and Decision*, 27.

VAN GINNEKEN, W. (1980). 'Some Methods of Poverty Analysis: An Application to Iranian Data 1975–76', *World Development*, 8.

VAN PARIJS, P. (1990*a*). 'Equal Endowments as Undominated Diversity', *Recherches économiques de Louvain*, 56.

—— (1990*b*). 'The Second Marriage of Justice and Efficiency', *Journal of Social Policy*, 19.

—— (1991). 'Why Surfers should be Fed: The Liberal Case for an Unconditional Basic Income', *Philosophy and Public Affairs*, 20.

VAN PRAAG, B. M. S. (1968). *Individual Welfare Functions and Consumer Behaviour* (Amsterdam: North-Holland).

—— (1978). 'The Perception of Welfare Inequality', *European Economic Review*, 10.

—— (1992). 'The Relativity of the Welfare Concept', in Nussbaum and Sen (1992).

—— HAGENAARS, A. J. M., and VAN WEEREN, H. (1982). 'Poverty in Europe', *Journal of Income and Wealth*, 28.

VARIAN, H. (1974). 'Equity, Envy and Efficiency', *Journal of Economic Theory*, 9.

—— (1975). 'Distributive Justice, Welfare Economics and the Theory of Fairness', *Philosophy and Public Affairs*, 4.

VAUGHAN, M. (1985). 'Famine Analysis and Family Relations', *Past and Present*, 108.

—— (1987). *The Story of an African Famine: Gender and Famine in Twentieth Century Malawi* (Cambridge: Cambridge University Press).

VAUGHAN, R. N. (1987). 'Welfare Approaches to the Measurement of Poverty', *Economic Journal*, 97.

VERBA, S., *et al.* (1987). *Elites and the Idea of Equality* (Cambridge, Mass.: Harvard University Press).

VISARIA, P. (1961). *The Sex Ratio of the Population of India*, Monograph 10, Census of India 1961 (New Delhi: Office of the Registrar General).

WAAL, A. DE (1989). *Famine that Kills* (Oxford: Clarendon Press).

WALDRON, I. (1976). 'Why do Women Live Longer than Men?' *Social Science and Medicine*, 10.

—— (1983). 'The Role of Genetic and Biological Factors in Sex Differences in Mortality', in Lopez and Ruzicka (1983).

Waldron, J. (1984) (ed.). *Theories of Rights* (Oxford: Oxford University Press).
Walsh, V. (1964). 'Discussion: The Status of Welfare Comparisons', *Philosophy of Science*, 31.
—— (1987). 'Philosophy and Economics', in J. Eatwell, M. Milgate, and P. Newman (eds.), *The New Palgrave: A Dictionary of Economics*, iii (London: Macmillan).
—— (1991). 'Rationality, Allocation and Reproduction: Some Key Concepts of Microtheory', mimeographed.
Walzer, M. (1983). *Spheres of Justice: A Defence of Pluralism and Equality* (Oxford: Blackwell).
—— (1992). 'Objectivity and Social Meaning', in Nussbaum and Sen (1992).
Weale, A. (1980). 'The Impossibility of Liberal Egalitarianism', *Analysis*, 40.
Webster, M. (1986). 'Liberals and Information', *Theory and Decisions*, 20.
Wedderburn, D. (1961). *The Aged in the Welfare State* (London: Bell).
Westen, P. (1982). 'The Empty Idea of Equality', *Harvard Law Review*, 95.
Weymark, J. (1981). 'Generalized Gini Inequality Indices', *Mathematical Social Sciences*, 1.
Whitehead, A. (1985). 'Gender and Famine in West Africa', *Review of African Political Economy*.
—— (1990). 'Rural Women and Food Production in Sub-Saharan Africa', in Drèze and Sen (1990), vol. 1.
Wiggins, D. (1985). 'Claims of Need', in Honderich (1985).
—— (1987). *Needs, Values, Truth* (Oxford: Blackwell).
Williams, A. (1985). 'Economics of Coronary Bypass Grafting', *British Medical Journal*, 291 (3 Aug.).
—— (1991). 'What is Wealth and Who Creates It?', in J. Hutton, S. Hutton, T. Pinch, and A. Shiell (eds.), *Dependency to Enterprise* (London: Routledge).
Williams, B. (1962). 'The Idea of Equality', in P. Laslett and W. G. Runisman (eds.), *Philosophy, Politics and Society*, Second Series (Oxford: Blackwell).
—— (1972). *Morality: An Introduction to Ethics* (New York: Harper & Row).
—— (1973*a*). *Problems of the Self* (Cambridge: Cambridge University Press).
—— (1973*b*). 'A Critique of Utilitarianism', in Smart and Williams (1973).
—— (1981). *Moral Luck* (Cambridge: Cambridge University Press).
—— (1985). *Ethics and the Limits of Philosophy* (London: Fontana and Cambridge, Mass.: Harvard University Press).
—— (1987). 'The Standard of Living: Interests and Capabilities', in Sen *et al.* (1987).
Wilson, G. (1987). *Money in the Family* (Aldershot: Avebury).

WOLF, M. (1987). *Revolution Postponed: Women in Contemporary China* (Stanford, Calif.: Stanford University Press).

WOLFSON, M. C. (1974). *Strength of Transfers, Stochastic Dominance, and the Measurement of Economic Inequality* (Ottawa: Statistics Canada).

WOLLHEIM, R. (1955–6). 'Equality and Equal Rights', *Proceedings of the Aristotelian Society*, 56.

WORLD BANK (1984). *China: The Health Sector* (Washington, DC: The World Bank).

—— (1990). *The World Development Report 1990* (Oxford: Oxford University Press).

—— (1991). *The World Development Report 1991* (Oxford: Oxford University Press).

WRIGLESWORTH, J. (1982). 'The Possibility of Democratic Pluralism: A Comment', *Economica*, 49.

—— (1985). *Libertarian Conflicts in Social Choice* (Cambridge: Cambridge University Press).

WYON, J. B., and GORDON, J. E. (1971). *The Khanna Study* (Cambridge, Mass.: Harvard University Press).

XU, Y. (1990). 'The Liberal Paradox: Some Further Observations', *Social Choice and Welfare*, 7.

—— (1991). 'Urgency and Freedom', mimeographed, Murphy Institute, Tulane University.

YAARI, M. E., and BAR-HILLEL, M. (1984). 'On Dividing Justly', *Social Choice and Welfare*, 1.

YITZHAKI, S. (1979). 'Relative Deprivation: A New Approach to the Social Welfare Function', *Quarterly Journal of Economics*, 93.

YOUNG, H. P. (1986) (ed.). *Fair Allocation*, American Mathematical Society, Symposia in Applied Mathematics; forthcoming.

YOUNG, K., WOLKOWITZ, C., and McCULLAGH, R. (1981) (eds.). *On Marriage and the Market: Women's Subordination in International Perspective* (London: CSE Books).

YSANDER, B. (1992). 'Comment on Erikson', in Nussbaum and Sen (1992).

ZADEH, L. A. (1965). 'Fuzzy Sets', *Information and Control*, 8.

ZAMAGNI, S. (1986). 'Introduzione', in A. K. Sen, *Scelta, Benessere, Equita* (Bologna: Il Mulinao).

ZEUTHEN, F. (1930). *Problems of Monopoly and Economic Welfare* (London: Routledge).

人名索引

说明：本索引之页码系原书页码，即本书之边码。

主题词索引

说明：本索引之页码系原书页码，即本书之边码。

Inequality Reexamined by Amartya Sen
0674452550

图书在版编目（CIP）数据

再论不平等/（印）阿马蒂亚·森著；王利文，于占杰译．--北京：中国人民大学出版社，2024.2

书名原文：Inequality Reexamined

ISBN 978-7-300-32298-8

Ⅰ.①再… Ⅱ.①阿… ②王… ③于… Ⅲ.①平等观 Ⅳ.①B036

中国国家版本馆 CIP 数据核字（2023）第 212314 号

再论不平等

阿马蒂亚·森（Amartya Sen） 著

王利文 于占杰 译

Zailun Bupingdeng

出版发行	中国人民大学出版社		
社　　址	北京中关村大街 31 号	**邮政编码**	100080
电　　话	010－62511242（总编室）		010－62511770（质管部）
	010－82501766（邮购部）		010－62514148（门市部）
	010－62515195（发行公司）		010－62515275（盗版举报）
网　　址	http://www.crup.com.cn		
经　　销	新华书店		
印　　刷	北京联兴盛业印刷股份有限公司		
开　　本	890 mm×1240 mm　1/32	**版　　次**	2024 年 2 月第 1 版
印　　张	8.625 插页 3	**印　　次**	2024 年 2 月第 1 次印刷
字　　数	175 000	**定　　价**	82.00 元